AF248210

P. de titre g^{ale} reliée en tête du fasc. 4

P. de titre du T. II, index et planches, reliée au milieu du fasc. 4

Fol. O³. a.

1037

(50, II)

il ne reste rien
d'autre du vol.

CATALOGUE GÉNÉRAL

DES

ANTIQUITÉS ÉGYPTIENNES

DU MUSÉE DU CAIRE.

BIJOUX ET ORFÈVRERIES.

52001. Pectoral d'Ousertesen II. — Or et pierres de couleurs. — Largeur du haut
o m. o5₂ mill., largeur du bas o m. o56 mill., haut. o m. o48 mill.;
poids 37 grammes. — Trouvé à Dahchour, dans la galerie des princesses, le 7 mars 1894 (première trouvaille, premier trésor) (pl. I).

Pectoral en forme de naos, composition découpée à jour; les ornements sont symétriquement répétés à droite et à gauche. Ils sont hiéroglyphiques et forment le
protocole du roi Ousertesen II.

Au centre le cartouche royal 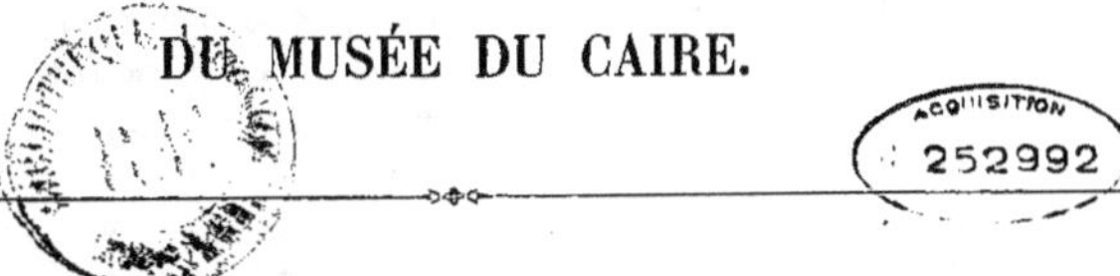 surmonté du signe ⌷⌷⌷. A droite et à gauche,
deux éperviers se regardant. Ils sont coiffés du ▯ et posés sur le signe de l'or.
Derrière chacun d'eux, dans les angles supérieurs, un uræus qui a le signe de la
vie passé au cou, enroule sa queue autour d'un soleil.

Toute la composition est exécutée en pierres calibrées et cloisonnées d'or, à l'exception
des pierres composant les corps des éperviers, lesquelles sont des bandes accotées
sans cloisons intermédiaires.

Les corps des uræus sont décorés de traits quadrillés.

La frise est également décorée de pierres calibrées posées verticalement et ayant la
forme schématique de palmes.

Les pierres employées sont le lapis-lazuli, la cornaline et la turquoise; toutefois, cette
dernière pierre pourrait être artificielle; son état de conservation, qui est parfait,
serait surprenant pour de la turquoise naturelle; nous verrons au n° 52008 que
les Égyptiens fabriquaient des verres teintés aux époques les plus anciennes.

Catal. du Musée, n° 52001.   1

Revers. La composition étant ajourée, le dessin du revers est nécessairement la repro-
.duction, retournée, du dessin de la face. C'est une plaque d'or d'un seul morceau,
et le décor est fait de traits ciselés avec une habileté merveilleuse.

La frise porte, pour la suspension, deux anneaux plats en forme de tubes de
o m. oo4 mill. de long, striés transversalement et fixés horizontalement (voir pl. I).

XIIe dynastie.

TECHNIQUE. Ce genre de travail offre cette particularité que le revers doit être fait en
premier lieu, parce que les pierres, une fois fixées, ne permettraient plus d'intervention, ni pour ciseler, ni surtout pour souder.

Le mode de fabrication est donc celui-ci : après avoir arrêté le dessin de la composition de la face, l'artisan reporte ce dessin, *en le retournant,* sur la plaque de
métal qui deviendra le revers du bijou exécuté. Cette plaque est collée sur une pâte
(ciment du ciseleur). C'est une composition dont la base est une poudre inerte,
agglomérée à l'aide d'une substance résineuse que l'on emploie en la faisant fondre
à chaud; cette pâte a pour objet de soutenir le métal et de l'aider à recevoir le
choc du ciselet. Elle sera donc d'une dureté variable selon la nature des travaux
à exécuter; on règle cette dureté en ajoutant plus ou moins de substances plastiques
(graisses, goudron, etc.)[1]. Dans le cas présent, elle sera assez malléable pour qu'il
y ait entraînement du métal autour des parties qui recevront l'effort de l'outil. Cet
entraînement produit un modelé qui a reçu des ciseleurs le nom de «modelé en
goutte de suif», expression dont le plus léger coup d'œil fait reconnaître la justesse.

Le choix du traçoir du ciseleur pour l'exécution de ce décor est justifié. Cet outil sert à
faire des traits sous l'impulsion du marteau et par simple déplacement, il n'enlève
aucune parcelle de métal d'une plaque qui est mince; d'autre part, le modelé
résultant de son emploi donne à la pièce ainsi décorée un aspect moins froid que
celui d'une pièce gravée.

Pour exécuter, par le même procédé, de petits détails sur les formes ainsi obtenues,
on devra coller la pièce sur une pâte plus dure qui ne permettra pas l'entraînement
du métal. Mais le mieux, à ce moment du travail, est certainement d'avoir recours
à l'échoppe du graveur qui, ne procédant pas par chocs, laisse le métal à son plan.

C'est du reste ce qui a été fait très judicieusement par l'auteur de ce pectoral où de
petits détails, ainsi qu'une partie de la décoration des montants du naos, sont
gravés.

Ce travail une fois fait, il s'agit de construire, au revers de cette plaque (dans l'espèce,
à l'endroit du bijou), les cloisons qui devront retenir les pierres ou les émaux
calibrés. Pour cela, l'artisan découpe, dans une plaque d'or forgée d'épaisseur égale,
de petites bandes qui deviendront ces cloisons. Débitant ces bandes autant que de
besoin, il les contourne de façon à les amener à prendre la forme exacte du dessin à
reproduire. Il contrôle son travail en présentant ces cloisons sur la plaque même

---

[1] Pour les détails sur le ciment et les différents genres de ciselures, voir VERNIER, *La Bijouterie et la Joaillerie
égyptiennes*, tome II des *Mémoires publiés par les membres de l'Institut français d'archéologie orientale.*

au revers de laquelle le dessin apparaît nettement à cause du peu d'épaisseur.
Quand ces bandes ont reçu la forme définitive, on les fixe sur la plaque à l'aide de
gomme liquide et l'on procède à la soudure. (Il est très probable que l'électrum,
dont le point de fusion est plus bas que celui de l'or, a été la première soudure
employée par les Égyptiens; les quelques traces que l'on peut voir dans les pièces
cloisonnées dépourvues de leur pierre semblent donner raison à cette hypothèse.)
La soudure, réduite en poudre, est mêlée à un fondant dont la fusion rapide entraîne
celle du mélange; le borax joue ce rôle depuis des temps très anciens. A l'aide d'un
peu d'eau on mêle soudure et fondant et l'on fait une pâte que l'on place aux points
à réunir. Quand le travail est ainsi préparé, l'objet est posé sur un feu doux, pour
le sécher d'abord; le feu est ensuite accéléré pour calciner le fondant, et enfin la
pièce est portée à la température nécessaire pour provoquer la fusion de la soudure,
laquelle réunit intimement les cloisons au fond.

A ce moment, toutes les cloisons forment un réseau qui donne à l'ensemble une
rigidité permettant d'enlever les fonds sans déformer la pièce; toutefois, comme
les Égyptiens ne disposaient pas des petites scies de nos reperceurs modernes, ils
devaient découper ces fonds à l'aide de ciseaux acérés, il fallait donc frapper, pour
cela on devait coller à nouveau la pièce sur le ciment.

Quand ce travail était fait et la pièce bien parée, il s'agissait de tailler les différents
matériaux, pierres ou pâtes de verre, qui devaient prendre place dans les cloisons.
Il faut tout de suite dire que les pâtes de verre jouent ici le rôle de pierres véritables, et
ne sont pas employées comme des émaux, c'est-à-dire qu'on ne les fond pas dans
des cloisons, ce qui serait impossible, car le travail n'aurait pas le même aspect dans
toutes ses parties et le calibrage qui devrait suivre la fusion ferait éclater les émaux.

Dans les bijoux décorés de pierres calibrées, l'émail a pour but de remplacer une
pierre qui manque, presque jamais d'apporter une nuance
nouvelle; nous constaterons pourtant ce cas pour le pectoral d'Amenemhat III (n° 52003). Mais, même alors,
le verre est toujours employé comme une pierre, il est
taillé et non fondu.

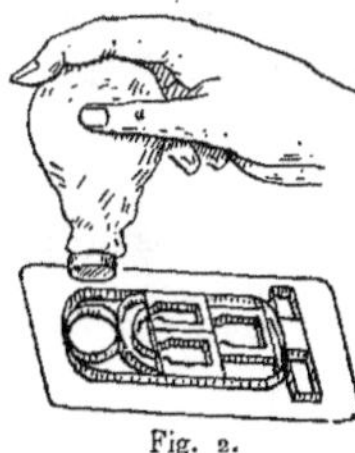

Fig. 1 [1].

Les pierres sont d'abord pré-
parées d'une épaisseur convenable et sensiblement égale
(fig. 1). Les contours sont dessinés sur une face et le lapidaire use la pierre en approchant prudemment du dessin, à partir du moment où elle prend la forme du cloisonnage, on la *présente* fréquemment, car il faut éviter
d'enlever trop de matière; aussi le travail d'ajustage est-il
de plus en plus lent et méticuleux à mesure que l'on approche de la fin de l'opération. Pour *présenter* la pierre,
on la colle sur un morceau de cire, ce qui permet de la descendre dans les cloisons
et de l'en retirer (fig. 2). Si l'on veut avoir un peu de modelé, on arrondit

Fig. 2.

[1] Ce cliché, et un grand nombre de ceux qui suivront, sont extraits du mémoire sur la bijouterie égyptienne
dont parle la note de la page 2. Ils ont été prêtés gracieusement par l'Institut français d'archéologie orientale.

légèrement les bords de la pierre, laquelle doit, pour cela, déborder un peu de l'alvéole. Enfin, dans le fond des cloisons, une substance agglutinante est chargée de retenir la pierre qui est enfin placée.

Dans le pectoral qui nous occupe et dans ceux qui suivent, n°s 52002 à 52004, quelques parties sont modelées ainsi qu'il est dit plus haut, en usant légèrement les bords de la pierre, mais seulement de l'épaisseur qui déborde de la cloison.

Ce que la froide description ne peut indiquer, c'est la perfection extrême avec laquelle les artisans égyptiens des belles époques ont exécuté ces travaux. On ne peut rien souhaiter de mieux.

Bibl. : *Journal d'entrée du Musée*, n° 30857; *Catalogue de Morgan*, 1895, supplément, II, salle VII, n° 1348 *a*; *Liste sommaire*, fascicule publié en avril 1894 par M. de Morgan, p. 3, n° 1; *Fouilles à Dahchour*, 1894, I, p. 60, pl. XV, XVI, XXI; *Catalogue Maspero*, 1902, p. 420, côté ouest de la cage A; *Catalogue Maspero*, traduit en anglais par Quibell, 1905, p. 421, E.

52002. **Pectoral d'Ousertesen III.** — Or et pierres de couleurs. — Largeur du haut 0 m. 085 mill., largeur du bas 0 m. 084 mill., haut. 0 m. 061 mill.; poids 61 gr. 9. — Trouvé à Dahchour, dans la galerie des princesses, le 8 mars 1894 (première trouvaille, deuxième trésor) (pl. I).

Forme de naos. La forme générale est celle d'un portique dont la partie supérieure est supportée par des colonnes lotiformes. Les scènes représentées à l'intérieur sont silhouettées avec des ajours très larges. Tous les pectoraux ayant, comme celui-ci, un encadrement, et exécutés à jour, donnent cette impression de portique.

Deux lions de profil symétriquement opposés, aux têtes d'éperviers, coiffés des plumes d'Amon, terrassent chacun un nègre renversé sous les pattes de derrière et un Asiatique accroupi sous une patte de devant, celle qui ne porte pas.

Le cartouche d'Ousertesen III ⟨☉ ▰ 𓋴𓋴𓋴⟩ est au centre de cette scène; un vautour tenant le signe ☉ dans chaque serre, étend ses ailes sur l'ensemble; sa tête, tournée vers la gauche du pectoral, est la seule partie du dessin qui ne soit pas symétrique.

Toute la composition est faite de pierres calibrées et cloisonnées. Ces pierres sont la cornaline, le lapis-lazuli et la turquoise, pour cette dernière, même observation que celle faite au n° 52001.

Revers. Plaque d'or d'un seul morceau décorée au trait comme le n° 52001; la frise porte deux anneaux de suspension, plats, striés transversalement et posés horizontalement.

Technique. Semblable à celle du n° 52001.

XII° dynastie.

Remarque : Les Asiatiques accroupis ont au revers des têtes d'épervier (voir pl. I).

Bibl. : *Journal d'entrée du Musée*, n° 30875; *Catalogue de Morgan*, 1895, supplément, II, salle VII, n° 1349 *a*, p. 17; *Liste sommaire*, fascicule publié en 1894 par M. de Morgan, p. 5, n° 1; *Fouilles à Dahchour*, 1894, I, p. 64, pl. XIX-XXI; *Catalogue Maspero*, 1902, p. 418, côté est de la cage A; *Catalogue Maspero*, traduit en anglais par Quibell, 1905, p. 420, D.

52003. **Pectoral d'Amenemhat III.** — Or et pierres de couleurs, émail (?). — Largeur en haut du pectoral o m. 104 mill., largeur en bas o m. 095 mill., haut. o m. 079 mill.; poids 132 grammes. — Trouvé à Dahchour, dans la galerie des princesses, le 8 mars 1894 (première trouvaille, deuxième trésor) (pl. II).

Pectoral en forme de naos, composition symétrique à droite et à gauche, même aspect général que les n°s 52001 et 52002.

De chaque côté Amenemhat III est représenté levant sa masse d'armes sur un ennemi qui est tombé sur un genou et qu'il saisit aux cheveux.

Le vaincu est armé d'un poignard et d'une arme recourbée.

En haut du champ, un vautour qui tourne la tête vers la gauche du pectoral, étend ses ailes et occupe toute la largeur entre les montants. Il tient dans ses serres les signes [hieroglyph] et [hieroglyph].

Au centre, les signes [hieroglyphs], et de chaque côté de ces signes, le cartouche royal [cartouche].

Les hiéroglyphes [hieroglyphs] et [hieroglyph] sont répartis dans les ajours inférieurs.

Autour du vautour on voit [hieroglyph] et [hieroglyph]. Enfin, derrière le roi, le signe de la vie agite un éventail.

Cette composition est exécutée à l'aide d'éléments de couleurs cloisonnés d'or.

Les matériaux employés sont la cornaline, le lapis-lazuli et une autre substance de couleur actuellement brun clair. Cette substance semble être un émail appliqué sur une matière blanche qui lui sert de support; l'épaisseur de la matière colorée est très faible, c'est comme un paillon. Cette matière manque par place et laisse voir la composition blanche du dessous qui a l'aspect d'une espèce de biscuit.

Il semble que la couleur de cet émail (?) a subi des altérations. C'est même certain pour quelques endroits où l'on peut constater des traces de décoloration.

Revers. Plaque d'or d'un seul morceau, décorée comme les revers des n°s 52001-52002. Les anneaux de suspension sont plats et fixes; ils ont la forme de fragments de tubes posés presque verticalement, le haut un peu en dehors; ils sont striés de traits transversaux (pl. II).

XIIe dynastie.

Technique. La technique ne diffère en rien de celle des n°s 52001-52002. Il est bon de signaler la présence de l'émail mince porté par une substance différente, mais employé comme pierre, c'est-à-dire calibré et non coulé.

Bibl. : *Journal d'entrée du Musée,* n° 30875; *Catalogue de Morgan,* 1895, supplément, II, p. 17, n° 1349 *b; Liste sommaire,* fascicule publié en 1894 par M. de Morgan, p. 5, n° 2; *Fouilles à Dahchour,* mars-juin 1894, I, p. 64, pl. XX-XXI; *Catalogue Maspero,* 1902, p. 418, côté est de la cage A; *Catalogue Maspero,* traduit en anglais par Quibell, 1905, p. 420, D.

52004. Pectoral d'Amosis. — Or et pierres. — Largeur en haut o m. o92 mill.,
largeur en bas o m. o87 mill., haut. o m. o72 mill.; poids 1 o4 gr. 7.
— Trouvé à Drah-Abou'l Naggah, janvier 1859. Était enfermé avec
la momie de la reine Aah-hotpou (pl. III).

Pectoral en forme de naos, même aspect général que les n°ˢ 52001-52003.

Le roi est au centre, debout, corps de face, la tête et les pieds profils à droite, il est
sur une barque entre les dieux Amon et Ra, tous deux debout. Ils lui versent sur
la tête l'eau de purification contenue dans des vases.

Amon est à sa gauche, tête et pieds profils à gauche; il est coiffé des deux grandes
plumes. Ra, tête d'épervier coiffée du soleil, est à sa droite, tête et pieds profils à
droite.

Deux vautours placés au-dessus des dieux dominent la scène les ailes étendues.

A la proue de la barque (gauche du pectoral), on voit les signes et le cartouche royal

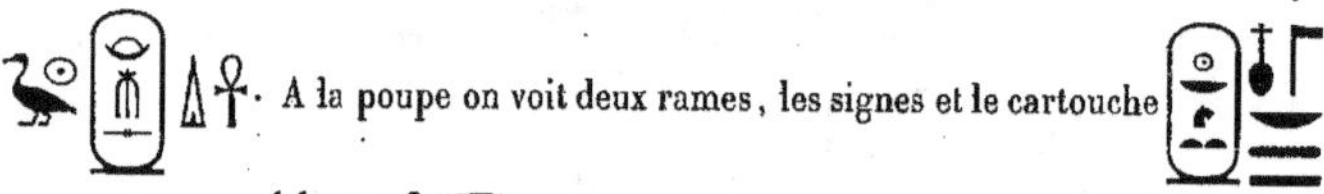

. A la poupe on voit deux rames, les signes et le cartouche.

Entre Ra et le roi :

Entre Amon et le roi :

Cette composition est entièrement exécutée en matériaux de couleurs calibrés et cloisonnés.

Les matériaux sont la cornaline, le lapis-lazuli et la turquoise pour laquelle il y a lieu
de faire les mêmes réserves déjà faites à l'occasion du pectoral n° 52001. La pierre
formant le pagne de Ra manque, ainsi que deux rectangles de cornaline, dans le
montant droit du naos, et quelques petits éclats à divers endroits.

Revers. Le revers qui est une feuille d'or d'un seul morceau est travaillé exactement comme les revers des numéros 52001-52003. Les anneaux de suspension
sont posés verticalement, ils sont en fils ronds et soudés directement sur le bijou
(voir pl. III).

XVIIIᵉ dynastie.

TᴇᴄʜɴɪQᴜᴇ. La technique est également la même que pour les numéros ci-dessus
désignés.

Bɪʙʟ. : *Journal d'entrée du Musée*, n° 4683; *Catalogue Mariette*, 1864, p. 224, n° 14; *Catalogue
Mariette*, 1876, p. 249, n° 824; *Catalogue Maspero*, Boulaq, 1883, n° 3565; *Catalogue Grébaut*,
1892, n° 3565; *Catalogue de Morgan*, 1895, n° 953, p. 220; *Catalogue Maspero*, 1902, p. 432,
n° 953; *Catalogue Maspero*, traduit en anglais par Quibell, 1905, east side, K; Mᴀsᴘᴇʀᴏ, *Archéologie*, p. 309; W. ᴠᴏɴ Bɪssɪɴɢ, *Grabfund*, V, 3; VI, 1; *Album du Musée de Boulaq*, pl. XXIX,
4o phot. de Delié et Béchard, texte de Mariette, in-fᵒ, Mourès, édit., Caire, 1871.

52005. Pectoral de Ramsès III. — Or. — Largeur du haut o m. o66 mill., largeur du bas o m. o65 mill., haut. o m. o65 mill.; poids total (pectoral et perles), 49 grammes. — Trouvé sur la momie de Ramsès III. La découverte des momies royales à Deir el-Bahari eut lieu en juillet 1881, mais la momie de Ramsès III ne fut développée au Musée de Boulaq qu'en 1886 (pl. IV).

Pectoral d'or, forme de naos. Au milieu, le cartouche du roi Ramsès III, surmonté d'un soleil entre deux uræus. Sous le cartouche le signe de l'or.

Des deux côtés, le dieu Amon assis sur un trône et tenant le bâton de commandement.

Le dieu à droite du pectoral, profil à droite, coiffé des longues plumes, tient le bâton de la main gauche. Le dieu de gauche, profil à gauche, coiffure *atef* avec cornes, tient le bâton de la main droite.

En haut du champ, à gauche 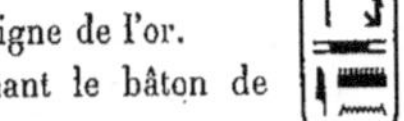.

En haut du champ, à droite, mêmes figures retournées.

La scène est encadrée par de doubles filets, entre lesquels sont de petits rectangles, séparés par trois traits; la frise porte des traits verticaux, la plinthe est décorée des signes ⚱ alternés.

Revers. Le revers est décoré de même façon, sauf que le cartouche porte le prénom du roi et que les hiéroglyphes sont différents.

Sur le champ droit du pectoral sont 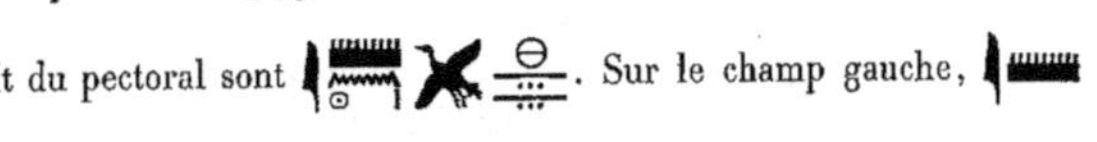. Sur le champ gauche,

Sur la frise, on voit les anneaux de suspension au nombre de quatre (deux à deux); ces anneaux sont plats et en forme de fragments de tubes; ils sont posés horizontalement, la ficelle double qui servait à suspendre le monument existe encore, sa teinte est rouge, la couleur est très atténuée (pl. IV).

Ce pectoral se compose de deux feuilles d'or serties l'une dans l'autre. Douze perles ou six perles doubles, réunies deux à deux, ornent la rencontre de la ficelle et du pectoral; ces perles sont les unes en or et les autres en une espèce de carton recouvert d'un enduit doré. Au départ de l'angle de la droite du pectoral, on voit d'abord deux perles d'or en forme de fuseaux, puis deux perles longues en carton doré, puis à nouveau deux perles d'or de même forme que les précédentes. A l'angle de gauche, les premières perles sont rondes, elles sont en carton doré ainsi que les perles longues qui suivent, et enfin deux perles d'or semblables à celles du côté opposé.

XX° dynastie.

Technique. Ce pectoral est composé de deux plaques décorées au tracé et serties l'une dans l'autre.

La face est traitée comme les revers des pectoraux n⁰ˢ 52001-52003, sauf la qualité du travail qui est très inférieure.

Le tracé du revers n'est pas de même nature, les traits ont été emboutis sur un modèle qui possédait déjà le dessin gravé. Quelques traits maladroits ont été faits directement ensuite.

La feuille d'or de la face est plus grande que celle du revers. Les bords des deux plaques ayant été redressés à angle droit de façon à donner l'aspect du corps et du couvercle d'une boîte; le revers, légèrement plus petit, a été placé dans la face, puis en appuyant tout autour sur les bords de la plaque extérieure, on a serti la seconde (fig. 3 et 4).

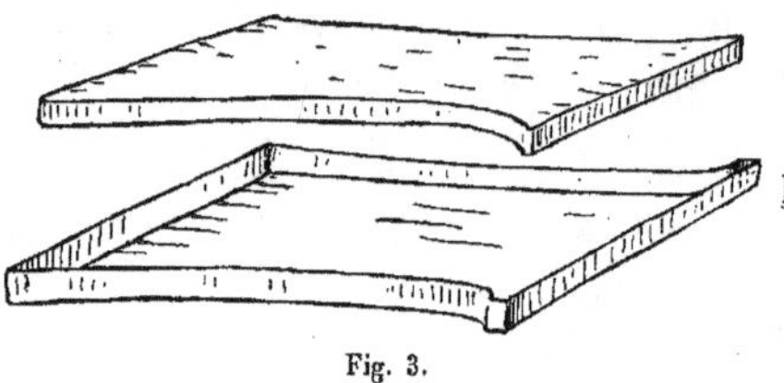

Fig. 3.

Mais pour cela il fallait que l'intérieur de la boîte ainsi réalisée, fut rempli d'une substance offrant une résistance suffisante pour permettre au monument de supporter l'effort de ce serti; aussi, avant de présenter le revers dans la face, l'a-t-on rempli d'une composition chargée de cette fonction.

Les matières employées généralement sont des mélanges de poudres inertes, agglomérées à l'aide de résines. Il est probable qu'ici nous sommes en présence d'un

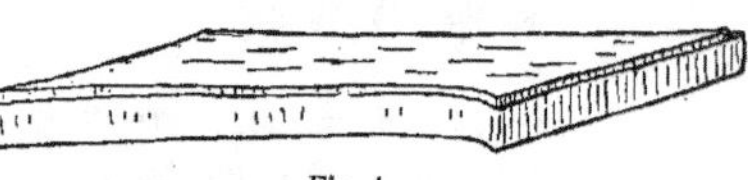

Fig. 4.

mélange de cette sorte, par exemple résine et plâtre; c'est ce qu'il est permis de supposer en voyant la poudre qui s'échappe de l'objet dans les angles mal joints.

On emploie cette composition à chaud pour qu'elle soit liquide et qu'elle remplisse exactement les cavités de la pièce à soutenir; en refroidissant, elle prend une consistance qui permet d'exercer certains efforts sans modifier la forme de l'objet ainsi préparé.

Bibl. : *Journal d'entrée du Musée*, n° 26298; *Catalogue Grébaut*, 1892, cité p. 182, n° 5229; *Catalogue de Morgan*, 1895, p. 310, n° 1182, cité p. 225, désigné sous le n° 970; *Catalogue Maspero*, 1902, p. 428, n° 970; *Catalogue Maspero*, traduit en anglais par Quibell, 1905, p. 431, n° 970; Maspero, *Les momies royales de Deïr-el-Bahari*, dans les *Mémoires publiés par les membres de la Mission archéologique française au Caire*, t. I, p. 769, Paris, 1889.

52006. **Pectoral de Ramsès III.** — Bois doré. — Largeur du haut o m. 073 mill., largeur du bas o m. 070 mill., haut. o m. 068 mill., épaisseur du haut à la frise o m. 009 mill., épaisseur du bas o m. 005 mill. — Trouvé en même temps que le précédent, n° 52004, sur la momie de Ramsès III. Découverte des momies royales, Deïr el-Bahari, juillet 1881 (pl. V).

Pectoral en forme de naos; bois doré.

Au milieu, un scarabée occupe toute la hauteur du champ.

De chaque côté, deux déesses, Nephthys et Isis, debout, de profil, élèvent un bras.

Dans le champ, à droite du pectoral, Nephthys, profil à droite, et les hiéroglyphes ⟨⟩ ; à gauche, Isis, profil à gauche, ⟨⟩.

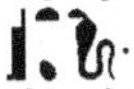

La scène est encadrée d'un double filet entre lequel des rectangles sont séparés par de triples traits.

La frise, décorée de schémas de palmes, est séparée du reste par un tore saillant.

Revers. Le revers est uni. La ficelle de suspension passe par deux trous percés en biais dans l'épaisseur de la partie supérieure et aboutissant dans le champ du revers; dans l'épaisseur du bas, six trous percés également en biais (fig. 5) et aboutissant dans le champ du revers à environ o m. o1 cent. de hauteur, permettaient de suspendre des pendeloques retenues par des ficelles arrêtées simplement par un nœud (voir pl. V).

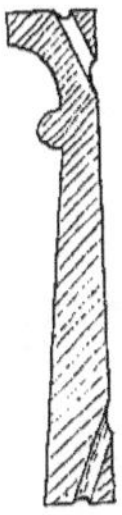

XXᵉ dynastie.

Technique. Le bas-relief est sculpté sur le bois puis recouvert d'un enduit où le plâtre doit jouer le rôle de poudre inerte, et c'est ensuite que l'on colle l'or *en feuilles;* le revers ne laisse aucun doute à cet égard, des feuilles d'or accotées y sont visibles.

Fig. 5.

L'or a pris sur de grandes surfaces une teinte rouge irisée qui peut venir d'un oxyde de cuivre ou simplement d'un vernis protecteur coloré, on en trouve quelques autres exemples.

Bibl. : *Journal d'entrée du Musée,* n° 26298; en commun avec le pectoral d'or catalogué sous le n° 52004; *Catalogue Grébaut,* 1892, cité p. 167; *Catalogue de Morgan,* 1895, cité p. 311, n° 1182; *Catalogue Maspero,* traduit en anglais par Quibell, 1905, p. 431, case O, n° 970, commun avec le pectoral n° 52004; Maspero, *Les momies royales de Deïr el-Bahari,* dans les *Mémoires publiés par les membres de la Mission archéologique française au Caire,* t. I, p. 769, Paris, 1889.

52007. Pectoral. — Or. — Hauteur du pectoral o m. o90 mill., larg. o m. o58 mill., longueur du ruban d'or de suspension o m. 545 mill., larg. o m. oo3 mill.; poids total 19 grammes. — Trouvé à Gaou, 1895.

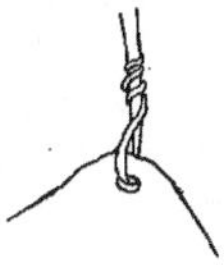

Fig. 6.

Une plaque d'or, mince, rectangulaire, en hauteur, décorée de huit rangées horizontales de dents de scie. La rangée du bas est moins importante que les autres.

Cette plaque (fig. 6) est suspendue par une bande d'or dont les extrémités, amincies, passent par des trous percés dans les angles supérieurs de la plaque et viennent

rejoindre la bande et s'enrouler deux fois autour d'elle. Un des angles est déchiré
et ne retient pas l'attache.

Les bords sont maladroitement ourlés.

Travail extrêmement grossier.

Revers. La feuille étant très mince, le revers est nécessairement la contre-partie de
la face.

Gréco-romain.

Technique. La plaque a été emboutie dans un moule, qui, étant donné le peu d'épaisseur de l'or et son peu de résistance, a pu être d'une matière de peu de dureté.
Du plâtre pouvait suffire.

Les bords ont été rabattus en ourlet du côté du revers à l'aide de la pince.

Bibl. : *Journal d'entrée du Musée*, n° 31258; *Catalogue Maspero*, traduit en anglais par Quibell,
1905, p. 436, n° 974 *bis.*

52008. Bracelet. — Or, turquoise et pâte de verre. — Longueur totale du
bracelet 0 m. 156 mill.; poids 22 grammes. — Trouvé à Omm el-
Gaab, Abydos, par M. Flinders Petrie, 1900-1901 (pl. V).

Bracelet composé de vingt-neuf pièces, quinze en or et quatorze en turquoise ou pâte
de verre, ou les deux.

Chacune de ces pièces, moins les deux qui sont aux extrémités, ont la forme de
«bannières royales», sur lesquelles se tiennent, de profil, des éperviers. Tous
sont tournés dans le même sens; les pièces étant à double face, les éperviers se
trouvent profil à droite ou à gauche, selon le côté du bracelet que l'on examine.

Ces pièces sont de dimensions décroissantes en allant du milieu vers les extrémités.
La plus grande, épervier compris, a 0 m. 013 mill. de haut, et la plus petite
0 m. 009 mill.

Les pièces de couleur alternent avec les pièces d'or. Toutes sont traversées par deux
fils passant par des trous percés dans l'épaisseur, qui est en moyenne de 1 mill. 5.

Les fils viennent se réunir dans les pièces d'extrémités qui sont munies, du côté des
pièces, de deux trous qui se confondent en un seul à l'extérieur, et d'où les deux
fils sortent réunis (fig. 7).

La partie supérieure des bannières est décorée de points disposés sur plusieurs rangs;
ces points sont rectangulaires sur l'or et ronds sur le verre. La
partie inférieure porte des lignes verticales (trois ou quatre).

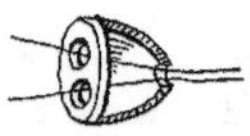

Iʳᵉ dynastie.

Fig. 7.

Technique. Il est difficile de déterminer quel procédé initial a été
employé pour la confection de ces pièces. Pour l'or, il n'y a pas d'importance à ce
qu'elles aient été fondues préalablement, le tout ayant été repris complètement,

la différence n'est pas grande entre le travail de ciselure après la fonte ou celui qui aurait consisté à tailler ces pièces dans des morceaux d'or; la fonte ne serait qu'un temps négligeable.

Pour les pièces de couleur, il est au contraire capital de pouvoir décider si elles ont été taillées ou bien coulées préalablement, car l'affirmative, dans ce dernier cas, tranche la question de savoir si les Égyptiens faisaient du verre dès la Ire dynastie.

Il serait imprudent d'affirmer que *toutes* les parties de couleur sont de verre, mais ce n'est pas douteux pour quelques-unes de ces pièces, bien qu'elles soient travaillées après coup et que les trous eux-mêmes soient rodés à l'outil, de certains indices ne peuvent tromper; plusieurs endroits, sur les épaisseurs, n'ont pas été atteints par la meule et laissent voir l'ondulation molle du verre coulé. Dans une brisure qui suit un des trous, on peut voir une soufflure importante. Enfin les trous, bien que rodés, c'est-à-dire usés par une substance dure, ne sont pas ronds et ne représentent pas le résultat du perçage.

Dans l'or, les traits verticaux du rectangle sont gravés, du métal a été coupé pour donner de la profondeur à ces traits et les fonds en ont été matés de coups de traçoirs croisés. Les points sont frappés à l'aide d'un outil ayant la forme rectangulaire. Les éperviers, s'ils ont été fondus, ont été repris tout autour à l'outil; sinon, ils ont été découpés dans la feuille d'or, leur silhouette est arrondie grassement, et le tout est terminé par quelques coups de ciselet, notamment à la réunion de l'épervier avec le rectangle.

Pour la pierre, le lapidaire égyptien travaillait en employant des meules à dresser et des outils montés sur l'archet. Pour amener une pierre à présenter une surface plane, il l'usait sur une meule plate dont le grain était aidé sans doute par une poudre d'égrisée; la poudre de la pierre elle-même ou des poudres de pierres plus dures, si l'artisan en avait à sa disposition, intervenaient à cette occasion, probablement mêlées à l'eau ou à l'huile (fig. 8). Pour tenir cette pierre, le lapidaire la collait sur un support (bois, pierre, etc.), à l'aide du ciment de ciseleur,

Fig. 8.

ce qui lui permettait de la diriger. Ce procédé était plus lent que celui de la meule animée d'un mouvement de rotation, mais les résultats étaient les mêmes. D'ailleurs, la meule rotative fut sans doute très vite à la disposition de ces artisans.

Les contours sont usés, quand la silhouette s'y prête, directement sur la pierre à dresser, puis terminés à l'aide de petites pierres maniées comme des limes.

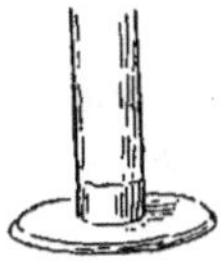

Fig. 9.

Nous voyons aussi intervenir l'archet pour les menus détails; le lapidaire montait sur le morceau de bois qu'il animait d'un mouvement de rotation, un disque muni d'une bague qui le fixait au bâton, et c'était avec le bord extérieur de ce disque qu'il agissait soit pour modeler, soit pour creuser des sillons (fig. 9).

S'agissait-il de faire des points, il montait sur son bâton, qui est, en somme, un porte-outil, un foret qui gravait ces points (fig. 10).

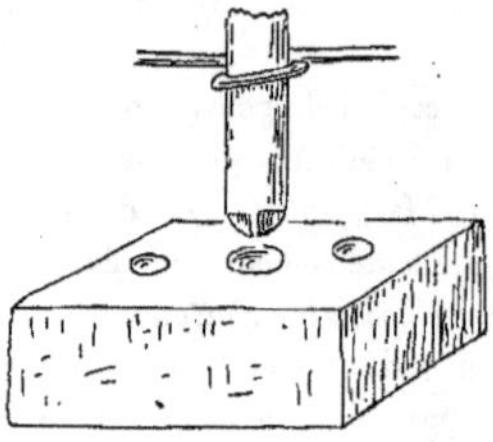

C'est également à l'aide de l'archet qu'il perce les trous des pièces d'enfilage. Dans le métal ces trous sont percés à l'aide du foret de forme ordinaire (fig. 11); mais, pour la pierre ou le verre, le foret n'est plus l'outil convenable, la pression qu'il exerce ferait éclater la pièce dans la plupart des cas.

On emploie donc, et les Égyptiens avaient déjà ce procédé à leur disposition, du tube fait d'une feuille de métal roulée, ce tube peut être aussi fin que l'on veut; on le monte sur le bâton, et après avoir amorcé le trou au foret, on continue à l'aide de ce nouvel outil (fig. 12), la pression exercée sur la matière travaillée est d'un ordre différent de celle du foret; l'attaque est circulaire, le milieu du tube permet l'échappement du déchet produit, il est en même temps un petit réservoir d'égrisée. De plus, la forme même de l'outil le rend plus facile à conduire et sa direction se maintient d'elle-même.

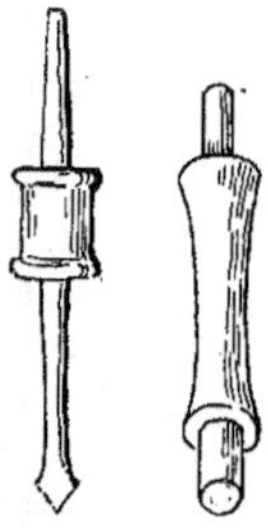

Quand le trou à percer est de grande section, il reste un cylindre central (fig. 13). Les perles longues étaient attaquées des deux côtés; on peut voir, dans certaines, que le point de jonction n'est pas la rencontre rigoureuse des deux axes (fig. 14).

Fig. 10.

Fig. 11.   Fig. 12.

Dans un grand nombre de cas, il est impossible, au seul examen visuel, de déterminer avec sûreté si l'on est en présence d'un minéral ou d'une substance artificielle, surtout quand cette dernière a été travaillée par le lapidaire. Il faudrait, pour faire cesser cette incertitude qui s'étend à beaucoup d'œuvres, consentir le sacrifice de quelques monuments et procéder à un examen vraiment scientifique. Il est permis de penser que ce moyen de renseignement offre plus d'inconvénients que l'incertitude elle-même. Il vaut mieux attendre de trouver des matériaux n'appartenant pas à des objets de valeur et qui permettent de faire une étude rationnelle.

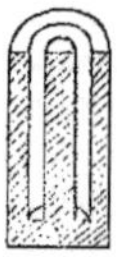

Fig. 13.

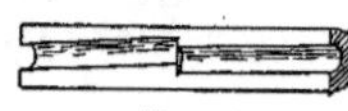

Fig. 14.

BIBL.: *Journal d'entrée du Musée*, n° 35054; est commun avec trois autres bracelets trouvés en même temps; *Catalogue Maspero*, 1902, p. 426; *Catalogue Maspero*, traduction anglaise de Quibell, 1905, p. 422; FLINDERS PETRIE, *Memoir of the Egypt Exploration Fund. The Royal tombs*, 1901, part II; MARC ROSENBERG, *Ægyptische Einlage in Gold und Silber*, p. 3, fig. 6, in-f°, Francfort, 1905.

52009. Bracelet. — Or, lapis-lazuli, turquoise ou pâte de verre. — Longueur totale du bracelet o m. 13o mill., largeur du groupe du milieu o m. o38 mill., largeur maximum o m. o15 mill., longueur des deux autres groupes o m. o31 mill. et o m. o33 mill., largeur maximum o m. oo9 mill.; poids 11 grammes. — Trouvé à Omm el-Gaab, Abydos, par M. Flinders Petrie sur le bras d'une princesse thinite, campagne 1900-1901 (pl. V).

Un bracelet composé de perles d'or, de pierre ou de verre.

Les perles sont enfilées sur trois rangs, mais ces rangs ne sont pas parallèles et le bracelet est resserré en deux endroits où les fils passent dans trois perles rondes rangées une à une.

Le bracelet est donc formé de trois groupes de perles dont les dimensions décroissent du milieu du groupe à la rencontre des perles uniques.

Le groupement est fait de la façon suivante : sur trois rangs, au milieu de chaque rang, une perle de lapis-lazuli en forme d'olive, striée transversalement; elle a environ o m. oo8 mill. de long et o m. oo4 mill. 5 de diamètre au milieu. Elle est enfilée dans le sens de la longueur. De chaque côté, nous voyons une perle plate, turquoise ou pâte de verre, une perle d'or ronde, une autre perle plate, puis une perle d'or de la même forme (olive) que celle de lapis-lazuli, mais beaucoup plus petite, o m. oo6 mill. de long, o m. oo2 mill. 5 d'épaisseur au milieu, elle est également striée transversalement. Enfin une dernière perle plate de verre.

A ce moment, les trois fils se réunissent pour passer dans une perle d'or suivie d'une de verre puis d'une troisième d'or et ils repartent se séparant de nouveau.

Le groupe central est plus important à cause de la dimension des perles; nous avons vu que celles du milieu, en lapis-lazuli, ont une longueur de o m. oo8 mill. et une épaisseur maximum de o m. oo4 mill. 5, dans les deux groupes de chaque côté, les perles du milieu n'ont que o m. oo5 mill. 5 de long et o m. oo2 mill. d'épaisseur. Le dispositif de l'enfilage est le même, sauf qu'une extrémité du bracelet se termine par trois perles d'or en olive et que l'autre est bornée par des perles d'or soudées ensemble.

Ire dynastie.

Tᴇᴄʜɴɪǫᴜᴇ. Les perles rondes, d'or, sont faites en deux parties soudées après coup. Pour cela l'artisan emboutit la feuille d'or, à l'aide d'une bouterolle (outil terminé en forme de demi-perle), dans une matrice en forme de demi-sphère creuse; ces deux demi-perles sont ensuite présentées l'une à l'autre; on ne détoure pas complètement les petites calottes ainsi obtenues de façon à garder de la prise avec les bords de ces plaques, pour les lier puis les souder; c'est à la fin seulement que l'on enlève l'excédent du métal (fig. 15).

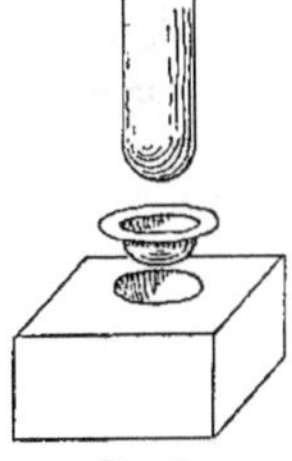

Fig. 15.

Les perles d'or, en olives, sont taillées dans de petits morceaux d'or et percées au foret.

Pour les perles de pierre ou de verre, voir la technique du n° 52008.

Bibl. : *Journal d'entrée du Musée*, n° 35054, en commun avec les trois autres bracelets trouvés en même temps; *Catalogue Maspero*, 1902, p. 426; *Catalogue Maspero*, traduction anglaise de Quibell, 1905, p. 422; Flinders Petrie, *Royal tombs*, 1901, part II; Marc Rosenberg, *Ægyptische Einlage in Gold und Silber*, p. 3, fig. 8, in-f°, Francfort, 1905.

52010. Bracelet. — Or, améthyste, turquoise. — Longueur totale du bracelet o m. 150 mill., plus grande dimension en hauteur des perles doubles o m. 014 mill., plus petite dimension o m. 011 mill., plus grande dimension des perles losanges o m. 010 mill., plus petite dimension o m. 008 mill.; poids 10 grammes. — Trouvé à Omm el-Gaab, Abydos, par M. Flinders Petrie, sur le bras d'une princesse thinite, campagne 1900-1901 (pl. II).

Bracelet composé de perles enfilées et d'autres tenues par un fil passé extérieurement dans une cavité circulaire se trouvant entre deux perles oblongues (fig. 16). L'aspect de ces perles est celui de deux poires réunies par leur partie pointue et dont le point de réunion porte une poulie sur champ, le fil de réunion passe dans le caniveau de la poulie. Ces perles doubles sont donc perpendiculaires à l'axe du bracelet. Les perles enfilées sont les unes rondes, les

Fig. 16. autres en forme de losange percées selon le grand axe, ces dernières portent à l'extrémité percée, et aux points où elles sont réunies deux à deux, une garniture d'or (fig. 17); elles sont de turquoise (voir technique du n° 52008).

Les perles doubles et *attachées* au lieu d'être enfilées, sont d'or et d'améthyste, sauf une qui est faite d'une substance foncée et opaque.

Voici comment sont disposés les différents éléments de ce bracelet : une petite perle ronde de tur-

Fig. 17.

quoise, trois perles doubles dont deux d'or ayant entre elles la troisième d'améthyste, deux perles losanges de turquoise entre deux petites perles rondes également de turquoise.

Il y a trois groupes disposés de même, plus trois perles doubles.

En résumé : huit perles doubles d'or, trois d'améthyste et une de substance plus foncée, huit petites rondes et six losanges de turquoise.

Ire dynastie.

Bibl. : *Journal d'entrée du Musée*, n° 35054, en commun avec les trois autres bracelets trouvés en même temps, n°° 52008, 52009, 52011; *Catalogue Maspero*, 1902, p. 426; *Catalogue Maspero*, traduction anglaise de Quibell, 1905, p. 422; Flinders Petrie, *Royal tombs*, 1901, part II; Marc Rosenberg, *Ægyptische Einlage in Gold und Silber*, p. 3, fig. 7, in-f°, Francfort, 1905.

52011. Bracelet. — Or, lapis-lazuli, turquoise. — Longueur totale du bracelet
o m. 102 mill., longueur des parties : première o m. 037 mill.,
deuxième o m. 022 mill., diamètre du chaton o m. 014 mill.; poids
11 gr. 50. — Trouvé à Omm el-Gaab, Abydos, par M. Flinders Petrie,
sur le bras d'une princesse thinite, campagne 1900-1901 (pl. VI).

Un bracelet à trois rangs de perles dont le parallélisme est interrompu en trois endroits
où les trois fils passent dans des perles uniques, vers le milieu et aux extrémités.

Ce bijou représente deux groupes de perles de dimensions variées. Les perles qui, aux
extrémités et vers le milieu, séparent les deux groupes, sont au nombre de cinq,
quatre de lapis et une d'or, ainsi réparties : à chaque extrémité une perle de lapis
et, au milieu, deux de même matière séparées par la perle d'or.

Le groupe le plus important possède un chaton d'or qui a la forme d'un cœur de fleur
enfermant une rosace au centre relevé en perle.

De chaque côté, trois rangs de perles de dimensions décroissantes sont disposés de
façon à ce que, verticalement, on voit trois perles de turquoise juxtaposées, trois
perles d'or réunies ensemble, trois autres perles de turquoise et enfin une plaquette
mince vue sur champ et munie de trois trous dans lesquels passent les fils avant de
se réunir dans la perle de lapis qui termine.

La partie la moins importante n'a pas de chaton central, l'ordre paraît dispersé à cause
de la forme irrégulière des perles; de chaque côté une perle d'or, au milieu, une
plaquette d'or vue sur champ et munie de trois trous, règle l'écartement des fils;
entre cette plaque et la perle de lapis de l'extrémité, se trouvent les perles de turquoise.

Voir pour la turquoise l'observation faite au n° 52008.

TECHNIQUE. Le chaton est composé d'une petite boîte cylindrique, ouverte par en haut,
dans laquelle on a inséré une rosace que l'on a ensuite sertie en rabattant les bords
de la boîte et en donnant à ce chaton l'apparence d'un cœur de fleur.

Pour les perles, voir le n° 52008.

Ire dynastie.

BIBL. : *Journal d'entrée du Musée*, n° 35054, en commun avec les n°s 52008-52010; *Catalogue
Maspero*, 1902, p. 426; *Catalogue Maspero*, traduction anglaise de Quibell, 1905, p. 422;
FLINDERS PETRIE, *Royal tombs*, 1901, part II; MARC ROSENBERG, *Ægyptische Einlage in Gold und
Silber*, p. 3, fig. 5, in-f°, Francfort, 1905.

52012. Bracelets. — Or dans une gangue cuivreuse. — Dimension environ
des deux bracelets : plus grand axe o m. 064 mill., plus petit axe
o m. 061 mill., largeur des bandes d'or o m. 007 mill.; poids
(variable pour la raison que nous donnons ci-dessus) 42 grammes.
— Trouvés à Nag el-Deïr.

Deux bracelets fermés composés d'une lame d'or incurvée extérieurement.
Ces deux bracelets sont emprisonnés dans une gangue composée de fragments d'étoffe,

lesquels donnent le liant à du sable qui s'est aggloméré; celui-ci contient des sels de cuivre qui donnent un beau vert de carbonate. Cette concrétion est extrêmement friable.

VIe dynastie.

BIBL. : *Journal d'entrée du Musée*, n° 37715.

52013. Bracelet. — Or. — Longueur de la torsade o m. 146 mill., épaiss. o m. 001 mill.; poids 1 gr. 20. — Trouvé à Nag el-Deïr.

Bracelet ouvert composé d'un fil d'or fin tordu après avoir été plié en deux. Aux extrémités sont deux boucles, l'une formée naturellement par le pliage du fil, l'autre obtenue en rabattant un côté du fil qui était plus long et en tordant son extrémité autour du corps du bracelet.

La fermeture, s'il y en a eu une, et si le bracelet ne se tenait pas suffisamment par lui-même, devait être un fil liant les deux boucles.

VIe dynastie.

BIBL. : *Journal d'entrée du Musée*, n° 35710.

52014. Bracelet. — Or. — Diamètre extérieur o m. 063 mill., intérieur o m. 056 mill.; poids 4 gr. 75. — Trouvé à Nag el-Deïr.

Bracelet fermé composé d'une bande d'or incurvée extérieurement.

Ce bracelet est en mauvais état, les bords portent trois déchirures dont une occupe la moitié de la largeur. Sa forme est celle d'un anneau à peu près rond.

VIe dynastie.

BIBL. : *Journal d'entrée du Musée*, n° 35714.

52015. Bracelet. — Silex. — Diamètre extérieur o m. 062 mill., intérieur o m. 057 mill. — Trouvé à Nag el-Deïr, par M. Reisner.

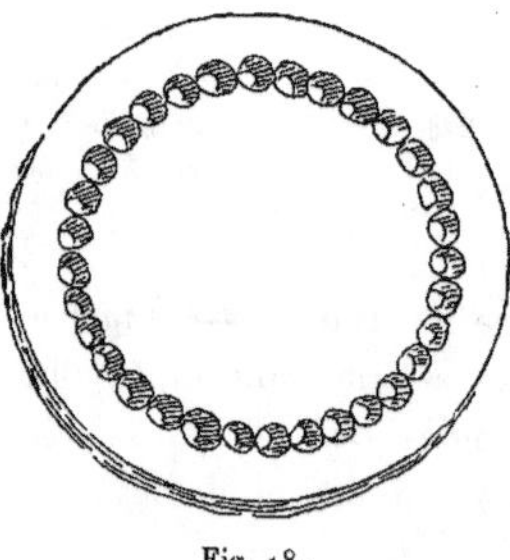

Anneau fermé, de silex, sa forme est circulaire, il est arrondi tout autour, très simple, travail médiocre.

VIe dynastie.

TECHNIQUE. Après avoir dressé les deux côtés de la pierre et lui avoir donné l'épaisseur voulue, on a fait une série de trous suivant la circonférence intérieure jusqu'au moment où le milieu

Fig. 18.

de la pierre s'est détaché (fig. 18), puis on a arrondi tant bien que mal l'anneau ainsi obtenu.

BIBL. : *Journal d'entrée du Musée*, n° 35716.

52016. Bracelet. — Schiste verdâtre. — Diamètre extérieur o m. o57 mill.,
intérieur o m. o5o mill. (dimensions approchées, l'anneau n'est pas
très régulier). — Trouvé à Nag el-Deïr par M. Reisner.

Un anneau fermé en schiste verdâtre, il est arrondi extérieurement, l'intérieur restant
cylindrique.

Sans ornements, travail médiocre.

VIe dynastie.

Tecnnique. Semblable à celle du n° 52015, mais d'une pratique bien plus facile, car
la pierre est beaucoup moins dure que le silex, la médiocrité du travail est donc
moins compréhensible que pour le précédent bracelet.

Bibl. : *Journal d'entrée du Musée*, n° 35717.

52017-52017 *bis*. Bracelet en deux fragments. — Or. — Plus grande longueur
du premier morceau o m. 1oo mill., larg. de o m. o32 mill. à
o m. o33 mill., plus grande longueur du petit morceau o m. o8o mill.,
larg. o m. o37 mill.; poids 7 gr. 6o. — Trouvé à el-Roubayéh, pro-
vince de Charkieh, 19o1 (pl. VI).

Feuille d'or décorée à l'aide de traits gras longitudinaux coupés par intervalles de trois
traits transversaux, lesquels divisent le bracelet en rectangles.

Aux extrémités, la feuille d'or reste plate et sans ornements, sur une largeur d'environ o m. o1 cent.; cette partie est percée d'un petit trou servant sans doute pour
la fermeture; peut-être le bracelet était-il seulement cloué sur la momie.

Le morceau le plus grand possède trois rectangles et le second deux seulement;
celui-ci, en revanche, est plus large.

La feuille d'or a ses bords rabattus au revers en ourlet.

Moyen empire.

Tecnnique. La feuille d'or a été emboutie dans une matrice, la grossièreté du travail et
le peu d'épaisseur de l'or ont permis de faire ce travail avec un outil de bois, la
matrice pouvait être en pierre tendre et même en plâtre.

Bibl. : *Journal d'entrée du Musée*, n° 35189; *Catalogue Maspero*, 19o2, p. 42o, vitrine B: *Catalogue Maspero*, traduction anglaise de Quibell, 19o5, p. 424, D.

52018-52018 *bis*. Bracelet en deux fragments. — Or. — Longueur du plus grand
morceau o m. o63 mill., larg. o m. o37 mill., longueur moyenne du
plus petit morceau o m. o35 mill., larg. o m. o37 mill.; poids 6 gr. 1.
— Ces morceaux qui provenaient de la même origine que les précédents ont été saisis à Kafr Charabieh, le 2o septembre 19o1.

Deux fragments semblables comme exécution et comme décor au n° 52017: le plus

grand morceau a deux rectangles et le plus petit un seul, celui-ci était à une
extrémité, il a une bande unie percée d'un petit trou.

Moyen empire.

Bibl. : *Journal d'entrée du Musée*, n° 35189, en commun avec les autres fragments n°° 52017-
52017 *bis; Catalogue Maspero*, 1902, cité en bloc p. 420, vitrine B; *Catalogue Maspero*, traduction anglaise de Quibell, 1905, p. 424, D.

52019-52019 *bis*. Bracelet en deux parties. — Or. — Long. totale o m. 147 mill.,
larg. o m. 040 mill., épaisseur du fermoir o m. 003 mill.; poids
57 grammes — Trouvé à Dahchour, 1894-1895 (pl. VIII).

Un bracelet en deux parties reliées par deux fermoirs à glissières en T; le corps du
bracelet est fait de seize plaques, huit entre chaque fermoir.

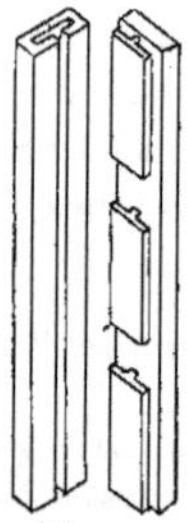

Ces plaques sont des feuilles d'or formant des rectangles allongés sur
lesquels sont soudées des portions de tubes ou perles cylindriques
enfilées par un petit tube d'or qui les tient espacées et fixes,
chaque plaque compte ainsi en rangs horizontaux trente fois trois
perles enfilées par un tube dans lequel passent les fils de rattache-
ment aussi nombreux.

A l'intérieur du bracelet les plaques sont unies.

Les fermoirs portent trois sections de glissières en T qui rentrent
dans une rainure correspondante (fig. 19).

Fig. 19.   XIIe dynastie.

Technique. Ces perles sont simulées; elles sont taillées sur une bande d'or carrée de
section et ne sont pas séparées; elles sont ensuite percées et l'on
glisse un petit tube qui réunit les bandes des perles (fig. 20); le
grillage ainsi construit est soudé à même la plaque, puis les fils
passés dans les trous viennent se fixer dans la partie creuse des
fermoirs.

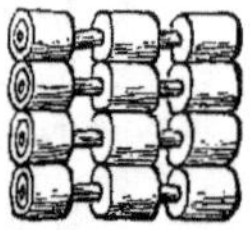

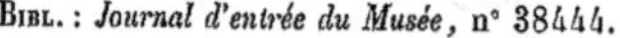

Fig. 20.

Bibl. : *Journal d'entrée du Musée*, n° 38444.

52020-52021. Bracelet en deux parties. — Or. — Longueur totale
o m. 136 mill., première partie (n° 52020) o m. 070 mill., deuxième
partie o m. 066 mill., largeur des deux o m. 047 mill., largeur des
plaques o m. 008 mill., épaiss. o m. 003 mill.; poids total 85 gr. 5;
44 gr. 5; 41 grammes. — Trouvé à Dahchour, 1894-1895.

Bracelet en tout semblable à celui décrit aux n°° 52019-52019 *bis*, les rangs ne sont
qu'au nombre de vingt-cinq au lieu de trente.

Les fermoirs sont des tenons à T passant dans des glissières.

Les plaques sont au nombre de huit, quatre de chaque côté; il manque un fermoir à la deuxième partie.

XII⁰ dynastie.

Bibl. : *Journal d'entrée du Musée*, n° 30885; de Morgan, *Première liste sommaire*, 1894, p. 7, n⁰⁰ 27 et 28; *Fouilles à Dahchour*, p. 66, n° 18.

52022. Bracelet. — Or. — Long. o m. 132 mill., larg. o m. 004 mill. 5; poids 5 grammes. — Trouvé à Dahchour, 7 mars 1894 (pl. VII).

Une lame de métal formant bracelet ouvert. Elle porte à la partie extérieure deux gorges parallèles formant entre elles une arête régulière; les bords sont arrondis de l'intérieur à l'extérieur; la section donne le dessin reproduit à la figure 21; les extrémités sont taillées en double arrondi. La planche VII montre le bracelet de profil et selon le plat de la lame.

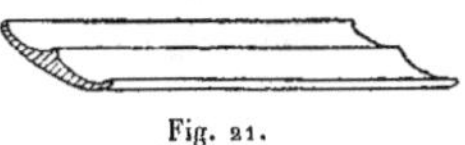

Fig. 21.

Ce bijou ne figure pas au registre d'entrée (*Journal*); il a été inscrit en mai 1906.

XII⁰ dynastie.

Technique. La technique est intéressante et soulève une question qui sera posée à nouveau au cours de l'examen des bijoux.

Les Égyptiens, qui tiraient des fils dans des filières, de pierre sans doute, ont-ils eu l'idée de faire des filières de forme; pour être plus précis, ont-ils songé à procéder, pour certaines moulures, comme ils procédaient pour les fils et ont-ils tiré du métal dans des filières dont les ouvertures avaient la forme de la moulure désirée?

Bien des exemples semblent devoir rendre la réponse affirmative. L'objet examiné sous le n° 52022 est de ces échantillons. Les gorges sont d'une régularité parfaite et telle qu'il paraît difficile de l'obtenir par un travail manuel; d'autre part, l'arête du milieu n'a pas de contre-partie, la surface opposée est lisse et n'indique pas de rentrant. C'est donc une lame de métal épaisse qui a fourni ce bracelet, en définitive si léger. On a donc dû creuser ces sillons à l'outil de métal ou de pierre et alors leur régularité est extraordinaire, ou bien on a découpé dans du métal la forme de la section (fig. 22) et l'on a passé dedans et tiré à force une bande d'or dont l'extrémité a été amincie préalablement pour permettre d'amorcer ce passage. C'est en cela que consiste l'intérêt et c'est la question sur laquelle il est désirable d'attirer l'attention pour que de l'observation systématique des différents travaux de ce genre, puisse résulter une certitude.

Fig. 22.

Bibl. : *Journal d'entrée du Musée*, n° 38433; *Fouilles à Dahchour*, I, p. 61, n⁰⁰ 10 et 11, pl. XVII, fig. 129.

3.

52023. **Un autre bracelet.** — En tout semblable à celui portant le numéro 52022. — Mêmes dimensions, même poids (pl. VII).

Même observation que pour le n° 52022 pour le numéro du registre d'entrée.

XIIe dynastie.

Bibl. : *Journal d'entrée du Musée*, n° 38434 ; même bibliographie que le n° 52022.

52024. **Fermoir (bracelet).** — Or et pierres. — Haut. o m. o4o mill., larg. o m. o21 mill., épaiss. o m. oo2 mill.; poids 13 gr. 3. — Trouvé à Dahchour, fouilles de M. de Morgan, 15 février 1895, trésor de la princesse Ita.

Un fermoir du même genre que ceux portant les n°s 52041-52042.

Il se compose d'une plaque centrale ajourée et, de chaque côté de la plaque, d'un tenon en T; ce fermoir possède avec lui les deux pièces portant les rainures où pénètrent les tenons et qui servent à la réunion des rangs de perles. Ces glissières sont percées de seize trous. L'ornement de la pièce centrale est un *tat*, il est fait de pierres cloisonnées et calibrées. Ces pierres sont la cornaline, le lapis-lazuli et l'amazonite.

Elles sont disposées en triangles de couleurs différentes garnissant des cavités cloisonnées d'or, l'avant-dernier rectangle en partant du bas est en or et strié horizontalement.

Les triangles du milieu sont de cornaline de chaque côté, de lapis pour un rang, et d'amazonite pour l'autre.

Il manque un certain nombre de pierres.

Le revers du signe est en or, les différents détails du haut sont séparés par de petites cloisons, la partie principale porte des traits correspondants à ceux de la face.

XIIe dynastie.

Bibl. : *Journal d'entrée du Musée*, n° 31075 ; *Liste sommaire* (2 *bis*), p. 5, n° 6 ; *Fouilles à Dahchour*, II, p. 53, pl. V ; *Catalogue Maspero*, 1902, p. 421, cage D, côté nord ; *Catalogue Maspero*, traduction anglaise de Quibell, 1905, p. 416, A.

52025. **Un fermoir semblable au précédent.** — Mêmes dimensions; poids 11 gr. 2.

Il manque une glissière.

XIIe dynastie.

Bibl. : Même bibliographie que le numéro précédent.

52026. **Fermoir (bracelet) d'Amenemhat III.** — Or et pierres. — Haut.
o m. o64 mill., larg. o m. o21 mill., épaiss. o m. oo2 mill. 5;
poids 28 gr. 3. — Trouvé à Dahchour, fouilles de M. de Morgan,
1894-1895.

Fermoir composé d'une plaque rectangulaire en hauteur et décoré de pierres cloisonnées.

Il possède de chaque côté une fermeture où la partie qui unissait le corps du bracelet à la plaque est fixée par une glissière en T passant dans une rainure *ad hoc*.
C'est la plaque centrale qui porte la glissière. La partie qui porte la rainure et qui
recevait les enfilages de perles est percée de trente-six trous; le haut et le bas du
fermoir sont arrondis.

Le décor est fait de pierres cloisonnées, cornaline et émeraude; c'est l'inscription
qui donne les titres d'Amenemhat III.

Revers. Or uni.

XIIe dynastie.

Bibl. : *Journal d'entrée du Musée,* n° 3o886; *Liste sommaire des bijoux trouvés à Dahchour, les 7 et
8 mars 1894,* p. 7, n° 29; *Catalogue de Morgan,* 1895, supplément, II, p. 18, I; *Fouilles à
Dahchour,* 1894, I, p. 66, n° 15, pl. XX.

52027. **Le même que le numéro précédent.** — Poids 27 gr. 10.

Les inscriptions sont les mêmes mais retournées.

XIIe dynastie.

Bibl. : *Journal d'entrée du Musée,* n° 3o886; même bibliographie; *Liste sommaire,* n° 3o; *Dahchour,*
n° 16.

52028. **Fragment de bracelet.** — Or. — Hauteur de l'ensemble o m. o4o mill.,
larg. o m. o8o mill.; poids 3o grammes. — Trouvé à Dahchour,
fouilles de M. de Morgan, 1895 (pl. VII).

Perles en forme d'olives doubles accolées par vingt-cinq, formant des rectangles de 39 à
4o millimètres de haut et de 10 millimètres de large. Ce fragment compte huit de
ces rectangles, soit deux cents perles doubles.

XIIe dynastie.

Technique. Les perles ont été embouties par moitié, par groupes de cinquante, soit
vingt-cinq perles doubles, et soudées ensuite plaque contre plaque.

Bibl. : *Journal d'entrée du Musée,* n° 38445.

52029. Onze cylindres accolés formant une bande d'or rigide. — Longueur du tout o m. o₂3 mill., larg. o m. oo7 mill., épaiss. o m. oo3 mill.; poids 1 gr. 2. — Même origine (pl. VIII).

XII⁰ dynastie.

Bibl. : *Journal d'entrée du Musée*, n° 38446.

52030. Vingt perles doubles ovoïdes accolées formant une bande rigide ayant fait partie d'un bracelet or. — Long. o m. o4o mill., larg. o m. oo9 mill., épaisseur maximum o m. oo2 mill.; poids 5 gr. 1. — Même origine.

XII⁰ dynastie.

Bibl. : *Journal d'entrée du Musée*, n° 38447.

52031. Treize bandes rigides composées chacune de vingt-cinq tubes réunissant trois perles or. — Long. o m. o74 mill. à o m. o64 mill., larg. o m. o45 mill., épaiss. o m. oo1 mill. 5; poids ₂3 gr. 5. — Même origine.

La composition de ce réseau et sa technique sont semblables à celles des n°ˢ 5₂o1₉-5₂o1₉ *bis,* sauf que les bandes ainsi composées restent sans fond et ne sont pas soudées sur des plaques. Quelques-unes de ces bandes sont légèrement coniques, ce qui pourrait faire supposer qu'elles étaient plutôt destinées à des colliers, la réunion des treize bandes qui composent ce fragment a, par suite, une forme en éventail qui donne deux dimensions pour la longueur.

XII⁰ dynastie.

Bibl. : *Journal d'entrée du Musée*, n° 38448.

52032. Treize autres bandes en tout semblables. — Long. o m. o84 mill. à o m. o7o mill., larg. o m. o45 mill., épaisseur du fermoir o m. oo2 mill. 5; poids 3o grammes. — Même origine (pl. VII).

Même technique, mêmes observations, un fermoir à glissière est joint.

XII⁰ dynastie.

Bibl. : *Journal d'entrée du Musée*, n° 38449.

52033. Dix bandes semblables unies à un fermoir à glissière. — Or. — Long. o m. o55 mill. à o m. o5o mill., larg. o m. o41 mill., épaisseur du fermoir o m. oo2 mill. 5; poids ₂4 grammes. — Même origine.

XII⁰ dynastie.

Bibl. : *Journal d'entrée du Musée*, n° 3845o.

52034. Sept bandes de perles olivoïdes doubles accolées par vingt, de la même façon que le n° **52028.** — Or. — Longueur totale o m. o9o mill., largeur de chaque bande de o m. o1o mill. à o m. o11 mill., largeur du tout o m. o45 mill., épaisseur du fermoir o m. oo2 mill.; poids total 52 gr. 7. — Même origine.

La dernière bande n'a que treize perles doubles. Ce fragment est réuni à un fermoir à glissière.

Les perles sont inégales de dimensions, ce fragment a été constitué d'éléments hétérogènes, le fermoir n'a que dix-neuf trous pour vingt rangs de perles.

XII⁰ dynastie.

Bibl. : *Journal d'entrée du Musée*, n° 38451.

52035. **Fragment de bracelet.** — Or. — Longueur du tout o m. o94 mill., largeur des bandes o m. oo5 mill., largeur du fermoir o m. oo8 mill., largeur du tout ou longueur des bandes o m. o44 mill., épaisseur du fermoir o m. oo3 mill.; poids total 61 grammes. — Même origine.

Quinze bandes rigides dans lesquelles on a simulé vingt perles cylindriques mais sans les séparer les unes des autres. Ces bandes sont percées de vingt trous d'enfilage autant que de perles simulées sur le plat de la bande. Deux traits gravés, longitudinaux, indiquent trois perles par cylindre; à une extrémité du fragment, la bande n'a que quatorze cylindres au lieu de vingt à l'autre, elle est associée à un fermoir à glissière.

XII⁰ dynastie.

Bibl. : *Journal d'entrée du Musée*, n° 38452.

52036. **Un fermoir à glissière comprenant ses deux parties.** — Or. — Long. o m. o54 mill. 5, larg. o m. oo7 mill., épaiss. o m. oo2 mill.; poids 6 gr. 8. — Même origine.

Chacune est percée de vingt-cinq trous.

XII⁰ dynastie.

Bibl. : *Journal d'entrée du Musée*, n° 38453.

52037. **Un autre semblable.** — Or. — Mêmes dimensions que ci-dessus, même poids, même origine.

Bibl. : *Journal d'entrée du Musée*, n° 38454.

52038. **Un autre un peu moins grand, percé de vingt trous. — Or. —** Long. o m. o45 mill., larg. o m. oo8 mill., épaiss. o m. oo3 mill.; poids 9 gr. 7. — Même origine.

XII° dynastie.

Bibl. : *Journal d'entrée du Musée*, n° 38455.

52039. **Un autre un peu moins volumineux, percé de vingt-cinq trous. — Or. —** Long. o m. o44 mill., larg. o m. o17 mill. 5, épaiss. o m. oo2 mill.; poids 5 gr. 6. — Même origine.

XII° dynastie.

Bibl. : *Journal d'entrée du Musée*, n° 38456.

52039 *bis*. **Semblable au précédent. — Mêmes dimensions, même poids.**

XII° dynastie.

Bibl. : *Journal d'entrée du Musée*, n° 38457.

52040. **Un autre semblable, mais plus petit, percé de dix trous. —** Long. o m. o3a mill., larg. o m. oo7 mill., épaiss. o m. oo3 mill.; poids 6 gr. 2. — Même origine.

XII° dynastie.

Bibl. : *Journal d'entrée du Musée*, n° 38458.

52041. **Fermoir (bracelet). — Or et pierres. — Haut. o m. o3g mill., larg.** o m. o18 mill. 5; épaiss. o m. oo2 mill.; poids 10 gr. 7. — Trouvé à Dahchour, fouilles de M. de Morgan, 7 mars 1894 (pl. VIII).

Un fermoir composé d'une plaque ajourée représentant le signe *tat*. De chaque côté, des glissières à T maintiennent les parties qui appartenaient au corps du bracelet; chacune de ces parties est percée de trente-six trous qui indiquent le nombre de rangs de perles que possédait le bijou. Les perles étaient de petites dimensions.

Cet objet est fait de pièces cloisonnées, lapis-lazuli, cornaline et turquoise. La partie principale est divisée par des cloisons d'or horizontales, et dans chaque cavité on voit côte à côte, en partant du haut un trait de turquoise, un de cornaline et un de lapis; la largeur d'un cloisonnement est restée tout or; elle est striée horizontalement. Dans les parties supérieures, au contraire, les rayures sont verticales ou, du moins, s'épanouissent en partant de la verticale, ici la cornaline est au milieu, puis la turquoise et enfin le lapis.

Le revers or porte quelques traits au niveau de ceux qui sont sur la partie face, et les détails du haut sont modelés grassement au lieu d'être tout plats (voir pl. VIII).

Cet objet ne figurait pas au livre d'entrée; il a été inscrit en mai 1906.

XIIe dynastie.

Bibl. : *Journal d'entrée du Musée*, n° 38435; *Fouilles à Dahchour*, mars-juin, 1894, I, p. 60, n° 2, pl. XV et XVI, n° 2.

52042. Fermoir semblable. — Poids 11 gr. 40 (pl. VIII).

Même observation que ci-dessus pour le livre d'entrée, inscrit en mai 1906.

XIIe dynastie.

Bibl. : *Journal d'entrée du Musée*, n° 38436; même bibliographie.

52043. Bracelet. — Or. — Long. 0 m. 165 mill., larg. 0 m. 010 mill.; poids 4 gr. 5. — Trouvé à Dahchour, fouilles de M. de Morgan, 1895, trésor de la princesse Khnoumouît, bijoux du sarcophage.

Une lame d'or mince faisant bracelet ouvert, uni, rectangulaire, sans ornement.

XIIe dynastie.

Bibl. : *Journal d'entrée du Musée*, n° 31090; de Morgan, *Deuxième liste sommaire*, *Trésor de Dahchour*, p. 6, n° 6; *Fouilles à Dahchour*, II, p. 60, n° 13.

52044. Fermoir de bracelet. — Or et pierres. — Haut. 0 m. 039 mill., larg. 0 m. 021 mill., épaiss. 0 m. 002 mill. 5; poids 12 gr. 3. — Fouilles de Dahchour par M. de Morgan, 16 février 1895, trésor de la princesse Khnoumouît, bijoux du sarcophage (pl. VIII).

Fermoir composé d'une plaque ajourée représentant le signe *sa* en pierres calibrées et cloisonnées; de chaque côté, des glissières sont retenues par des tenons en T; elles sont percées de seize trous. En haut du signe, une petite tête de lionne, de face.

Les pierres employées sont : le lapis-lazuli pour tout le corps du signe. Il est divisé en six morceaux par la tête de lionne et par des liens cloisonnés; ces liens sont faits de trois petites bandes, celle du milieu est en cornaline et les deux autres en turquoise.

Revers. Le revers est ciselé, le corps du signe est fait comme un faisceau de sept tiges réunies et liées en six endroits correspondants à la tête de lionne et aux cinq liens de la face. Ces liens sont eux-mêmes divisés en trois parties, dont une centrale est plus large que les deux autres (pl. VIII).

Bibl. : *Journal d'entrée du Musée*, n° 31091; de Morgan, *Deuxième liste sommaire*, *Second Trésor de Dahchour*, p. 6, n° 7; *Fouilles à Dahchour*, II, p. 60, n° 12, pl. V, 12; *Catalogue de Morgan*, 1895, supplément, III, p. 26, C; *Catalogue Maspero*, 1903, p. 421, nord de la cage D; *Catalogue Maspero*, traduction anglaise de Quibell, 1905, p. 417, C.

Catal. du Musée, n° 52001.

4

52045. Un autre fermoir semblable. — Mêmes dimensions; poids 12 grammes.

XIIe dynastie.

Bibl. : *Journal d'entrée du Musée*, n° 31091; même bibliographie.

52046. Bracelet. — Or et pierres. — Longueur du bracelet o m. 185 mill., larg. o m. 032 mill., épaisseur du fermoir o m. 003 mill. 5; poids 49 gr. 8. — Trouvé à Dahchour par M. de Morgan, 1894-1895.

Bracelet de perles enfilées; les perles, en forme de cylindres, sont disposées de la façon suivante :

Horizontalement sur dix rangs parallèles.

Le premier rang et le dernier sont composés exclusivement de perles d'or; il y a trente perles dans chacun de ces rangs. Les autres rangs sont composés de perles, or et pierres, dans l'ordre suivant : cornaline, émeraude, cornaline, or.

Chaque rang compte dix-huit perles de pierres et cinq perles d'or; la différence de sept avec le premier et le dernier rang qui comptent trente perles vient de ce que les perles de pierre sont beaucoup plus longues que les perles d'or; les unes ont de 7 millimètres à 7 millimètres et demi, les autres de 5 millimètres à 5 millimètres et demi.

Verticalement, les perles d'or sont liées entre elles et forment des bandes rigides; il y a cinq bandes qui, avec les rangs du haut et du bas, font un encadrement d'or aux rectangles de perles de pierre; les perles d'or composant ces bandes sont de la même longueur que les perles de pierres, différant en cela de celles du premier et du dernier rang.

Les fils aboutissent à un fermoir fait d'une plaque repliée en anneau plat, fermé du côté des perles par une plaque percée de dix trous, où passent les fils qui sont repliés et arrêtés dans la cavité.

Les perles sont montées sur fil de fer, ces bracelets ayant été reconstitués, avec l'aide, pour quelques-uns, de croquis faits avant toute intervention par M. Legrain, Inspecteur au Musée.

La fermeture est assurée par une glissière en T.

Nombre de perles d'or cent, de cornaline quatre-vingt-seize, d'amazonite quarante-huit.

Technique. Les perles d'or sont de simples tubes minces. La feuille de métal a été simplement roulée autour d'une tige et soudée; on voit nettement les points de réunion se chevauchant.

Les fils auraient dû être d'or et le fait qu'ils n'étaient pas métalliques plaide en faveur de l'hypothèse de M. Maspero que ces objets sont purement mortuaires.

XIIe dynastie.

Bibl. : *Journal d'entrée du Musée*, n° 38459.

52047. Bracelet semblable. — Long. o m. 162 mill., larg. o m. 032 mill., épaisseur du fermoir o m. 003 mill.; poids 43 gr. 50. — Même origine.

Les dimensions des perles sont un peu plus petites; il y a deux perles d'or de moins. Perles d'or quatre-vingt-dix-huit, de cornaline quatre-vingt-seize, d'amazonite quarante-huit.

XIIe dynastie.

Bibl. : *Journal d'entrée du Musée,* n° 38460.

52048. Bracelet de même nature. — Long. o m. 178 mill., larg. o m. 032 mill., épaiss. o m. 003 mill.; poids 45 gr. 50. — Même origine.

Le rang du haut et celui du bas ne sont pas composés de perles d'or; le lapis-lazuli intervient, l'alternance est constituée ainsi : lapis, amazonite, cornaline, or. Il y a cinquante perles or, soixante perles cornaline, soixante amazonite et soixante lapis-lazuli.

Même fermoir que le n° 52046.

XIIe dynastie.

Bibl. : *Journal d'entrée du Musée,* n° 38461.

52049. Bracelet semblable. — Poids 43 grammes. — Même origine.

XIIe dynastie.

Bibl. : *Journal d'entrée du Musée,* n° 38462.

52050. Bracelet. — Or. — Grand axe intérieur o m. 050 mill., petit axe intérieur o m. 037 mill. environ, écartement des branches o m. 010 mill., épaisseur maximum o m. 005 mill., haut. o m. 020 mill.; poids 40 gr. 5. — Trouvé à Dahchour, fouilles de M. de Morgan, trésor de la princesse Ita (pl. VIII).

Un bracelet ouvert ayant la forme extérieure d'un demi-jonc. Il est gros, creux, rigide, plat à l'intérieur.

XIIe dynastie.

Bibl. : *Journal d'entrée du Musée,* n° 31072; J. de Morgan, *Deuxième liste sommaire, Second Trésor de Dahchour,* p. 5, n° 3; *Catalogue de Morgan,* 1895, supplément, III, n° 1361, C; *Catalogue Maspero,* 1902, p. 422, sud de la cage D; *Catalogue Maspero,* traduction anglaise de Quibell, 1905, p. 416, A.

52051. Bracelet. — Perles d'or et perles de pierres. — Longueur du bracelet o m. 16o mill., larg. o m. o3g mill., épaisseur du fermoir et des perles o m. oo4 mill.; poids 47 gr. 5. — Reconstitué à l'aide de perles non numérotées. — Trouvé à Dahchour par M. de Morgan, 18g4-18g5 (pl. VII).

Bracelet de perles enfilées; les perles, en forme de cylindres, sont alternées or et amazonite. Il y a neuf rangs horizontaux de ces perles.

Chaque rang compte vingt et une perles dont dix d'or et onze de pierres; le fermoir d'or donne, le bracelet étant fermé, un rang d'or qui complète l'alternance de la pierre et du métal.

Les perles d'or sont faites d'un tube mince; elles sont soudées côte à côte, de façon à former, dans la largeur du bracelet, des bandes rigides de neuf perles.

Les fils aboutissent au fermoir qui est en forme de boîte, ils sont arrêtés dans l'intérieur du fermoir.

Cinq brides composent la charnière; elles s'interposent de façon à former un cylindre ininterrompu qui est traversé par une goupille d'arrêt; à la base de la charnière est un petit anneau fixe, plat, sans doute destiné à tenir un objet suspendu.

Ces bracelets ont été reconstitués.

XIIᵉ dynastie.

Bɪʙʟ. : *Journal d'entrée du Musée*, n° 38463.

52052. Bracelet semblable. — Long. o m. 155 mill., larg. o m. o36 mill., épaiss. o m. oo4 mill.; poids 45 grammes.

XIIᵉ dynastie.

Bɪʙʟ. : *Journal d'entrée du Musée*, n° 38464.

52053. Bracelet semblable. — Long. o m. 14g mill., larg. o m. o36 mill., épaiss. o m. oo4 mill.; poids 45 gr. 7.

L'amazonite est remplacé par la cornaline.

XIIᵉ dynastie.

Bɪʙʟ. : *Journal d'entrée du Musée*, n° 38465.

52054. Bracelet semblable. — Long. o m. 165 mill., larg. o m. o37 mill., épaiss. o m. oo4 mill.; poids 48 grammes.

Le nombre des perles est de vingt-quatre dans chaque rang, douze or et douze cornaline. Un côté du fermoir manque.

XIIᵉ dynastie.

Bɪʙʟ. : *Journal d'entrée du Musée*, n° 38466.

52055. Bracelet (fragments). — Or. — Longueur du tout o m. 072 mill., longueur moyenne des tubes o m. 008 mill., largeur ou hauteur du fermoir o m. 034 mill., épaiss. o m. 003 mill.; poids 35 gr. 2. — Trouvé à Dahchour, 1894-1895.

Dix fragments de bracelets réunis, un fermoir et neuf bandes de tubes ou perles soudés. Six de ces bandes comptent onze perles accolées, deux en comptent onze, un en compte douze, soit cent perles ou cylindres.
Le fermoir est à glissière en T, enfilé sur fil de fer.

XIIᵉ dynastie.

Bibl. : *Journal d'entrée du Musée*, n° 38467.

52056. Bracelet. — Or. — Long. o m. 150 mill., larg. o m. 013 mill.; poids 14 gr. 5. — Trouvé à Dahchour, 8 mars 1894.

Une bande d'or, faisant bracelet ouvert. Elle a une arête médiane légèrement en relief et les extrémités sont terminées en double arrondi.

XIIᵉ dynastie.

Technique. Fait d'abord songer à l'étirage tel qu'il en a été question à propos des bracelets nᵒˢ 52022 et 52023; mais ici l'hypothèse n'a pas la même importance, le relief de l'arête et la profondeur des gorges sont presque nuls, il n'est donc pas surprenant qu'il n'y ait pas de contre-partie rentrante au revers. Il suffit de prendre une bande d'or et de la marteler de deux côtés légèrement en biais de façon à respecter la ligne du milieu pour avoir une préparation qu'il est facile de terminer, à la pierre, par exemple.

Bibl. : *Journal d'entrée du Musée*, n° 30883; de Morgan, *Première liste sommaire*, 1894, p. 7, nᵒˢ 25 et 26; *Fouilles à Dahchour*, I, p. 66, n° 17, fig. 138, pl. XXII.

52057. Un autre bracelet semblable. — Mêmes dimensions, même poids.

Bibl. : *Journal d'entrée du Musée*, n° 30884, ce numéro fait double emploi sur le *Journal* avec deux griffes cataloguées; *Liste sommaire*, n° 34 et *Fouilles à Dahchour*, I, p. 67, n° 20, pl. XXII.

52058. Bracelet. — Or. — Long. o m. 163 mill., larg. o m. 011 mill.; poids 4 gr. 1. — Trouvé à Dahchour, 1894-1895.

Une bande d'or formant bracelet ouvert. Le métal en est très mince, rectangulaire, sans ornement.

XIIᵉ dynastie.
Ne figurant pas au *Journal d'entrée*, inscrit en mai 1906.

Bibl. : *Journal d'entrée du Musée*, n° 38443.

52059. Fermoir de bracelet. — Or. — Long. o m. o43 mill., larg. o m. oo9 mill., épaiss. o m. oo2 mill. — Trouvé à Dahchour, 1894-1895.

Un fermoir de bracelet à glissière en T, percé de dix-neuf trous (voir n° 52o46).

XII⁰ dynastie.

BIBL. : *Journal d'entrée du Musée*, n° 3843g.

52060. Un fermoir semblable. — Long. o m. o4i mill., larg. o m. oo9 mill., épaiss. o m. oo2 mill. — Même provenance.

N'a qu'un seul côté; seize trous.

XII⁰ dynastie.

BIBL. : *Journal d'entrée du Musée*, n° 3844o.

52061. Un fermoir complet. — Long. o m. o3i mill., larg. o m. oo6 mill. 5, épaiss. o m. oo3 mill. — Même provenance.

Même nature; dix trous.

XII⁰ dynastie.

BIBL. : *Journal d'entrée du Musée*, n° 38441.

52062. Un fermoir semblable. — Long. o m. o34 mill., larg. o m. oo7 mill., épaiss. o m. oo3 mill. — Même provenance.

Onze trous.

XII⁰ dynastie.

BIBL. : *Journal d'entrée du Musée*, n° 38442.

52063. Vingt-sept fragments de bracelet. — Argent. — Les dimensions en longueur des vingt-deux premiers fragments varient de o m. oo8 mill. (trois perles) à o m. o56 mill. (vingt-cinq perles), leur épaisseur est d'environ o m. oo3 mill. 5; les cinq autres varient de o m. o11 mill. (trois cylindres) à o m. o44 mill. (dix cylindres), leur largeur de o m. oo8 mill. à o m. o10 mill.; les trois autres ont de o m. oo8 mill. à o m. o33 mill. — Trouvé à Dahchour, fouilles de M. de Morgan, février 1895, trésor de la princesse Ita.

Vingt-deux fragments de bracelets dont l'argent est entièrement décomposé par l'action des chlorures; ce ne sont plus que des morceaux de matière friable et fragile à l'excès.

Quatorze fragments étaient des bandes de perles cylindriques accolées; trois perles de verre qui étaient enfilées avec les perles de métal sont restées collées dessus. Cinq fragments étaient également des bandes de perles cylindriques, mais les cylindres étaient beaucoup plus longs; enfin trois fragments n'ont plus de forme qui permette de les décrire : on ne peut même savoir si ce sont des morceaux isolés ou des groupes agglomérés par les chlorures.

Ces fragments sont collés sur une planche couverte de velours, les décoller était les compromettre, le poids ne sera donc pas indiqué.

XIIᵉ dynastie.

Bibl. : *Journal d'entrée du Musée*, n° 31076; J. de Morgan, *Deuxième liste sommaire, Second Trésor de Dahchour*, p. 5, n° 72; *Fouilles à Dahchour*, II, p. 53, n° 10.

52064. Bracelet. — Or. — Long. o m. 140 mill., larg. o m. 023 mill.; poids 20 gr. 7. — Trouvé à Dahchour, fouilles de M. de Morgan, 1895, trésor de la princesse Ita.

Une lame d'or mince faisant bracelet ouvert, rectangulaire, uni, sans ornement.

XIIᵉ dynastie.

Bibl. : *Journal d'entrée du Musée*, n° 32071; J. de Morgan, *Deuxième liste sommaire, Second Trésor de Dahchour*, 1895, p. 5, n° 3; *Fouilles à Dahchour*, II, p. 53, n° 6.

52065. Bracelet semblable. — Long. o m. 130 mill., larg. o m. 018 mill.; poids 9 gr. 7.

De dimensions moindres.

XIIᵉ dynastie.
Ne figurant pas au *Journal*, inscrit en mai 1906.

Bibl. : *Journal d'entrée du Musée*, n° 38438.

52066. Bracelet. — Or ou électrum. — Longueur du bracelet o m. 140 mill., larg. o m. 004 mill. 5; poids 3 grammes. — Acheté le 20 mai 1905.

Une lame, bracelet ouvert, en or très blanc; elle est aiguë sur les bords et, au milieu, possède une épaisseur plus grande qui fait saillie à l'extérieur sous forme d'une arête.

Les extrémités sont arrondies et percées d'un petit trou.

Moyen empire.

Bibl. : *Journal d'entrée du Musée*, n° 37920.

52066 *bis*. **Bracelet.** — Semblable au n° 52066.

Moyen empire.

Bibl. : *Journal d'entrée du Musée*, n° 37920.

52067. **Bracelet.** — Électrum et verre. — Longueur totale du bracelet
o m. 155 mill., longueur des perles d'électrum o m. 009 mill., largeur
maximum du bracelet o m. 021 mill.; poids 9 grammes. — Acheté
le 20 mai 1905 (pl. VI).

Un bracelet à cinq rangs de perles, électrum et verre.

Les perles d'électrum sont en forme d'olives ou de fuseaux; elles sont réunies cinq par
cinq, accolées par leur partie renflée. Le métal est excessivement mince, et la légèreté du bijou est très grande.

Les perles de verre sont aplaties en forme de disques de petites dimensions; elles sont
d'un vert très accentué.

Dispositif. Les rangs sont parallèles, sauf aux extrémités, où les perles tendent à se
rapprocher. La rigidité des groupes de perles d'électrum, qui sont inséparables, est
cause que le bracelet étendu montre une série de lignes verticales plus lisibles que
les lignes horizontales. Ces lignes alternent composées de : un rang de deux perles
de verre et un rang de perles d'électrum; les perles de verre sont aux deux extrémités de l'enfilage. Il y a douze rangs verticaux de cinq perles d'électrum et treize
rangs de doubles perles de verre.

Moyen empire.

Technique. Les perles d'électrum sont faites en emboutissant par moitié cinq demi-
perles à la fois dans une même plaque, les perles rangées côte à côte et réunies; on
juxtapose deux séries ainsi obtenues, de façon à constituer des perles entières, on
soude et on enlève l'excédent de métal que l'on a conservé autour pour la commo-
dité du travail.

Bibl. : *Journal d'entrée du Musée*, n° 37925; *Catalogue Maspero*, traduction anglaise de Quibell,
1905, p. 424, F.

52068. **Bracelet.** — Or et pierres. — Grand axe o m. 066 mill., petit axe
o m. 061 mill., hauteur totale du vautour o m. 073 mill., largeur
des ailes o m. 019 mill., largeur de la partie postérieure du bracelet
au milieu o m. 024 mill.; poids 58 gr. 5. — Trouvé à Gournah,
tombeau de la reine Aah-hotpou, janvier 1859 (pl. IX).

Un bracelet rigide, en deux parties réunies par des charnières dont une a sa goupille
mobile et sert de côté ouvrant.

La partie principale est uniquement composée d'un vautour vu de face, tête profil à droite, les ailes déployées vont atteindre les charnières; il est perpendiculaire au corps du bracelet, la queue est rigide et dans l'axe du vautour, les pattes écartées symétriquement tiennent chacune le signe Ω.

Cette partie est exécutée en pierres calibrées, cloisonnées d'or.

Les pierres employées sont le lapis-lazuli, la cornaline, une pierre ou une pâte de verre verte, enfin il semblerait que l'on se trouve en présence d'une quatrième substance d'un aspect brun roussâtre.

La place occupée par les pierres de cette couleur a dû être, d'après les alternances, de la matière verte. Du reste, en examinant avec attention, on voit des pierres vertes chez lesquelles un travail de désagrégation se produit et où la couleur brun-roussâtre apparaît. C'est probablement de la turquoise dont une partie se décompose; nous restons donc en présence des trois substances : lapis-lazuli, cornaline et pierre ou émail vert.

Quelques morceaux de pierre manquent, notamment le bec du vautour.

La partie postérieure se compose de deux bandes fuselées, arrondies extérieurement et parallèles.

Elles sont composées de pierres séparées par des cloisons épaisses, la bande du haut compte dix-huit pierres et dix-neuf cloisons, les pierres ont de 4 millimètres à 2 millimètres et demi de large et les cloisons 2 millimètres, la bande du bas a dix-neuf pierres de 3 millimètres et demi à 2 millimètres de large et vingt cloisons de 2 millimètres.

Les pierres semblent être, pour un petit nombre, du lapis-lazuli, et, pour la plus grande quantité, de la même matière verte citée précédemment; elles sont toutes très altérées. Les deux bandes sont séparées l'une de l'autre d'une distance de 9 millimètres.

Entre elles on voit, au milieu, un disque de cornaline cloisonné d'or, duquel partent deux bandes d'or sur champ formant les tiges de deux boutons de lotus de turquoises cloisonnées.

Les extrémités de ces boutons rejoignent les charnières.

L'intérieur du bracelet est d'or uni, sauf le revers de la tête et les pattes du vautour, où il y a quelques indications gravées.

XVIIIe dynastie.

Technique. La technique de ce bijou est semblable à celle des pectoraux n°s 52001, 52002, 52003 et 52004, sauf que le revers, n'ayant pas été ciselé, le dessin a été fait à *l'endroit* de la plaque d'or.

Bibl. : *Journal d'entrée du Musée*, n° 4679; *Catalogue Mariette*, 1864, p. 222, n° 7; *Catalogue Mariette*, 1876, p. 245, n° 813; *Catalogue Maspero*, Boulaq, 1883, p. 78, n° 3448; *Catalogue Grébaut*, 1892, p. 121, n° 3448; *Catalogue de Morgan*, 1895, p. 224, n° 964; *Catalogue Maspero*, 1902, p. 433, n° 964; *Catalogue Maspero*, traduction anglaise de Quibell, 1905, p. 428, n° 964; von Bissing, *Grabfund*, p. 11, tafel VII, 1 *a b c*.

5

52069. Bracelet d'Amosis. — Or et lapis-lazuli. — Grand axe extérieur
o m. o55 mill., petit axe extérieur o m. o48 mill., épaiss. o m. oo3 mill.,
haut. o m. o34 mill. 5; poids 96 grammes. — Trouvé à Gournah,
tombeau de la reine Aah-hotpou, janvier 1859 (pl. IX).

Un bracelet rigide, à deux parties réunies par deux charnières, la goupille de l'une
est rivée, celle de l'autre, restée libre, permet d'ouvrir. Ce bijou est à contours
réguliers, c'est une bande de métal de largeur égale. Il est décoré de scènes et d'hiéroglyphes d'or se silhouettant très heureusement sur un fond de lapis-lazuli, entre
deux listels d'or formant bordure.

Premier côté. — Au centre un éventail dressé verticalement sur le signe ○ divise la
scène.

De chaque côté, symétriquement posés, le dieu Keb, assis sur un trône, pose une
main sur l'épaule du roi agenouillé devant lui et qui lui tourne le dos, de l'autre
main il lui tient le bras.

Dans la partie gauche le dieu est coiffé de la double couronne, il est vêtu d'une
tunique collante, il porte un grand collier, la barbe postiche et des bracelets de
poignets.

Le roi porte la perruque avec l'uræus, un collier, un pagne et des bracelets de
poignets et d'humérus; tous deux sont de profil à droite.

A droite, le dieu est coiffé de la couronne de la Basse-Égypte, il a également tunique,
collier et bracelets.

Le roi a, comme à gauche, perruque et uræus, collier et bracelets, sauf à l'humérus
gauche; tous deux sont profil à gauche. Dans le champ à droite et à gauche, entre
le dieu et le roi [hiéroglyphes].

La décoration de ce côté est terminée des deux côtés par des bandes verticales longeant
les charnières et contenant les hiéroglyphes suivants : bande de la droite du bracelet : [hiéroglyphes]; bande gauche : [hiéroglyphes].

Second côté. — Quatre génies à genoux, de profil, disposés symétriquement deux à
deux, à droite du bracelet. Les deux génies ont des têtes d'éperviers (profil à gauche),
ils ont un pagne et portent des bracelets de poignets et d'humérus aux deux bras,
ils lèvent le bras gauche, et la main droite fermée est à la hauteur de la poitrine.

A gauche, ils ont des têtes de chacals (profil à droite), ils ont un pagne, des bracelets
de poignets et d'humérus aux deux bras, et un collier qui n'est indiqué qu'à son
passage sur l'épaule gauche. Ils lèvent le bras droit, et la main gauche est à la
hauteur de la poitrine.

Dans le haut du champ, au milieu : [hiéroglyphes].

A droite : [hiéroglyphes].

A gauche : [hiéroglyphes].

Des deux côtés, entre les génies, la couronne de la Basse-Égypte ⳧.

L'intérieur du bracelet est en or uni.

Les charnières à l'extérieur sont apparentes et striées transversalement.

XVIIIe dynastie.

TECHNIQUE. Tous les détails, figures et symboles, ont été ciselés, ainsi qu'il est indiqué pour les revers des pectoraux n°s 52001 et 52004.

Ils ont été ensuite garnis de cloisons au revers et découpés.

Enfin ils ont été soudés sur le fond, maintenus par les cloisons à une hauteur suffisante pour que l'on puisse, sans les dominer, remplir les cavités d'une matière quelconque.

Ces fonds ont été ensuite garnis de morceaux de lapis-lazuli mastiqués dans les intervalles par un lut noirâtre, que l'on peut voir à divers endroits où la pierre est tombée.

Les différents catalogues désignent, depuis Mariette, la matière bleue du fond comme de la pâte de verre imitant le lapis-lazuli. C'est une erreur due à un examen trop superficiel, le lapis est, au contraire, très reconnaissable, M. de Bissing (*Grabfund*) l'indique bien comme tel.

BIBL. : *Journal d'entrée du Musée*, n° 4684; *Catalogue Mariette*, 1864, p. 221, n° 1; *Catalogue Mariette*, 1876, n° 810; *Catalogue Maspero*, 1883, p. 81, n° 3510; *Catalogue Grébaut*, 1892, p. 123, n° 3510; *Catalogue de Morgan*, 1895, p. 217, n° 943; *Catalogue Maspero*, 1902, p. 425, n° 943; *Catalogue Maspero*, traduction anglaise de Quibell, 1905, p. 427, n° 943; VON BISSING, *Grabfund*, p. 11, tableau 7, pl. III *a* et *b*.

52070. Bracelet. — Or et pierres. — Circonférence extérieure o m. 165 mill., larg. o m. 035 mill.; poids 51 grammes. — Trouvé à Gournah, tombeau de la reine Aah-hotpou, janvier 1859 (pl. IX).

Bracelet de perles, d'or et de pierres, enfilées sur des fils d'or qui aboutissent à un fermoir composé de plaques d'or rigides formant boîtes, dans lesquelles les fils sont tordus et arrêtés après avoir pénétré.

Le bracelet se compose de dix-huit rangs de perles, l'enfilage est fait de façon à présenter des bandes verticales alternées d'or et de pierres; il y a sept bandes d'or et neuf bandes de pierres, trois de cornaline, trois de lapis-lazuli et trois de turquoise.

Les perles d'or sont taillées dans des bandes, et les dix-huit perles formant la largeur du bracelet ne sont pas détachées les unes des autres, les rangs sont réunis quatre par quatre par des tubes d'or traversant les perles (c'est dans ces tubes que passent les fils), ils maintiennent les perles, les unes des autres, à une distance égale à leur épaisseur.

Ce dispositif donne donc une bande verticale, en treillis ajouré, comptant quatre rangs de dix-huit perles accolées dans sa hauteur et quatre perles espacées dans sa largeur, cette bande est rigide.

Les bandes de perles sont moins rigides, puisque les perles sont simplement traversées par les fils d'or. La grosseur des perles est inégale et leur nombre, pour la largeur d'une bande, varie de cinq à huit.

Du côté opposé au fermoir, mais pas exactement dans l'axe est une bande d'or unie à l'intérieur du bracelet et portant extérieurement une inscription d'or se silhouettant sur des incrustations de lapis-lazuli. Ces inscriptions sont en or uni sans aucune reprise à l'outil.

Cette bande est séparée du fermoir d'un côté par neuf bandes et de l'autre par sept seulement.

Le fermoir offre une particularité, il porte une inscription gravée, mais cette plaque de fermoir se sépare par moitié, les deux parties étant réunies par une goupille. Or, dans le but d'agrandir le bracelet on a intercalé une plaque composée de deux bandes d'or soudées ensemble et portant, sur chaque côté, des brides faisant charnière et correspondant aux brides existantes sur le fermoir. Il y a de ce fait deux goupilles au lieu d'une seule.

On a donc pu ainsi agrandir le bracelet de toute la largeur de cette plaque rapportée (o m. o1 3 mill.), mais celle-ci restant mobile peut être enlevée à volonté et le bijou n'en est pas modifié, seule l'inscription se trouve coupée en deux et reportée de chaque côté de la plaque.

XVIIIᵉ dynastie.

TECHNIQUE. L'inscription, or sur lapis, est faite comme les ornements du bracelet n° 52069.

REMARQUE. Quelques pièces ont été brisées, près de la bande incrustée un rang entier de turquoise manque, le fil ayant cédé.

BIBL. : *Journal d'entrée du Musée*, n° 4685; *Catalogue Mariette*, 1864, p. 224, n° 15; *Catalogue Mariette*, 1876, p. 248, n° 818; *Catalogue Maspero*, 1883, p. 81, n° 3509; *Catalogue Grébaut*, 1892, p. 123, n° 3509; *Catalogue de Morgan*, 1895, p. 218, n° 946; *Catalogue Maspero*, 1902, p. 431, n° 946; *Catalogue Maspero*, traduction anglaise de Quibell, 1905, p. 427, n° 946; VON BISSING, *Grabfund*, tafel V, 4.

52071. **Bracelet.** — Or et pierres. — Long. o m. 1 5o mill., larg. o m. o43 mill.; poids 6o grammes. — Trouvé à Gournah, tombe de la reine Aahhotpou, janvier 1859 (pl. IX).

Bracelet composé de perles d'or, de lapis-lazuli, de cornaline, de turquoise ou de verre couleur turquoise, retenues par des bandes d'or servant de guides et possédant un fermoir rigide.

Il y a trente rangs longitudinaux de perles enfilées sur des fils d'or. Ces rangs viennent aboutir à un fermoir rigide, en deux parties, composées chacune de deux bandes d'or réunies à l'intérieur par une cloison sur champ, percée d'autant de trous qu'il y a de fils.

Ceux-ci viennent passer par les trous et sont ensuite tordus et arrêtés. Ils se trouvent dissimulés dans la boîte formée par les trois plaques.

La fermeture est assurée par des brides saillantes au nombre de sept, quatre d'un côté, trois de l'autre. Elles s'emboîtent les unes entre les autres pour former charnière, une goupille mobile en passant dans ces brides fixe le tout, le haut de cette goupille était muni d'un petit crochet qui faisait coup d'ongle et facilitait la prise. Elle est remplacée dans le bracelet décrit ici par une tige ajoutée récemment.

Les combinaisons de perles sont faites de façon à présenter des carrés mi-partie or et couleur. Dans la longueur du bracelet ces carrés sont au nombre de dix-sept et de six dans sa largeur.

La fermeté du bracelet est obtenue à l'aide de cinq plaques d'or, occupant sa largeur; ces plaques, qui ont la largeur d'un carré de perles, ont leurs bords relevés et percés de trente trous où passent les fils. Ceux-ci ont donc leurs extrémités fixées aux fermoirs et dix guides sur une longueur totale de 14 centimètres. Il en résulte une véritable rigidité.

Les plaques ne sont pas visibles à l'extérieur du bracelet, leurs bords relevés vers l'extérieur en font des boîtes où les perles se placent régulièrement comme dans le reste du corps et il n'y a pas de solutions de continuité, seule l'épaisseur des bords relevés fait une mince ligne d'or visible (fig. 23).

Les perles sont en forme de sections de cylindre, elles ne sont pas d'une épaisseur régulière, leur longueur est toujours inférieure à leur diamètre et, tandis que les carrés sont composés de cinq rangs horizontaux, le nombre des perles dans chaque rang est de sept à douze.

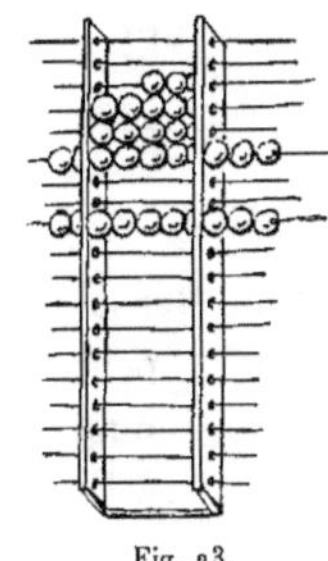

Fig. 23.

En regardant le bracelet posé horizontalement et dans le sens indiqué par l'inscription du fermoir, on voit les rangs des carrés composés ainsi qu'il suit, de haut en bas :

1er rang or et turquoise;

2e — or et lapis-lazuli;

3e — or et cornaline;

4e — or et turquoise;

5e — or et lapis;

6e — or et cornaline.

Le premier rang de chaque carré (toujours horizontalement) est composé de perles d'or moins une. Le second rang et les rangs suivants en perles sont en nombre moindre d'une ou plusieurs, de façon à arriver au cinquième rang à une seule perle d'or.

Les perles de couleur font la contre-partie.

Sur le fermoir, de bas en haut, on lit :

qui est le nom d'Amosis.

XVIIIe dynastie.

BIBL. : *Journal d'entrée du Musée*, n° 468; *Catalogue Mariette*, 1864, p. 221, n°s 2 et 3; *Catalogue Mariette*, 1876, p. 246, n°s 811-812; *Catalogue Maspero*, 1883, p. 79, n° 3450; *Catalogue*

Grébaut, 1892, p. 122, n° 3450; *Catalogue de Morgan*, 1895, p. 223, n°⁸ 963, 963 *bis;*
Catalogue Maspero, 1902, p. 432, n°⁸ 963, 963 *bis; Catalogue Maspero*, traduction anglaise
de Quibell, 1905, p. 428, n°⁸ 963, 963 *bis;* Vassali, *Monumenti istorici*, p. 128, I; von
Bissing, *Grabfund*, tafel V, 2.

52072. Bracelet. — Perles d'or et de pierres. — Long. o m. 150 mill., larg.
o m. o43 mill.; poids 61 gr. 5. — Même provenance que le n° 52071.

Complètement semblable au précédent (n° 52071).
La goupille originale existe à celui-ci.
Le fermoir porte l'inscription suivante :
   qui est le prénom d'Amosis.

XVIIIᵉ dynastie.

Bibl. : *Journal d'entrée du Musée*, n° 4687; même bibliographie que le n° 52071, sauf :
   Catalogue Maspero, 1883, p. 78, n° 3449; *Catalogue Grébaut*, 1892, p. 122, n° 3449.

52073. Bracelet. — Or. — Grand diam. au milieu du renflement o m. o78 mill.,
petit diamètre ouverture, un peu irrégulier, de o m. o58 mill. à
o m. o62 mill., haut. o m. o33 mill.; poids 102 grammes. — Trouvé
à Gournah, tombeau de la reine Aah-hotpou, janvier 1859 (pl. X).

Anneau renflé au milieu, de forme ronde, régulière, son profil est celui d'une panse
   de vase, il est fait d'une feuille d'or épaisse.

Technique. Une bande d'or est roulée et soudée au point de rencontre des extrémités,
   ensuite ce cylindre est martelé de façon à faire rentrer le métal en le déplaçant et à
   lui faire prendre la forme cherchée.

XVIIIᵉ dynastie.

Bibl. : *Journal d'entrée du Musée*, n° 4696; *Catalogue Mariette*, 1864, p. 223, n° 11; *Catalogue
   Mariette*, 1876, p. 248, n° 822; *Catalogue de Morgan*, p. 223, n° 960; *Catalogue Maspero*,
   1902, p. 428, n° 960; *Catalogue Maspero*, traduction anglaise de Quibell, 1905, p. 430, n° 960;
   Mariette, *Album du Musée de Boulaq*, pl. XXXI; von Bissing, *Grabfund*, tafel IV, 1.

52074. Bracelet. — Or. — Diamètre extérieur o m. 104 mill., diamètre intérieur o m. o74 mill., haut. o m. o14 mill.; poids 100 grammes. —
Trouvé à Gournah, tombeau de la reine Aah-hotpou, janvier 1859
(pl. X).

Grand anneau plat et creux à section carrée, fait de feuilles d'or minces, orné sur le
   côté extérieur de tresses et de torsades; près d'un bord la tresse est simple, près de
   l'autre bord elle est accompagnée d'une torsade; les bords ont quelques bossuages,
   la planche IX le montre sous deux aspects.

Technique. Une feuille d'or est roulée et soudée de façon à faire un cylindre, puis après avoir tracé la largeur que l'on désire donner à l'anneau, on martèle la plaque en suivant les traits.

Pour faciliter la répartition du métal, on peut faire dans la partie destinée à être rabattue une encoche qui se trouvera fermée quand la bande de métal aura pris la position horizontale.

Dans le bracelet que nous examinons, les assemblages sur les plats sont faits à queue d'aronde ou seulement à décrochement.

Puis on fait, à l'aide d'une bande d'or, une autre partie de cylindre dont le diamètre est le même que celui de l'intérieur du bracelet, on soude et le bijou se trouve complété.

XVIII⁰ dynastie.

Bibl. : *Journal d'entrée du Musée*, n° 4697; *Catalogue Mariette*, 1864, p. 226, n° 28, signalé globalement; *Catalogue Mariette*, 1876, même indication; *Catalogue Maspero*, 1883, p. 83, n° 3628, même indication; *Catalogue de Morgan*, 1895, p. 218, n° 947; *Catalogue Maspero*, 1902, p. 427, n° 947; *Catalogue Maspero*, traduction anglaise de Quibell, 1905, p. 427, n° 947; von Bissing, *Grabfund*.

52075. Bracelet semblable. — Mêmes dimensions; poids 100 grammes.

XVIII⁰ dynastie.

Bibl. : La même que pour le numéro précédent.

52076. Bracelet semblable. — Poids 100 grammes.

XVIII⁰ dynastie.

Bibl. : La même que dans le n° 52074.

52077. Bracelet semblable. — Poids 100 grammes.

XVIII⁰ dynastie.

Bibl. : La même que dans le n° 52074.

52078. Bracelet. — Or. — Diamètre extérieur 0 m. 069 mill., diamètre intérieur 0 m. 046 mill., épaiss. 0 m. 012 mill.; poids 44 gr. 5. — Trouvé à Gournah, tombeau de la reine Aah-hotpou, janvier 1859.

Un anneau creux, carré de section, sans ornements.

XVIII⁰ dynastie.

Technique. Deux portions de cercle sont découpées dans une bande d'or mince de façon à faire deux anneaux plats d'un seul morceau; chacun d'eux sera un des côtés du bracelet.

Pour faire l'intérieur et l'extérieur deux bandes d'or mince sont roulées et soudées de
façon à faire des portions de cylindres dont les diamètres coïncident avec ceux des
anneaux plats.

Le tout est soudé aux points de contact.

XVIIIe dynastie.

Bibl. : *Journal d'entrée du Musée*, n° 4703; *Catalogue Mariette*, 1864, signale p. 226, n° 28,
plusieurs anneaux de ce genre; *Catalogue Mariette*, 1876, même indication; *Catalogue Maspero*,
1883, p. 83, n° 3628, citation globale; *Catalogue de Morgan*, 1895, p. 218, n° 947; *Catalogue Maspero*, 1902, p. 427, n° 947; von Bissing, *Grabfund*.

52079. Bracelet. — Semblable au n° 52078. — Mêmes dimensions; même
poids. — Même provenance.

XVIIIe dynastie.

Bibl. : *Journal d'entrée du Musée*, n° 4704; même bibliographie.

52080. Bracelet. — Semblable au n° 52078, mais plus grand. — Diamètre
extérieur o m. 074 mill., diamètre intérieur o m. o5o mill., épaiss.
o m. o14 mill.; poids 33 gr. 2. — Même provenance.

XVIIIe dynastie.

Bibl. : *Journal d'entrée du Musée*, n° 4701; même bibliographie que le n° 52078.

52081. Bracelet. — Semblable au n° 52080. — Mêmes dimensions; poids
32 gr. 2.

XVIIIe dynastie.

Bibl. : *Journal d'entrée du Musée*, n° 4702; même bibliographie que le n° 52078.

52082. Bracelet-anneau. — Or pâle. — Diamètre extérieur o m. o7o mill.,
épaisseur du tube o m. oo5 mill.; poids 12 gr. 9. — Trouvé à
Gournah, trésor de la reine Aah-hotpou, janvier 1859.

Un anneau creux fait d'un tube roulé et soudé grossièrement au point de rencontre.
Le métal est clair, et sa tonalité pâle décèle la présence de l'argent.
La forme de l'anneau est ronde mais irrégulière.

XVIIIe dynastie.

Technique. Une bande d'or a été roulée, probablement en l'entourant autour d'une tige,
puis soudée ensuite dans la longueur, suivant la rencontre des deux parties de la
feuille de métal.

Le tube ainsi obtenu a été tordu circulairement, des plis intérieurs attestent les difficultés éprouvées par l'opérateur.

Lorsque les extrémités se rencontrèrent, on les taillada et les parties se pénétrèrent en se chevauchant, le tout fut garni de soudure. Ce point de rencontre forme un renflement analogue à un nœud de bambou.

Bibl. : *Journal d'entrée du Musée*, n° 4724.

52083. Bracelet. — Électrum. — Grand diamètre (extérieur) o m. 073 mill., petit diamètre (intérieur) o m. 063 mill., épaiss. o m. 004 mill.; poids 34 gr. 6. — Trouvé à Gournah, tombeau de la reine Aahhotpou, janvier 1859 (pl. XI).

Un anneau simple, intérieur cylindrique, extérieur travaillé de façon à donner à l'anneau une section en forme de demi-olive.

Sans ornement.

Technique. Une bande de métal a été soit martelée, soit passée dans une filière ayant la forme d'une demi-olive. Cette bande a été roulée et soudée en un point; l'intérieur du bracelet laissant voir la cavité qui fait la contre-partie de l'extérieur, on a soudé une plaque intérieure destinée à donner au bracelet l'aspect plein. Le métal employé étant épais, la sensation immédiate est que cet anneau est massif, un examen plus attentif montre que la soudure de l'anneau ne coïncide pas avec celle de la feuille de doublage intérieur. En calculant ensuite le volume et le poids que devrait posséder l'anneau, on voit que, même en argent, il atteindrait un poids supérieur à celui qu'il possède. De plus, de légères dépressions sur la feuille intérieure indiquent qu'il y a un certain vide au milieu du corps du bracelet (fig. 24).

Il était intéressant de signaler ce fait, soit que l'on admette que le métal a reçu sa forme par un martelage, soit qu'il a été passé dans une filière. L'hypothèse de la filière peut paraître osée, il ne faut pourtant pas oublier que les Égyptiens tiraient des fils, cela est surabondamment démontré. Il n'y aurait donc rien de bien surprenant à ce qu'ils aient tiré du métal dans des filières façonnées.

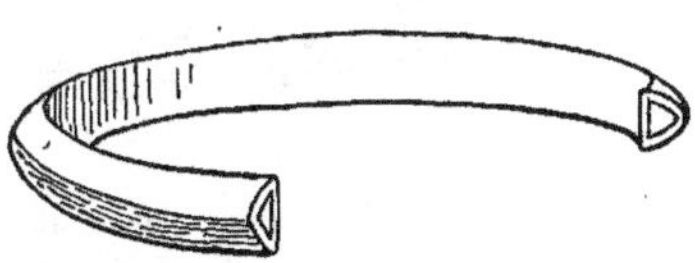

Fig. 24.

XVIIIe dynastie.

Bibl. : *Journal d'entrée du Musée*, n° 4707; *Catalogue Mariette*, 1876, n° 838, p. 252; Mariette, *Album du Musée de Boulaq*, pl. XXX; Vassali, *Monumenti istorici*, p. 129, V; von Bissing, *Grabfund*.

52084. Bracelet. — Électrum. — Mêmes dimensions; poids 32 gr. 9.

Semblable au précédent comme forme et comme technique.
XVIIIe dynastie.

BIBL. : *Journal d'entrée du Musée*, n° 4708; même bibliographie que le numéro précédent.

52085. Bracelet-anneau. — Électrum. — Mêmes dimensions que le n° 52083; poids 33 gr. 5.

Un anneau simple, semblable comme forme et comme technique au n° 52083.
XVIIIe dynastie.

BIBL. : *Journal d'entrée du Musée*, n° 4709; même bibliographie que le n° 52083.

52086. Bracelet-anneau. — Électrum. — Mêmes dimensions; même poids.

Même forme que le précédent. Même technique.
XVIIIe dynastie.

BIBL. : *Journal d'entrée du Musée*, n° 4710; même bibliographie.

52087. Bracelet. — Or. — Plus grand diamètre o m. 061 mill., plus petit diamètre o m. 048 mill., hauteur du bracelet o m. 007 mill.; poids 18 grammes. — Trouvé à Gournah en janvier 1859, tombeau de la reine Aah-hotpou (pl. XI).

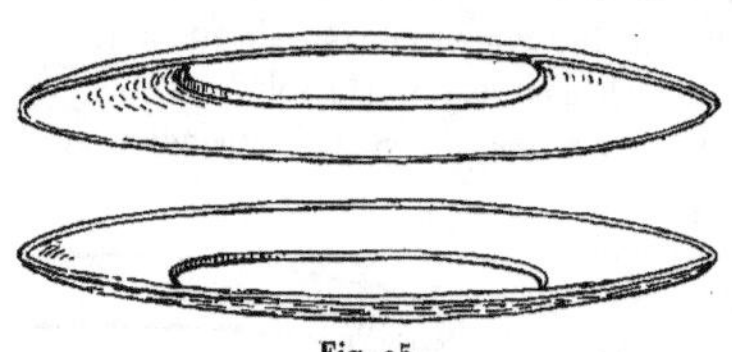

Fig. 25.

Un anneau creux à section triangulaire dont le sommet fait le plus grand diamètre extérieur. Deux côtés du triangle que donne cette section sont légèrement curvilignes et la base rectiligne, l'intérieur du bracelet étant cylindrique. Sans ornement.
XVIIIe dynastie.

TECHNIQUE. Les deux parties formant l'angle extérieur du bracelet sont découpées dans

Fig. 26.

des feuilles d'or préalablement embouties en forme de coupes. Elles forment donc des zones convexes. En présentant l'une à l'autre ces portions de sphères elles se rencontrent pour former l'angle extérieur du bracelet et laissent entre elles à l'intérieur un espace vide.

A l'aide d'une bande roulée on fait une portion de cylindre, qui devient l'intérieur du bracelet, et l'on soude ces trois parties à leurs points de rencontre (fig. 25, 26 et 27).

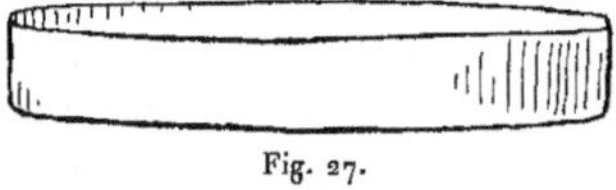

Fig. 27.

BIBL. : *Journal d'entrée du Musée*, n° 4711; *Catalogue Mariette*, 1864, p. 223, 228, 827, 828; *Catalogue Maspero, Musée de Boulaq*, 1883, n°⁾ 3629, 3630; *Catalogue de Morgan*, 1895, p. 223, n° 961; *Catalogue Maspero*, 1902, p. 427; VON BISSING, *Grabfund*.

52088. Bracelet. — Semblable au n° 52087. — Mêmes dimensions, même poids. — Même provenance.

XVIIIᵉ dynastie.

BIBL. : *Journal d'entrée du Musée*, n° 4712; même bibliographie.

52089. Bracelet Pinotmou Iᵉʳ. — Or et pierres avec pendeloques. — Grand axe extérieur o m. 068 mill., grand axe intérieur o m. 055 mill., petit axe extérieur o m. 063 mill., petit axe intérieur o m. 050 mill., épaiss. o m. 008 mill., longueur des pendeloques o m. 085 mill. à o m. 095 mill.; poids 50 grammes. — Trouvé par M. Maspero en 1886, sur la momie du roi-prêtre Pinotmou Iᵉʳ, trouvaille de Deïr-el-Bahari (pl. XI).

Bracelet rigide en forme de demi-jonc plat à l'intérieur; la section dépasse le demi-cercle.

Il est en deux parties, qui sont réunies d'un côté par une perle de lapis-lazuli enfilée librement et de l'autre par un fermoir composé d'un tenon pénétrant traversé par une goupille.

Près du fermoir sont deux anneaux de petite dimension qui portent un autre anneau de fil, lequel réunit cinq chaînes ou enfilages terminées par des pendeloques, deux chaînes d'or composées d'anneaux simples, plats, striés, portent à leur extrémité une petite pyramide hexagonale en lapis-lazuli, trois enfilages de perles cylindriques alternées or et lapis et quelques-unes de cornaline portent à leur extrémité des fleurs d'or à six pétales non séparés, dont le calice est fait de pierres calibrées.

La décoration du corps du bracelet est en pierres calibrées et cloisonnées, lapis-lazuli et cornaline. Elle est faite d'ornements géométriques limités par des cloisons transversales très larges, or ou pierres, près de la perle de lapis et de chaque côté, deux cloisons d'or en demi-jonc sont bordées de grains; elles ont entre elles un demi-jonc de lapis.

XXIᵉ dynastie.

TECHNIQUE. Il a été fait un demi-jonc qui a été soudé sur une bande composant la
plaque intérieure du bracelet, cette bande déborde le demi-jonc de façon à former
une cloison, sur ce demi-jonc les cloisons ont été établies comme il a déjà été
expliqué au n° 52001, et les pierres ajustées par le procédé déjà connu également.

Il y avait une difficulté, la perle qui réunit les deux parties est libre, elle est enfilée
sur un axe qui pénètre dans le corps du bracelet des deux côtés, il fallait que cet
axe fût arrêté et retenu; pour cela, le demi-jonc a été sectionné pour que l'artisan
puisse river l'axe. On a donc construit les deux parties qui, de chaque côté de la
perle, sont faites de trois demi-joncs, et on a fixé à l'intérieur de ces parties, qui sont
creuses, le fil qui traverse la perle; ces parties ont été ensuite soudées au corps du
bracelet. On voit très nettement, sur la plaque intérieure, la réunion de ces parties.
La soudure a été faite avant la pose des pierres, mais la perle était déjà là nécessairement. Dans ce cas, pour protéger du feu, on lute la partie sensible dans une pâte
réfractaire (nos artisans emploient la terre à poêle), et l'on réussit à l'isoler d'une
façon convenable.

BIBL. : *Journal d'entrée du Musée*, n° 26297; *Catalogue Grébaut*, 1892, cité p. 126; *Catalogue de
Morgan*, 1895, cité p. 225; *Catalogue Maspero*, 1902, p. 428, n° 969; *Catalogue Maspero*,
traduction anglaise de Quibell, 1905, p. 432, n° 969.

52090. Bracelet. — Or et pierres avec pendeloques. — Mêmes dimensions;
poids 48 gr. 5.

Bracelet semblable au précédent, mais ne possédant que deux enfilages de perles au
lieu de trois, ce qui réduit les pendeloques à quatre.

BIBL. : Même bibliographie, sauf *Catalogue Maspero*, 1902, p. 428, n° 969 *bis*; *Catalogue Maspero*,
traduction anglaise de Quibell, 1905, p. 432, n° 969 *bis*.

52091. Bracelet avec breloque. — Longueur de l'enfilage de perles plié en
deux 0 m. 092 mill., diamètre des perles 0 m. 004 mill. 5, hauteur
du petit vase breloque 0 m. 016 mill.; poids total 7 gr. 4 (pl. XI).

Bracelet composé de cinquante-six perles d'une matière terreuse noirâtre recouverte
d'une feuille d'or, leur forme est le demi-jonc et leur longueur est inférieure à leur
diamètre.

A ce bracelet est suspendu un petit vase en forme de cœur et fermé d'un couvercle
qui porte l'anneau de suspension; ce couvercle est rattaché au vase par une petite
goupille qui passe dans une feuille repliée faisant charnière et qui est soudée sous
ce couvercle.

Deux petits renflements de chaque côté du vase simulent des anses collées au corps.

Moyen empire.

Technique. La feuille d'or est très mince, et il a suffi *d'envelopper* les perles pour que le métal se trouve fixé par simple pression.

La breloque est exécutée en deux morceaux dans un creux préparé *ad hoc*, et ces deux morceaux ont été soudés ensuite.

Bibl. : *Journal d'entrée du Musée*, n° 28606.

52092. Deux fragments de bracelets. — Or. — Longueur du grand fragment o m. o44 mill., larg. o m. oo4 mill. 5, épaiss. o m. oo2 mill., longueur du petit fragment o m. o13 mill., larg. o m. oo4 mill. 5, épaiss. o m. oo2 mill.; poids : grand fragment 3 gr. 8, petit fragment 1 gr. 20. — Dahchour, 1894-1895.

Deux bandes d'or rigides taillées en imitation d'enfilage de perles. Le plus grand fragment simule vingt cylindres accolés, percés chacun d'un trou d'enfilage, chaque cylindre est gravé sur le plat de la bande de façon à simuler trois perles enfilées à la suite.

Le plus petit fragment est exécuté de la même façon, mais il ne compte que six cylindres (voir n° 52035).

XIIe dynastie.

Bibl. : *Journal d'entrée du Musée*, n° 38437.

52093. Bracelet d'humérus. — Or massif. — Diamètre extér. o m. o92 mill., largeur maximum de la partie centrale o m. o29 mill., largeur du corps o m. o18 mill., épaiss. o m. oo6 mill.; poids 354 grammes. — Trouvé à Toukh el-Karmous, août 1905 (pl. XII).

Grand bracelet très riche; le corps est un demi-jonc massif pas très rond, la section a plutôt la forme d'un angle émoussé.

Le décor doit être regardé en plaçant le bracelet verticalement; il se compose d'une partie centrale et des deux extrémités du corps du bracelet.

La partie centrale nous montre tout d'abord deux boucles s'entrelaçant et formant encadrement à un petit Éros, de face, des draperies passent sur ses bras; à droite il tient une espèce de calice de fleur qui a dû porter une perle ou une pierre. Les ailes sont écartées sur le fond, la droite plus haute que la gauche. Sur sa tête un chaton vide en forme de poire, pointe en l'air. Tout autour de ce chaton on voit des arabesques en fils simples et des palmettes bordées de fils tordus en spirale (filigrane).

Les grandes boucles sont elles-mêmes bordées et décorées de filigrane, elles sont en forme de palmes. Ces palmes, ces filigranes indiquent l'influence persane.

Les amorces des boucles sont décorées de spirales de fil possédant, au point de départ et
au point central, une fleurette dont les pétales sont bordés de filigrane.

On retrouve une fleurette au point de séparation de la boucle qui encadre Éros.

Les parties décorées du corps du bracelet servant à relier le corps du bijou à la pièce
centrale sont uniquement décorées de fils et de tresses. Ce sont des boîtes dans
lesquelles viennent s'insérer les extrémités du corps du bracelet.

Les têtes des goupilles fixant la pièce centrale aux branches du bracelet apparaissent
entre deux fils. Ce sont des masques de face; la goupille elle-
même est faite de deux lames d'or accolées qui se séparent en sortant du corps du bracelet, s'écartent et s'appliquent à l'intérieur
du bracelet, leurs extrémités apparaissent légèrement sur la face
(fig. 28).

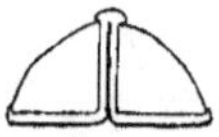

Fig. 28.

Au revers, on voit les boucles s'entrelaçant; elles sont bordées de fil tors, mais les
corps sont sans ornements; une plaque d'or uni ferme le milieu. Les petites moulures et les fils rigides qui décorent les parties qui relient la pièce centrale au
corps du bracelet font le tour à l'intérieur, mais sans qu'il y ait d'ornements
entre eux.

Gréco-romain.

Technique. Le petit Éros est exécuté au repoussé dans une feuille d'or mince, c'est-
à-dire que l'on a travaillé le métal successivement à l'endroit et à l'envers de façon
à modeler des reliefs sans modifier sensiblement l'épaisseur de la plaque. Les
boucles en forme de palmes sont creuses, les plaques les composant ont été
fortement relevées en demi-jonc et assemblées ensuite.

La décoration est faite soit à l'aide de fils unis, soit à l'aide de fils tordus, ce travail
est celui qui porte le nom de filigrane.

Le fil est tordu en spirale, il faut pour cela qu'il soit en métal très pur, car il risquerait
de se rompre, on doit le recuire souvent (le chauffer au rouge) pour lui rendre sa
ductilité; quand on a préparé une longueur suffisante de fil, on le débite en morceaux de grandeur appropriée auxquels on donne les contours désirés, ensuite on les
colle, soit à la gomme, soit avec un autre agglutinatif, sur la pièce à décorer et on
les garnit de soudure; le mieux est de réduire de la soudure en poudre, soit par le
grattoir ou la lime, et d'*arroser* le travail de cette limaille fine; on présente ensuite au
feu. La plupart des arabesques sont faites avec le fil doublé, en regardant soigneu-
sement les extrémités de ces arabesques, on verra que le fil est simplement plié;
c'est donc en une seule fois, avec le même fil que l'on double en le pliant, que l'on
fait ces rinceaux.

Ce travail a la plus grande analogie avec celui décrit pour le cloisonnage des pierres
calibrées, c'est toujours le même procédé, il met en œuvre des torsades au lieu de
bandes.

Bibl. : *Journal d'entrée du Musée,* n° 38077; *Catalogue Maspero,* traduction anglaise de Quibell,
1905, p. 439, case X.

52094. **Grand bracelet d'humérus.** — Or et pierres. — Diamètre moyen extérieur o m. o95 mill., largeur du corps au milieu o m. oo9 mill., largeur de la queue o m. oo6 mill., épaisseur du corps au milieu o m. oo6 mill.; poids 356 grammes. — Trouvé à Toukh el-Karmous, août 1905 (pl. XII).

Un serpent tordu en spirale, le corps est en demi-jonc en or uni, massif, le milieu est un peu renflé. La tête du serpent est tournée en dehors perpendiculairement au corps du bracelet, elle est ciselée avec beaucoup d'habileté; sur le crâne un grenat (?) est serti, cette pierre est taillée en forme de cœur qui porte, dans le milieu, un sillon profondément creusé. Les yeux étaient aussi des pierres qui sont parties.

De la tête, et sur une longueur de o m. o80 mill. environ, le corps est ciselé et couvert d'écailles à l'extérieur, l'intérieur porte des indications d'anneaux de serpent. La queue est roulée et forme deux anneaux, elle est unie et sans ciselure.

A l'intérieur du bracelet, près de la queue, une marque est frappée; ce qui se voit pourrait faire supposer que c'est le haut d'un masque humain; à quoi correspond cette marque?

Gréco-romain.

Technique. En faisant jouer la lumière sur la pierre qui est sertie dans le crâne du serpent, cette pierre, qui paraît être un grenat, semble être montée sur paillon; ce mode de monture a été un usage pendant des siècles dans la période moderne (moyen âge, renaissance, xviiᵉ et xviiiᵉ siècles). Elle consiste à placer sous la pierre, avant de la sertir, une matière très brillante dont l'éclat enrichit la qualité de sa translucidité, d'ordinaire on prend une mince feuille d'or ou d'argent battu (paillon). Dans le cas présent, la pièce étant montée à même de l'or massif, il a suffi au bijoutier de polir d'une façon soigneuse le fond de l'alvéole qui devait recevoir la pierre pour obtenir le résultat; il est évident que la pensée du bijoutier a été dirigée dans ce sens. Cette préoccupation, banale chez les modernes, ne paraît pas avoir existé chez les anciens Égyptiens qui n'incrustaient que des pierres opaques.

Bibl. : *Journal d'entrée du Musée*, n° 38078.

52095. **Bracelet.** — Or massif, sphinx. — Diamètre mesuré dans le sens de la plus grande largeur o m. o68 mill., épaisseur du jonc o m. oo6 mill. 5, hauteur des sphinx o m. o19 mill.; poids 123 gr. 5. — Trouvé à Toukh el-Karmous, août 1905 (pl. XII).

Un jonc d'or rigide, massif, porte à ses extrémités deux sphinx ailés à tête de femmes. Ces sphinx se regardent, ils ont les pattes étendues et se touchent presque, l'espace entre les pattes de l'un et celles de l'autre n'est pas d'un millimètre.

Les ailes qui partent de chaque côté des sphinx se rejoignent derrière la tête de chacun d'eux. Elles se touchent sans adhérer l'une à l'autre.

La forme du bracelet est légèrement celle d'un cœur, elle n'est ni ronde ni elliptique. Gréco-romain.

TECHNIQUE. Les sphinx, moins les ailes, sont fondus et soudés aux extrémités du jonc d'or faisant le corps du bracelet. Ils sont ciselés.

Les ailes sont découpées dans une plaque d'or, ciselées et soudées ensuite sur les sphinx.

BIBL. : *Journal d'entrée du Musée*, n° 38079; *Catalogue Maspero*, traduction anglaise de Quibell, 1905, p. 438, case X.

52096. Autre bracelet semblable. — Diamètre mesuré comme ci-dessus o m. o63 mill., épaisseur du jonc o m. oo6 mill. 5; poids 1 2 9 gr. — Même provenance.

Il est un peu plus fermé, la forme de cœur est plus accentuée, les pattes des sphinx se juxtaposent.

Il manque une aile à l'un des sphinx.

Gréco-romain.

BIBL. : *Journal d'entrée du Musée*, n° 38080.

52097. Bracelet. — Or massif. — Diam. o m. o95 mill., épaisseur de la torsade o m. oo8 mill. 5, écartement des têtes o m. o15 mill.; poids 1 7 7 gr. 6. — Trouvé à Toukh el-Karmous, août 1 9 o 5 (pl. XIII).

Torsade, têtes de lions cornus.

Bracelet ouvert, rigide, torsade de quatre fils serrés, les extrémités sont décorées chacune d'une tête de lion cornu. Chaque tête est munie d'un large collier décoré de filigrane et le raccord des têtes avec la torsade est fait à l'aide d'un rang de feuilles.

Gréco-romain.

TECHNIQUE. Les têtes de lions sont fondues et ciselées, les colliers sont des portions de tubes, les cornes sont faites d'un fil en spirale orné extérieurement de perles accolées. Elles sont soudées après coup sur les têtes, ainsi que les oreilles. Puis le tout soudé sur la torsade.

BIBL. : *Journal d'entrée du Musée*, n° 38081; *Catalogue Maspero*, traduction anglaise de Quibell, 1905, p. 438, case X.

52098. Bracelet semblable. — Diam. o m. o8o mill., écartement des têtes o m. oo6 mill.; poids 1 7 8 gr. 1. — Même provenance.

Il est un peu plus serré, le diamètre est moindre, l'écartement des têtes moindre également.

Gréco-romain.

BIBL. : *Journal d'entrée du Musée*, n° 38082; même bibliographie.

52099. Bracelet. — Or et agathe. — Grand axe du bracelet o m. o8o mill., épaisseur de la torsade o m. o1o mill., largeur du chaton, grand axe o m. o36 mill., petit axe o m. o35 mill., épaisseur du chaton o m. o18 mill.; poids 84 gr. 5. — Trouvé à Zagazig, 6 janvier 1881 (pl. XIII).

Un gros bracelet rigide avec chaton mobile.

Le corps du bijou est fait de trois cordes tordues en spirale. Les extrémités de la spirale sont cachées dans des portions de tubes fermés par un bout et portant chacun un anneau.

Entre ces deux anneaux se place le chaton ovale, très grand; il est décoré d'une agathe qui occupe le centre, l'or fait autour une marge de o m. o1o mill. (l'agathe est ovale, ses axes ont o m. o17 mill. et o m. o14 mill.).

La culasse du chaton est énorme, elle a la forme d'un tronc de cône à base elliptique dont la génératrice serait curviligne; de chaque côté elle porte deux anneaux entre lesquels viennent prendre place ceux du corps du bracelet. Dans ces anneaux passent, d'un côté, une goupille fixe composée d'un tube fermé à un bout par une plaque débordante formant tête de clou, et que l'on a élargi à l'autre extrémité en évasant les bords du tube après l'avoir mis en place.

De l'autre côté, la goupille est mobile, elle se compose d'une lame d'or pliée en deux, dont les extrémités pénètrent dans une petite boîte cubique qui forme la tête de la goupille, elle est décorée de trois groupes de deux perles. Un petit tenon traversant un des anneaux empêche cette goupille de se séparer du chaton (fig. 29). L'avantage de cette goupille est de permettre, en écartant plus ou moins ses branches, d'obtenir un serrage plus ou moins vigoureux dans les anneaux.

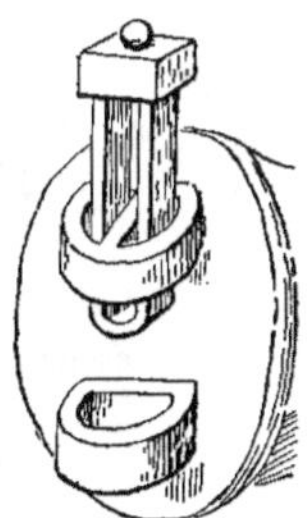

Fig. 29.

Gréco-romain.

TECHNIQUE. Les cordes composant la torsade sont des tubes creux; pour pouvoir les tordre sans les aplatir, on les a remplis d'un stuc, probablement résine et plâtre. Ce stuc est laissé dans l'objet pour lui donner une plus grande résistance aux chocs; mais cela ne permet plus de faire de soudures au feu, car la composition entrerait en ébullition. Aussi les portions de tubes dans lesquelles s'insère la torsade ne sont que serties dessus à froid. Le chaton, lui aussi, a été empli de cette composition, quelques déchirures permettent de s'en assurer; l'agathe a été posée sur ce fond d'enduit, et les bords de l'ouverture pratiquée dans la plaque ont été ramenés autour par simple pression.

BIBL. : *Journal d'entrée du Musée,* n° 25000.

52100. Bracelet semblable. — Mêmes dimensions; poids 90 gr. 6.

BIBL. : *Journal d'entrée du Musée,* n° 25001.

Catal. du Musée, n° 52001.

52101. Bracelet. — Or et agathe. — Grand axe extérieur o m. o65 mill.,
épaisseur de la torsade o m. oo8 mill. ; dimensions du chaton : grand
axe o m. o25 mill., petit axe o m. o22 mill., épaiss. o m. oo8 mill. ;
poids 94 grammes. — Trouvé à Abou Billouh, 1903 (pl. XII).

Un bracelet de même nature que les précédents n°ˢ 52099 et 52100, mais plus petit.
Une torsade de trois fils pénétrant à ses extrémités dans des tubes, fermés à un bout
et portant un anneau.
Le chaton est découpé extérieurement de façon à présenter huit pointes; il s'inscrit
dans une ellipse.
Il est complètement plat dessus et dessous, la plaque de dessous est un peu plus petite
que celle de dessus, les côtés sont par suite un peu rentrants.
L'agathe est ovale, ses axes ont 12-9 millimètres.
Le chaton porte de chaque côté deux anneaux, mais, par suite du contour découpé, on
a soudé une plaquette entre deux saillants; ces plaquettes ne sont pas en face
l'une de l'autre, il résulte de cette disposition une certaine
gaucherie dans l'aspect du bijou.
Les goupilles sont, d'un côté: un tube que l'on a arrêté en
l'évasant à ses extrémités (fig. 3o).
De l'autre côté, un clou mobile dont l'extrémité a été tordue en
crochet après avoir été mis en place dans les anneaux.

Fig. 3o.   Gréco-romain.

Tᴇᴄʜɴɪǫᴜᴇ. Ici la torsade est composée de fils pleins, il n'y a donc pas eu lieu de les
soutenir à l'intérieur comme aux n°ˢ 52099 et 52100. Par suite, on a pu souder les
portions de tubes dans lesquels elle s'insère.
Le chaton, lui, a été rempli à l'aide du stuc et la pierre posée sur cette composition.

Bɪʙʟ. : *Journal d'entrée du Musée*, n° 35678.

52102. Un autre bracelet de même nature, plus petit. — Grand axe extérieur
o m. o56 mill., épaisseur de la torsade o m. oo5 mill.; chaton :
grand axe o m. o20 mill., petit axe o m. o17 mill., épaiss.
o m. oo8 mill.; poids du bracelet 29 gr. 2. — Même origine.

Le chaton est aussi découpé et présente huit pointes, mais elles ne sont pas réparties de
la même façon; les axes de l'ellipse circonscrite ne passent pas par des pointes, mais
par le milieu d'une incurvation, la plaque de dessus n'est pas soudée mais sertie et
retenue par les bords qui se rabattent dessus en ourlet; elle porte une garniture à
griffes destinée au serti de la pierre et bordée par une petite torsade. La pierre
manque, le chaton est vide.
Les anneaux sont fixés sur deux plaques soudées en face l'une de l'autre.
Les goupilles fixant le chaton au corps du bracelet sont, d'un côté, un fil tordu en

anneau, et de l'autre un fil demi-rond replié du côté plat qui a même aspect que la goupille du n° 52099, sauf que la tête n'est pas cubique mais se compose d'une simple boucle. Une petite cloison posée au travers d'un anneau retient la goupille comme au n° 52099.

Bibl. : *Journal d'entrée du Musée*, n° 35679.

52103. **Bracelet.** — Or. — Grand axe extérieur o m. 090 mill., épaisseur de la torsade o m. 014 mill., longueur des têtes o m. 026 mill., plus grande largeur des têtes o m. 022 mill.; poids 149 grammes. — Acheté en 1903 (pl. XIII).

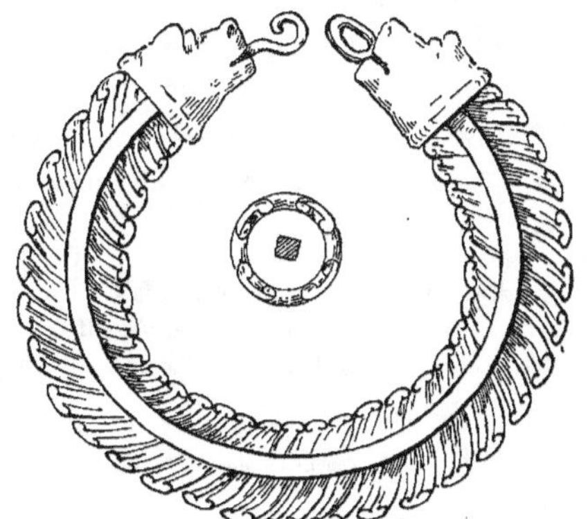

Fig. 31.

Un gros bracelet ouvert. Torsade à quatre fils d'or, demi-ronds, creux.

La torsade est insérée de chaque côté dans des têtes de serpents qui portent : l'une un crochet et l'autre une boucle.

Les têtes de serpents sont ciselées et décorées sur les côtés et dessous de traits quadrillés.

A l'intérieur de la torsade une lame d'or relie les têtes de serpents et fait ressort ouvrant quand on enlève le crochet de la boucle (fig. 31).

Gréco-romain.

Bibl. : *Journal d'entrée du Musée*, n° 36031.

52104. **Bracelet.** — Or. — Plus grand axe extérieur o m. 073 mill., épaisseur de la torsade o m. 009 mill.; poids 44 gr. 5. — Trouvé à Tell Abou Billouh.

Torsade à trois fils d'or demi-ronds, la torsade s'amincit aux extrémités et se termine par un seul fil rond.

Le fil de chaque extrémité s'enroule sur le corps du bracelet (huit fois), ce système permet de fixer l'ouverture du bijou à des dimensions variées.

Gréco-romain.

Bibl. : *Journal d'entrée du Musée*, n° 38065.

52105. Bracelet. — Or. — Longueur de la torsade o m. 185 mill., épaisseur
moyenne o m. oo8 mill.; poids 17 gr. 7. — Trouvé à Zagazig,
6 janvier 1881.

Torsade de trois fils creux, demi-ronds, ourlés en dedans. Une extrémité s'insère dans
une partie cylindrique moulurée et portant un anneau plat. De l'autre côté la partie
cylindrique est arrachée, les fils sont libres et s'écartent en désordre, une lame de
métal passe à l'intérieur de la torsade et faisait ressort ouvrant.
Bijou déformé et en très mauvais état.

Gréco-romain.

Bibl. : *Journal d'entrée du Musée*, n° 25008.

52106. Bracelet. — Or. — Grand axe extérieur o m. 055 mill., épaisseur de
la torsade o m. oo5 mill., écartement des extrémités o m. o28 mill.;
poids 34 gr. 5. — Envoi du Ministère, 1895.

Une torsade de trois fils pleins, faisant un bracelet rigide, ouvert; les pièces qui termi-
naient la torsade sont arrachées, il ne reste que l'anneau de réunion, on ne peut
dire avec certitude quels étaient les sujets.

Gréco-romain.

Bibl. : *Journal d'entrée du Musée*, n° 31161.

52107. Un bracelet. — Or. — Grand axe extérieur o m. o70 mill., petit axe
extérieur o m. o55 mill., larg. o m. o1o mill.; poids 18 gr. 5. —
Acheté en 1891 (pl. XIV).

Bracelet fermé, mais à fermeture mobile permettant de modifier la dimension.
Il se compose d'une lame d'or martelée de façon à faire dans sa section un angle >
saillant à l'extérieur dans toute la longueur du bracelet, les extrémités sont arrondies
et se terminent par un fil rond qui s'enroule sur l'extrémité opposée de façon à
fermer le bracelet. Il suffit donc de lier à l'aide de ce fil après avoir réglé l'ouverture du bracelet pour avoir la dimension utile.

Gréco-romain.

Bibl. : *Journal d'entrée du Musée*, n° 29353.

52108. Un autre bracelet semblable. — Mêmes dimensions; poids 16 gr. 2.

Gréco-romain.

Bibl. : *Journal d'entrée du Musée*, n° 29353.

52109. **Un bracelet.** — Or. — Grand axe environ o m. o54 mill., petit axe
environ o m. o48 mill., épaisseur du fil o m. oo2 mill. 5, largeur
de la fourche aux déesses o m. o18 mill., longueur de la même
o m. o25 mill., largeur de la fourche aux animaux o m. o15 mill.,
longueur de la même o m. o2o mill.; poids 25 grammes. — Trouvé
à Behnasa, en 1904, par MM. Grenfell et Hunt (pl. XIV).

Un fil d'or plein, ouvert, rigide, porte à chaque extrémité deux motifs placés en
forme de fourche. D'un côté il y a deux déesses, de l'autre un uræus et un taureau.
Le contour est irrégulier, le fil est tordu.

Gréco-romain.

Bibl. : *Journal d'entrée du Musée,* n° 366a5.

52110. **Un bracelet.** — Or. — Diam. o m. o62 mill., épaisseur maximum
o m. oo4 mill., épaisseur minimum o m. oo2 mill. 5; poids
35 grammes.

Un fil d'or plein, rigide, fermé, de diamètre décroissant du milieu aux extrémités qui
se terminent chacune par un crochet, sa forme est circulaire.

Gréco-romain.

Bibl. : *Journal d'entrée du Musée,* n° 38468.

52111. **Un bracelet.** — Or. — Grand axe o m. o74 mill., petit axe mesuré à
la pointe écrasée o m. o65 mill., épaisseur du tube o m. oo4 mill.;
poids 24 gr. 5. — Trouvé à Tell el-Corbaïn (Memphis) par des cher-
cheurs de sebakh auxquels l'Omdeh le prit ainsi que d'autres objets;
ce bracelet qui avait été détourné a été apporté au Musée par Moham-
med Abou Hegazeh, 26 février 1899.

Un tube d'or, rigide, fermé, terminé à ses extrémités, d'un côté par une boucle et de
l'autre par un crochet, ces deux organes sont ornés chacun d'une perle un peu
aplatie et posée extérieurement.
Le bijou a été écrasé vers le milieu, il n'a plus la forme circulaire mais celle d'un
cœur un peu irrégulier.

Gréco-romain.

Bibl. : *Journal d'entrée du Musée,* n° 33o45.

52112. **Un bracelet.** — Or. — Grand axe o m. o47 mill., petit axe o m. o36 mill.,
épaisseur du fil o m. oo3 mill.; poids 17 gr. 8. — Abou Billouh.

Un fil plein, rigide, fermé, aminci à ses extrémités, qui se termine en fil fin s'enroulant sur le corps.
La forme est celle d'un ovale aplati.

Gréco-romain.

Bibl. : *Journal d'entrée du Musée*, n° 35683.

52113. **Un bracelet.** — Argent. — Diamètre moyen o m. o74 mill., épaisseur
maximum o m. o1o mill., épaisseur minimum o m. oo6 mill.;
poids 1o4 grammes. — Trouvé à Naga el-Deïr, fouilles Reisner,
1go5 (pl. XIV).

Un tube d'argent, rigide, fermé, de forme presque circulaire, d'une section
ovoïde diminuant de dimensions du milieu aux extrémités. Il se termine de chaque
côté par des fils qui s'enroulent sur l'extrémité opposée; le point de départ de ce fil à
l'extrémité du tube est brisé des deux côtés, à l'un d'eux il manque une portion de
fil de o m. o1o mill.
Les extrémités sont décorées de traits quadrillés.

Époque ptolémaïque.

Bibl. : *Journal d'entrée du Musée*, n° 37764.

52114. **Bracelet.** — Or et pierre. — Grand axe extérieur o m. o76 mill., petit
axe extérieur o m. o7o mill., longueur de la tête o m. o16 mill.,
plus grande largeur de la tête o m. o11 mill., plus grande largeur
du corps o m. oo7 mill., plus petite largeur o m. oo4 mill.; poids
82 gr. 5. — Trouvé à Sa el-Hagar (pl. XIV).

Serpent roulé faisant un peu plus de deux tours complets en spirale.
Il est en or massif, le corps est uni et sa forme donne comme section . Sa
largeur est décroissante de la tête à la queue.
La forme est elliptique.
La tête ciselée est ornée de trois émeraudes, deux pour les yeux et une sur le crâne,
celles des yeux sont taillées en cabochons, celle du crâne est taillée carrée et à
quatre faces.
Des traits quadrillés partant de la tête décorent *le dessus* du bracelet sur une longueur
d'environ 55 millimètres; sur la même longueur, le dessous est décoré de lignes
transversales imitant les anneaux du serpent.

La queue légèrement ondulée est décorée de même; traits quadrillés dessus et anneaux dessous.

Gréco-romain.

Ce bijou ne figurait pas au *Journal d'entrée;* il a été inscrit en mai 1906.

Bibl. : *Journal d'entrée du Musée,* n° 38469; *Album du Musée de Boulaq,* photographie Delié et Béchard, notice de Mariette, pl. XL, 1871.

52115. Un autre de même nature. — Diamètre extérieur o m. 075 mill., longueur de la tête o m. 015 mill., largeur de la tête o m. 010 mill., grosseur du corps vers le milieu o m. 003 mill. 5; poids 76 gr. 4. — Même provenance.

Sans émeraudes, le corps est un fil rond, le décor semblable mais plus grossier à l'intérieur (indication des anneaux).
La forme est circulaire.

Gréco-romain.

Ce bijou ne figurait pas au *Journal d'entrée;* il a été inscrit en mai 1906.

Bibl. : *Journal d'entrée du Musée,* n° 38470; même bibliographie que le 52114.

52116. Un autre semblable au précédent. — Diamètre extérieur o m. 072 mill., longueur de la tête o m. 012 mill., largeur de la tête o m. 008 mill., grosseur du fil d'or vers le milieu o m. 003 mill.; poids 72 gr. 7. — Même provenance.

La tête est un peu plus petite.

Gréco-romain.

Inscrit en mai 1906.

Bibl. : *Journal d'entrée du Musée,* n° 38471; même bibliographie que le n° 52114.

52117. Un autre semblable. — Diamètre extérieur o m. 070 mill., longueur de la tête o m. 009 mill., largeur de la tête o m. 006 mill., épaisseur du fil o m. 003 mill.; poids 51 gr. 5. — Même provenance.

La tête est très petite.
Forme circulaire.

Gréco-romain.

Inscrit en mai 1906.

Bibl. : *Journal d'entrée du Musée,* n° 38472; même bibliographie que le n° 52114.

52118. Un autre semblable. — Diamètre extérieur o m. o69 mill., longueur de la tête o m. o13 mill., largeur de la tête o m. oo9 mill., épaisseur du fil vers le milieu o m. oo3 mill.; poids 48 gr. 9. — Même provenance.

La tête est plus large, il n'y a pas de décor à l'intérieur du bracelet.
Forme circulaire. Inscrit en mai 1906.
Gréco-romain.

Bibl. : *Journal d'entrée du Musée,* n° 38473 ; même bibliographie que le n° 52114.

52119. Bracelet. — Or massif. — Plus grand diamètre extérieur o m. o67 mill., plus petit diamètre extérieur o m. o56 mill., longueur de la tête o m. o15 mill., largeur de la tête o m. o1o mill., épaisseur du fil o m. oo3 mill. 5; poids 41 gr. 5 (pl. XV).

Un serpent faisant bracelet rigide, ouvert, le corps en fil rond, la tête est ciselée et des traits quadrillés s'étendent sur le corps à partir de la tête sur une longueur de o m. o4o mill. environ. Des traits semblables se retrouvent sur la queue qui est ondulée.
A la différence des bracelets précédents, celui-ci ne forme pas une spirale, il n'a qu'un tour, la queue se croisant avec la tête de 12 millimètres environ et le tout restant dans le même plan.
Ce bracelet est tordu et sa forme est très irrégulière, les mesures sont prises exactement et sont par conséquent influencées par les déformations.
Gréco-romain.

Bibl. : *Journal d'entrée du Musée,* n° 35680.

52120. Un autre semblable. — Plus grand diamètre extérieur o m. o71 mill., plus petit diamètre extérieur o m. o47 mill., épaisseur du fil o m. oo3 mill. 5; poids 43 gr. 3.

Beaucoup plus tordu, même observation pour les mesures.
Gréco-romain.

Bibl. : *Journal d'entrée du Musée,* n° 35681.

52121. Un autre de même nature. — Plus grand diamètre o m. o72 mill., plus petit diamètre o m. o54 mill., épaisseur du fil vers le milieu du corps o m. oo3 mill.; poids 39 gr. 7.

Plus long, mais d'une grosseur plus décroissante de la tête à la queue.
Gréco-romain.

Bibl. : *Journal d'entrée du Musée,* n° 35682.

52122. **Un autre semblable.** — Plus grand axe o m. o6o mill., plus petit axe o m. o51 mill., épaisseur du fil o m. oo4 mill. à la tête, o m. oo2 mill. à la queue; poids 3o grammes.

Plus petit, la queue se croise avec la tête sur une longueur de 45 millimètres.
Forme elliptique.

Gréco-romain.

Bibl. : *Journal d'entrée du Musée,* n° 38474.

52123. **Bracelet.** — Or. — Serpent à deux têtes. — Distance entre les extrémités des deux têtes de serpent o m. 145 mill., grand axe de l'ellipse faisant bracelet o m. o6o mill., petit axe o m. o5o mill., largeur de la bande d'or o m. oo7 mill.; poids 41 gr. 5. — Trouvé dans l'est du Delta (pl. XV).

Un serpent à deux têtes, les têtes sont placées aux extrémités et éloignées l'une de l'autre, la bande d'or constituant le bracelet ne fait qu'un tour simple, mais, sur le devant, elle se contourne en arabesques terminées par les têtes de serpents. Cela forme une large partie décorative perpendiculaire au corps du bracelet.

Technique. L'ensemble a été découpé dans une plaque d'or mince martelée pour obtenir un léger arrondi, puis la bande a été mise en forme et les points de rencontre ont été renforcés par des plaquettes ou des bandes soudées au revers, toutefois la rencontre des deux bandes au milieu est restée libre pour que le bracelet ne soit pas d'une ouverture immuable. Les têtes de serpent, ciselées à part dans des feuilles d'or, sont soudées après coup, elles sont faites de deux feuilles; celle du dessus, plus grande, se rabat sur celle du dessous et la sertit, une petite bande d'or, soudée à même le corps et la tête du serpent (dessous), assure la rigidité de cette partie du bracelet. L'intérieur des têtes de serpent est rempli d'un stuc semblable à celui que nous avons déjà rencontré.

Gréco-romain.

Bibl. : *Journal d'entrée du Musée,* n° 2852o.

52124. **Un autre bracelet semblable.** — Mêmes dimensions; poids 41 grammes. — Même provenance.

Gréco-romain.

Bibl. : *Journal d'entrée du Musée,* n° 2852o.
Catal. du Musée, n° 52oo1.

8

52125. Bracelet. — Or massif. — Diamètre extérieur o m. o76 mill., épaisseur de la torsade o m. oo8 mill., diamètre des petits plateaux o m. o2o mill.; poids 85 grammes (pl. XVI).

Une torsade de quatre fils qui viennent aux extrémités se réunir et se souder sur un fil central qui est à l'intérieur de la torsade et sert de ressort ouvrant, voir le n° 52103; ce fil devenu unique se roule en spirale serrée dans le même plan, de façon à faire un petit plateau dont le centre, à l'endroit, est décoré d'une perle plate, puis le fil redevient libre et se roule autour du corps du bracelet le fixant à la dimension utile.

Le croisement de la torsade est tel que les petits plateaux rejoignent le diamètre du bracelet.

Gréco-romain.

Bibl. : *Journal d'entrée du Musée*, n° 34722.

52126. Un autre bracelet semblable. — Mêmes dimensions; poids 88 grammes.

Bibl. : *Journal d'entrée du Musée*, n° 34723.

52127. Un bracelet. — Torsade. — Or massif. — Grand axe extérieur o m. o6o mill., petit axe extérieur o m. o54 mill., épaisseur de la torsade o m. oo5 mill.; poids 31 gr. 5.

Quatre fils tordus serrés, ils se soudent ensemble aux extrémités de la torsade qui se prolonge par un fil unique, lequel sert à arrêter le bracelet à la grandeur en s'enroulant sur le corps, comme dans les bijoux précédents.

La forme est elliptique.

Gréco-romain.

Bibl. : *Journal d'entrée du Musée*, n° 31159.

52128. Un autre bracelet semblable. — Mêmes dimensions; poids 30 gr. 5.

Bibl. : *Journal d'entrée du Musée*, n° 31159.

52129. Bracelet. — Or. — Diamètre o m. o57 mill., épaisseur de la torsade o m. oo7 mill., hauteur du losange o m. o13 mill.; poids 35 gr. 2 (pl. XVI).

Une torsade de trois fils creux demi-jonc; les extrémités de la torsade sont soudées dans des tubes portant l'un deux anneaux, l'autre un anneau qui prend place entre les deux premiers. Dans ces anneaux passe une goupille composée d'un fil d'or plat replié; la tête de la goupille est une simple boucle faite avec le fil d'or; un petit tenon retient la goupille et l'empêche de se séparer du bracelet (voir n° 52099). Sur la partie portant deux anneaux on a soudé un losange d'or décoré de demi-perles. C'est une simple plaque d'or mince où des perles ont été repoussées à la bouterolle, elle est soudée sur une plaque unie; une lame d'or passe à l'intérieur de la torsade et est fixée aux extrémités, elle sert de ressort ouvrant comme au bracelet n° 52103.

Gréco-romain.

Bibl. : *Journal d'entrée du Musée*, n° 34727.

52130. Bracelet. — Or. — Diamètre environ o m. o64 mill., épaisseur de la torsade o m. oo7 mill.; poids 34 gr. 5.

Une torsade de quatre fils d'or creux, demi-jonc. Ces fils se soudent aux extrémités et se prolongent en un fil unique qui sert à l'arrêt du bracelet en s'enroulant autour du corps.
Une lame d'or passant à l'intérieur et fixée seulement aux extrémités sert de ressort ouvrant.

Gréco-romain.

Bibl. : *Journal d'entrée du Musée*, n° 34725.

52131. Autre bracelet semblable. — Diamètre environ o m. o57 mill., épaisseur de la torsade o m. oo6 mill.; poids 29 gr. 9.

Gréco-romain.

Bibl. : *Journal d'entrée du Musée*, n° 34726.

52132. Autre bracelet semblable. — Grand axe extérieur o m. o68 mill., petit axe extérieur o m. o63 mill., épaisseur de la torsade o m. oo5 mill.; poids 28 gr. 5.

Trois fils, la torsade est serrée, forme elliptique.
Gréco-romain.

Bibl. : *Journal d'entrée du Musée*, n° 29354.

52133. Bracelet. — Or. — Grand axe extérieur o m. o6o mill., petit axe extérieur o m. o54 mill., épaisseur de la torsade o m. oo5 mill.; poids 35 gr. 7 (pl. XV).

Torsade de trois fils d'or plein, les extrémités sont insérées dans des tubes portant l'un deux anneaux, l'autre un anneau qui se loge entre les deux autres pour faire la

fermeture; la goupille manque. Ce bracelet a également une lame d'or intérieure
fixée aux extrémités et servant de ressort ouvrant. Forme elliptique.

Gréco-romain.

Bibl. : *Journal d'entrée du Musée*, n° 31160.

52134. Bracelet. — Or massif. — Grand axe extérieur o m. 077 mill., petit axe
extérieur o m. 072 mill., largeur de la bande d'or o m. 006 mill. 5,
épaiss. o m. 003 mill.; poids 59 gr. 5 (pl. XVI).

Une bande d'or martelée de façon à donner le profil suivant ⌒ s'amincit aux
extrémités et se prolonge par un fil rond lequel, avant de s'enrouler sur le corps du
bracelet, fait une spirale libre.

Ce bracelet est tordu, sa forme est très irrégulière, les mesures respectent les défectuo-
sités.

Gréco-romain.

Bibl. : *Journal d'entrée du Musée*, n° 33605.

52135. Autre bracelet. — Grand axe extérieur o m. 071 mill., petit axe extérieur o m. 075 mill.; poids 59 gr.

Gréco-romain.

Bibl. : *Journal d'entrée du Musée*, n° 33606.

52136. Bracelet. — Or et lapis-lazuli. — Diam. o m. 055 mill., épaiss.
o m. 001 mill. 5, longueur de la perle o m. 009 mill., épaiss.
o m. 004 mill. 5; poids 24 gr. 7 (pl. XVII).

Une petite torsade de quatre fils fins se terminant d'un côté par un fil unique qui traverse une perle de lapis-lazuli en forme d'olive, et qui s'enroule de l'autre côté sur
le corps du bracelet.

Gréco-romain.

Bibl. : *Journal d'entrée du Musée*, n° 29355.

52137. Autre bracelet semblable. — Mêmes dimensions; poids 4 gr. 2. —
Même provenance.

La perle est légèrement plus petite et mieux conservée.

Gréco-romain.

Bibl. : *Journal d'entrée du Musée*, n° 29355.

52138. **Bracelet.** — Or. — Diam. o m. o56 mill., épaiss. o m. oo2 mill.; poids 13 gr. 7.

Plein, fil d'or, sans ornement.

Gréco-romain.

Bibl. : *Journal d'entrée du Musée*, n° 31770.

52139. **Bracelet.** — Or. — Plus grande largeur o m. o63 mill., plus petite largeur o m. o51 mill., épaiss. o m. oo4 mill.; poids 24 gr. 7.

Tube d'or terminé aux extrémités par un fil qui s'enroule sur le corps du bracelet, très déformé.

Gréco-romain.

Bibl. : *Journal d'entrée du Musée*, n° 33o46.

52140. **Bracelet d'humérus.** — Or. — Grand axe o m. 1oo mill., petit axe o m. o92 mill., épaiss. o m. oo4 mill.; poids 19 gr. 2. — Trouvé à Tell Abou Billouh (pl. XVII).

Grand bracelet, tube d'or rigide, uni, sans ornement, une extrémité se termine par une boucle en fil rond, l'autre extrémité est rompue; forme elliptique.

Gréco-romain.

Bibl. : *Journal d'entrée du Musée*, n° 34724.

52141. **Bracelet.** — Or. — Grand axe extérieur o m. o7o mill., petit axe extérieur o m. o62 mill., grosseur du tube o m. oo6 mill.; poids 2o gr. 9.

Un tube d'or mince, les extrémités sont terminées par des fils ronds qui s'enroulent autour du corps du bracelet. Ce bijou est en très mauvais état, tout écrasé; sa forme est elliptique.

Gréco-romain.

Bibl. : *Journal d'entrée du Musée*, n° 34727 A. Ce numéro est déjà celui du n° 52129 du *Catalogue*.

52142. **Bracelet semblable.** — Mêmes dimensions; poids 22 gr. 5. — Même provenance.

En aussi mauvais état.

Gréco-romain.

Bibl. : *Journal d'entrée du Musée*, n° 34727 *B*.

52143. **Bracelet.** — Or massif. — Grand axe extérieur o m. ŏg8 mill., petit axe extérieur o m. og5 mill., épaisseur du fil o m. oo6 mill.; poids 1 1 7 gr. 5.

Un gros fil d'or terminé aux deux extrémités par des fils plus fins qui s'enroulent autour du corps du bracelet.
La forme est rigide et elliptique.

Gréco-romain.

Bibl. : *Journal d'entrée du Musée*, n° 34721.

52144. **Bracelet.** — Or. — Grand axe extérieur o m. o6o mill., petit axe extérieur o m. o55 mill., épaisseur du tube o m. oo8 mill.; poids 9 grammes.

Un tube creux en or mince, terminé de chaque côté en pointe. A ces pointes sont soudés des fils d'or tordus en spirale. Ces fils sont roulés autour du corps du bracelet.
Bijou écrasé, un des fils est détaché de l'extrémité à laquelle il était soudé. Forme elliptique.

Gréco-romain.

Bibl. : *Journal d'entrée du Musée*, n° 38476.

52145. **Bracelet.** — Or. — Grand axe o m. o63 mill., petit axe o m. o6o mill., épaisseur du fil o m. oo4 mill.; poids 36 grammes.

Un fil fermé en agrafe, en tout semblable à celui portant le n° 52110. Il a été serré et sa forme est devenue elliptique.

Gréco-romain.

Bibl. : *Journal d'entrée du Musée*, n° 38477.

52146. **Bracelet.** — Or. — Grand axe o m. o63 mill., petit axe o m. o52 mill., épaisseur du fil o m. oo3 mill.; poids 29 gr. 5 (pl. XVI).

Un fil d'or plein terminé aux extrémités en fil plus fin s'enroulant sur le corps du bracelet. Forme elliptique.

Gréco-romain.

Bibl. : *Journal d'entrée du Musée*, n° 38478.

52147. Un bracelet semblable. — Grand axe o m. o61 mill., petit axe o m. o59 mill., grosseur du fil o m. oo3 mill.; poids 29 gr. 5.

Plus rond de forme.

Gréco-romain.

Bibl. : *Journal d'entrée du Musée,* n° 38479.

52148. Bracelet. — Bronze doré. — Grand axe o m. o58 mill., petit axe environ o m. o45 mill., grosseur du fil (corps du bracelet) o m. oo5 mill., écartement des têtes d'animaux o m. o18 mill.; poids 11 gr. 6. — Trouvé à Edfou (pl. XVII).

Bracelet rigide largement ouvert en fil rond (cuivre ou bronze). Les extrémités sont terminées par des têtes de veaux(?) exécutées en deux parties de métal mince, soudées ensemble, et formant des boîtes qui reçoivent les extrémités du corps du bracelet.

La forme est elliptique.

Il reste peu de parties dorées, mais suffisamment, néanmoins, pour qu'il ne puisse y avoir de doute.

Technique. Les têtes d'animaux sont ciselées par moitiés dans des plaques minces, découpées et assemblées à la soudure. La dorure est faite à la feuille et collée à plein.

Gréco-romain.

Bibl. : *Journal d'entrée du Musée,* n° 31579.

52149. Bracelet semblable. — Grand axe o m. o54 mill., écartement entre les têtes o m. o11 mill.; poids 11 gr. 6.

Un peu moins ouvert.

Gréco-romain.

Bibl. : *Journal d'entrée du Musée,* n° 31579.

52150. Bracelet. — Cuivre. — Diamètre extérieur o m. o57 mill., épaisseur du tube o m. oo4 mill.; poids 6 gr. 2.

Un tube de cuivre ou de bronze, il est terminé, à ses extrémités, par une petite moulure, il fait ressort, les extrémités sont accolées et reviennent à leur place quand

on les écarte. Un petit tenon pénètre dans les deux portions de tube et les empêche
de s'écarter dans le sens transversal.

Il est porté au *Journal d'entrée* comme étant en argent.

Forme circulaire.

Gréco-romain.

BIBL. : *Journal d'entrée du Musée*, n° 36679.

52151. Bracelet (deux fragments). — Or et pierres. — Longueur totale
o m. 170 mill., longueur du plus grand fragment o m. 105 mill.;
poids total 44 gr. 4. — Trouvé à Memphis, 26 février 1899 (pl. XVI).

Ce bracelet était composé de sept pièces, une pièce manque.

Au centre, une rosace faite à l'aide de sept chatons, un chaton central entouré de six
autres plus petits, le chaton central est vide, les six autres sont encore occupés par
des perles qui sont retenues par des fils d'or. Un listel d'or entoure le tout. Cette
rosace est en très mauvais état.

A droite et à gauche sont actuellement : d'un côté trois pièces et de l'autre deux.

Ces pièces portent des pierres volumineuses qu'elles encadrent carrément. Elles forment
des boîtes rectangulaires dont le dessous est légèrement plus petit que le dessus, ce
qui fait que les côtés sont légèrement rentrants; leurs dimensions sont irrégulières
et ont été manifestement commandées par celles des pierres, les longueurs varient de
o m. 021 mill. à o m. 027 mill., les largeurs de o m. 018 mill. à o m. 020 mill.
Seule l'épaisseur est sensiblement constante, o m. 006 mill.

La pièce d'extrémité (l'autre manque) est triangulaire et porte à son sommet un
crochet en fil rond. La pierre qui l'ornait est partie, elle était peu volumineuse à en
juger par l'alvéole restée libre.

Il y a donc quatre pierres : deux cornalines, elliptiques à la base, et taillées en tronc
de cône. Deux pierres vertes (malachite?) de formes bizarres, l'une est un demi-
cylindre, l'autre un fragment taillé en pyramide tronquée.

Ces pièces sont reliées entre elles par des articulations composées de deux anneaux
soudés à une pièce et d'un anneau prenant place entre les deux, soudé à l'autre pièce,
comme nous avons vu maints fermoirs. La goupille est passée dans le tout.

Celle-ci est faite d'une tête plate qui porte deux lamelles d'or accolées après avoir traversé les trois anneaux, les extrémités qui dépassent sont repliées et la goupille est
ainsi fixée.

Ce bijou est en mauvais état, la rosace centrale, qui est faite d'or mince, est toute
écrasée, les articulations ont souffert, l'une a quitté la rosace centrale, d'où la
fragmentation du bracelet. Une pièce d'extrémité manque et celle qui reste est
dépourvue de la pièce qui l'ornait.

Gréco-romain.

BIBL. : *Journal d'entrée du Musée*, n° 33047; *Catalogue Maspero*, traduction anglaise de Quibell,
1905, p. 437, L.

52152. Bracelet. — Or et pierre. — Poids total 3o gr. 3. — Sa el-Hagar (pl. XVII).

Un bracelet composé de quatorze perles (?) d'or et d'une perle longue, amygdaloïde, de cristal de roche. Le tout enfilé et souple.

Les perles d'or sont plutôt des pièces d'enfilages. Leur forme est très travaillée; elles sont d'or très mince et présentent une partie centrale sphérique un peu aplatie et côtelée possédant dans le sens de son axe, dessus et dessous, un collet évasé.

La dimension de ces pièces est sensiblement la même, sauf pour une qui est franchement plus petite.

La hauteur et la grosseur moyennes sont o m. o1 2 mill. et o m. o1 4 mill.; la petite pièce n'a que o m. o1 1 mill. et o m. oo9 mill. 1/2.

La perle de cristal de roche est dans son ensemble en forme d'olive, mais elle est taillée à pans et sa section donne un triangle curviligne aux sommets abattus; elle a o m. o2o mill. de long et o m. o1 1 mill. dans sa plus grande épaisseur.

Technique. Les perles d'or ont été exécutées ainsi : la panse a été faite en deux morceaux qui ont été réunis, puis on a soudé dessus les petits collets faits à part; on a ensuite rempli l'objet avec un enduit destiné à donner de la solidité aux pièces et le ciseleur a fait les côtes.

L'enduit a été laissé à l'intérieur des perles pour leur assurer de la résistance.

Gréco-romain.

Ne figurait pas au *Journal d'entrée*; a été inscrit en mai 1 9o6.

Bibl. : *Journal d'entrée du Musée*, n° 3847 5; Mariette, *Album du Musée de Boulaq*, pl. XL, photographies de Delié et Béchard, 1 871.

52153. **Fragments de bracelet.** — Or et verre. — Dimensions des sept plus grandes plaques o m. o1 4 mill., elles sont sensiblement carrées, épaiss. o m. oo5 mill., les trois plus petites ont o m. o1 2 mill. de côté, épaiss. o m. oo4 mill.; poids total 1 4 gr. 3. — Achetés en novembre 1 891 (pl. XIII).

Dix plaques de verre irisé, légèrement bombées, serties dans de l'or, elles sont carrées, les angles sont émoussés.

Six de ces plaques sont encore associées deux à deux.

La monture est en forme de boîte rectangulaire; le bord supérieur qui encadre le morceau de verre est une petite bande d'or plate.

Elle déborde légèrement tout autour.

Le tout est en très mauvais état.

Autant qu'il est possible de se rendre compte, voici la disposition de ces plaques. Elles sont associées deux à deux, par de petites bandes d'or soudées de l'une à l'autre des deux côtés, et par un petit tenon en fil de métal rond soudé dans le milieu. Sur ces bandes sont soudés d'un côté deux anneaux de fil rond et de l'autre un anneau seulement. L'anneau unique d'un côté se logeait entre les anneaux doubles de l'autre et une goupille à tête en perle plate passait entre les trois anneaux et réunissait ainsi les parties du bracelet. Cette goupille se compose de deux fils que l'on tord à la sortie des trois anneaux.

Le bracelet monté de cette façon donnait l'aspect que l'on voit pl. XIII; il était donc assez souple, n'ayant qu'une seule articulation entre chaque groupe de deux plaques.

Il reste quelques vestiges d'articulation. Six plaques sont encore associées deux à deux, quatre autres sont indépendantes, trois sont un peu plus petites que les sept autres. Il reste sur un de leurs côtés la trace des bandes qui les associaient également deux à deux.

Le dessous des montures est en or uni.

Romain.

Bibl. : *Journal d'entrée du Musée*, n° 29843.

52154. Bague. — Argent. — Plus grande dimension extérieure 0 m. 022 mill.; poids 7 gr. 80.

Une bague en forme d'étrier, de section losange, porte un chaton rectangulaire, en largeur.

Sur le chaton, gravée en creux, une figure assise. État médiocre.

Gréco-romain.

Bibl. : *Journal d'entrée du Musée*, n° 30491.

52155. Bague. — Or. — Grand axe des chatons 0 m. 015 mill., hauteur des chatons accolés 0 m. 018 mill.; poids 16 gr. 90. — Abousir el-Malaq, fouilles de M. Rubenssohn.

Une bague composée de deux corps et de deux chatons accolés; les deux points de contact sont entre les deux chatons et les parties des corps qui leur sont opposées. Les chatons sont de forme ovale, leur grand axe est horizontal. Sur chacun d'eux, dans le sens du grand axe, est gravé le sistre d'Hathor surmontant le signe de l'or. La forme générale est celle d'un étrier et presque carrée.

Bibl. : *Journal d'entrée du Musée*, n° 36239.

52156. Bague. — Or. — Largeur prise du milieu du chaton 0 m. 020 mill.; poids 6 gr. 40 (pl. XXIII).

Une bague en forme d'étrier, le chaton fixe, très grand, ovoïde, porte l'inscription : 

tion :

Le corps de la bague est un demi-jonc.

XXIIe dynastie (?).

Bibl. : *Journal d'entrée du Musée*, n° 39000, numéro donné en mai 1907, la bague n'ayant pu être identifiée avec aucun des objets mentionnés au *Journal*.

52157. Bague. — Or. — Plus grande dimension de la bague o m. 025 mill., dimensions du chaton o m. 013 mill. 1/2 sur o m. 011 mill. 1/2; poids 13 gr. 70. — Achat (pl. XXI).

Une bague à chaton tournant. Le corps de la bague est un jonc. Le chaton rectangulaire, porte, d'un côté l'*oudja* et au côté opposé :

BIBL. : *Journal d'entrée du Musée*, n° 28605.

52158. Bague. — Or et lapis. — Largeur prise du milieu du chaton o m. 021 mill., dimensions du chaton : haut. o m. 011 mill., larg. o m. 012 mill.; poids 3 gr. 10. — Trouvée à Gaou.

Une bague en forme d'étrier, construite à l'aide d'or en plaque mince. Elle porte un chaton de lapis sur lequel est gravé : Le chaton fixe est encadré et serti dans de l'or mince.

BIBL. : *Journal d'entrée du Musée*, n° 30583.

52159. Bague. — Or et lapis. — Longueur mesurée du milieu du chaton o m. 019 mill., dimensions du chaton : haut. o m. 010 mill., larg. o m. 011 mill.; poids 4 gr. 10. — Trouvée à Gournah, janvier 1859.

Une bague de même aspect que le n° 52158 mais d'un métal un peu plus épais. Elle possède également un chaton de lapis-lazuli sur lequel est gravé extérieurement le

nom d'Amon Ra, et intérieurement Ahmès : 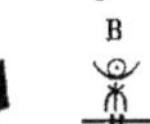

BIBL. : *Journal d'entrée du Musée*, n° 3362.

52160. Bague. — Or. — Plus grande largeur o m. 019 mill., largeur du groupe des uræus o m. 010 mill.; poids 5 gr. 60. — Trouvée à Ouardan (pl. XXIII).

Bague à deux corps, portant chacun, en place de chaton, un uræus; les deux uræus sont affrontés. Les points de contact des deux corps de la bague sont les uræus et, à la partie opposée, une graine placée entre les deux anneaux.

Les uræus et les parties de la bague qui leur sont voisines sont ciselés, et le tout décoré au tracé.

Les corps de bagues sont fuselés; la partie la plus grosse est opposée au chaton.

BIBL. : *Journal d'entrée du Musée*, n° 28612.

52161. Bague. — Or pâle ou électrum et cornaline. — Plus grande largeur de la bague o m. 019 mill., plus grande dimension de la grenouille en hauteur o m. 006 mill. ; poids 1 gr. 60. — Collection Huber.

Une bague dont le corps est fuselé porte en chaton mobile une grenouille de cornaline. Le fil formant la goupille qui traverse la cornaline, vient s'émouler des deux côtés sur le corps de bague. Au revers est gravé le signe ☥.

Bibl. : *Journal d'entrée du Musée*, n° 5254.

52162. Bague. — Électrum. — Plus grande largeur, mesurée du milieu du chaton o m. 020 mill., grand axe du chaton o m. 020 mill., petit axe o m. 009 mill. 1/2 ; poids 3 gr. 50 (pl. XXIII).

Bague d'or mince en forme d'étrier. Le chaton ovoïde porte l'inscription, gravée en creux :
Saïte (?).

Bibl. : *Journal d'entrée du Musée*, n° 28604.

52163. Bague. — Or. — Longueur mesurée du milieu du chaton o m. 021 mill., dimensions du chaton : haut. o m. 009 mill. 1/2, larg. o m. 014 mill. ; poids 9 gr. 10. — Achat (pl. XXI).

Une bague, corps à section losange, porte un chaton rectangulaire où est gravée, en creux, Isis assise.
La gravure, reprise au ciselet, est boursouflée tout autour.

Bibl. : *Journal d'entrée du Musée*, n° 28602.

52164. Chaton de bague. — Jaspe vert. — Long. o m. 015 mill., larg. et épaiss. o m. 009 mill.; poids 2 gr. 80. — Achat.

Un chaton de bague, cubique, portant sur ses faces les inscriptions :

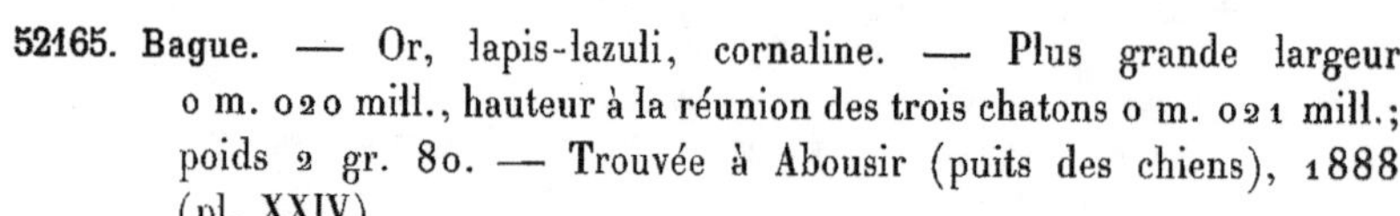

Bibl. : *Journal d'entrée du Musée*, n° 30268.

52165. Bague. — Or, lapis-lazuli, cornaline. — Plus grande largeur o m. 020 mill., hauteur à la réunion des trois chatons o m. 021 mill.; poids 2 gr. 80. — Trouvée à Abousir (puits des chiens), 1888 (pl. XXIV).

Une bague, trois corps et trois chatons.

[1] Il y a sur l'original une figure de Thot debout, tourné à droite, écrivant sur une tablette.

Les corps sont des fils fins, réunis sur la moitié de la longueur de la bague, et s'écartant près des chatons.

Les chatons sont composés de pierres serties dans de petites bandes décorées de graines. Ces pierres sont ovoïdes. Il y en a deux en lapis-lazuli et une en cornaline; celle-ci est entre les deux autres.

Bibl. : *Journal d'entrée du Musée*, n° 28669.

52166. Bague. — Or, turquoise, lapis-lazuli, cornaline. — Largeur mesurée du milieu des chatons o m. 023 mill., largeur en travers o m. 021 mill., hauteur des trois chatons réunis o m. 019 mill.; poids 13 gr. 10. — Collection Huber (pl. XXI).

Une bague composée de trois corps portant chacun un chaton et n'ayant de point de contact entre eux que par la réunion de ces chatons. Chaque corps est composé d'un jonc fuselé renflé à la partie opposée aux chatons; ceux-ci sont reliés aux corps par des goupilles, pénétrant dans des portions de tubes qui continuent leur grand axe, et dont les têtes sont attachées par des fils d'or qui s'enroulent sur le corps de bague. Chaque chaton se compose d'un scarabée serti dans une monture d'or; ils sont en turquoise, lapis et cornaline, celui de lapis est au milieu.

Il manque un corps de bague.

Bibl. : *Journal d'entrée du Musée*, n° 5257; *Catalogue Mariette*, 1864, p. 228, n° 34; *Catalogue Mariette*, 1876, p. 253, n° 844; *Catalogue de Morgan*, 1892, p. 220, n° 987; *Catalogue de Morgan*, 1895, p. 228, n° 987; *Catalogue Loret*, 1897, p. 228, n° 987.

52167. Bague. — Or et pierres. — Largeur mesurée au milieu des trois pierres o m. 022 mill.; poids 4 grammes. — Saqqarah, 1893 (pl. XXII).

Une bague rigide, entièrement composée de pierres calibrées : au milieu, trois pierres ovoïdes posées horizontalement (une seule reste dans le milieu, une cornaline); de chaque côté une fleur de lotus s'épanouit et occupe la largeur des trois pierres centrales (fig. 32).

Ce bijou est dans un très mauvais état : presque toutes les pierres manquent ou sont détériorées profondément. On voit des traces de turquoise et aussi d'une substance blanche qui était sans doute le support d'une pierre réduite en lamelle très mince; nous avons rencontré quelque chose d'analogue au n° 52003 (pectoral d'Amenemhat III).

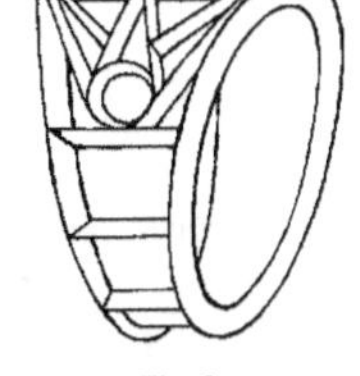

Fig. 32.

Bibl. : *Journal d'entrée du Musée*, n° 30755.

52168. Bague. — Bronze. — Dimensions du chaton : larg. o m. o18 mill., haut. o m. o12 mill., largeur de la bague, mesurée du milieu du chaton o m. o22 mill.; poids 11 gr. 10. — Trouvée à Abousir el-Malaq, fouilles de M. Rubenssohn (pl. XXIII).

Une bague en forme d'étrier. Elle possède un chaton rectangulaire qui contient deux uræus tournés dans le même sens (profil à droite); les fonds sont ajourés. Le corps de la bague se réunit au chaton par deux fleurs de lotus.

Bibl. : *Journal d'entrée du Musée*, n° 36238.

52169. Chaton de bague. — Jaspe et or. — Haut. o m. o18 mill., larg. o m. o11 mill. 1/2, épaiss. o m. oo6 mill. 1/2; poids 4 gr. 20. — Trouvé à Gournah, novembre 1862.

Un chaton de jaspe de forme cubique, plus large qu'épais, porte sur chacune de ses deux faces principales, une gravure, d'un côté Thot en ibis et de l'autre le même dieu en cynocéphale disqué tenant l'*oudja*.

Le chaton est percé et il possède à une extrémité une plaque d'or dans laquelle il est serti.

Bibl. : *Journal d'entrée du Musée*, n° 20309.

52170. Bague. — Or, turquoise, cornaline. — Largeur mesurée du milieu du chaton o m. o20 mill. 1/2, largeur de la plaque formant chaton o m. o30 mill., haut. o m. o18 mill.; poids 4 gr. 60 (pl. XXIII).

Une bague cloisonnée et décorée de pierres calibrées.

Elle se compose de trois corps, réunis en un point et se séparant avant de se fixer à une large plaque formant grand chaton et décorée de neuf pierres, six cornalines, deux turquoises; un alvéole est vide et contenait sans doute une turquoise.

La disposition de ce décor est celle-ci : les pierres sont sur trois rangs dans les deux sens; au milieu, est une turquoise de forme ovoïde (grand axe horizontal); de chaque côté sont des cornalines, en forme de poires, posées également dans le sens horizontal. Les pierres sont séparées par de petites bagues d'or; dans le sens vertical elles sont accolées. La plaque n'est pas ajourée et l'on voit le fond entre les sertissures. Les corps sont faits de cloisons, vides à l'heure actuelle.

Bibl. : *Journal d'entrée du Musée*, n° 39002, numéro donné en mai 1907.

52171. Bague. — Or. — Dimension mesurée du milieu du chaton o m. o 2 1 mill., longueur du chaton o m. o 1 5 mill., larg. o m. o o 8 mill. 1/2 ; poids 8 grammes.

Une bague, forme d'étrier, possède un chaton fixe, ovale allongé, sur lequel est gravée en creux la déesse Apet, tenant le couteau et accompagnée des signes :  .

Bibl. : *Journal d'entrée du Musée,* n° 3goo3, numéro donné en mai 1907.

52172. Bague. — Or. — Plus grande largeur o m. o 2 1 mill., longueur du chaton o m. o 1 5 mill. environ, hauteur du chaton o m. o o g mill. ; poids 1 gr. 4o. — Saqqarah, novembre 1 8 5 8.

Une bague or mince, avec chaton fixe ovale. Le grand axe de l'ovale est hori-zontal, il porte, gravée au trait, d'une façon très maladroite, l'inscription ci-contre :

Bibl. : *Journal d'entrée du Musée,* n° 2730.

52173. Bague. — Or. — Largeur mesurée du milieu du chaton o m. o 2 2 mill., hauteur du chaton o m. o o 8 mill. ; poids 1 1 gr. 6 o.

Bague en forme d'étrier en or épais possédant  un chaton fixe sur lequel est gravée en creux l'inscription : Cartouche de la reine Titi (XVIII° dynastie).

Bibl. : *Journal d'entrée du Musée,* n° 3goo5, numéro donné en mai 1907.

52174. Bague. — Électrum ou or pâle et lapis-lazuli. — Plus grande largeur, mesurée du milieu du chaton, celui-ci étant tourné dans le plan de la bague o m. o 2 2 mill., grand axe du chaton o m. o 1 5 mill., petit axe o m. o 1 o mill. ; poids 4 gr. 65. — Saqqarah, février 1 8 6 2 (pl. XXIV).

Une bague en étrier porte un chaton mobile.
Le corps de la bague est fait d'un jonc très légèrement renflé vers le milieu.
Le chaton en forme d'olive contient une pierre de lapis-lazuli arrondie et sans ornement d'un côté et qui, de l'autre, est plate et représente une déesse debout.
Le chaton est relié au corps par le fil qui le traverse et vient s'enrouler sur la bague après avoir passé dans deux trous qui sont percés aux extrémités du jonc.

Bibl. : *Journal d'entrée du Musée,* n° 18758.

52175. Bague. — Électrum ou or pâle et quartz hyalin. — Plus grande largeur mesurée avec le chaton tourné dans le plan de la bague o m. 024 mill. 1/2, grand axe du chaton o m. 014 mill., petit axe o m. 011 mill.; poids 4 gr. 20 (pl. XXIV).

Une bague en forme d'étrier porte un chaton mobile qui est relié au corps de bague par de petits tenons appartenant au corps et qui pénètrent dans des portions de tubes qui appartiennent au chaton.

La pierre de quartz est éclatée du côté arrondi. Il semble qu'elle portait des traits gravés qui indiquaient un scarabée; de l'autre côté elle est plate et porte, gravée au trait, une abeille.

Bibl. : *Journal d'entrée du Musée*, n° 39006, numéro donné en mai 1907.

52176. Bague. — Or et jaspe. — Plus grande dimension prise du milieu du chaton o m. 023 mill., largeur du chaton o m. 015 mill. 1/2, haut. o m. 010 mill.; poids 5 gr. 60 (pl. XXI).

Une bague en forme d'étrier, avec un chaton fixe dans lequel est sertie une pierre de jaspe; sur cette pierre est gravé, en creux, l'*oudja*.

Bibl. : *Journal d'entrée du Musée*, n° 39007, numéro donné en mai 1907.

52177. Bague. — Or. — Diamètre mesuré du milieu du chaton o m. 015 mill., grand axe du chaton o m. 012 mill., petit axe o m. 007 mill.; poids 3 gr. 35.

Une bague de petite dimension, possédant un chaton fixe qui a la forme d'un ovale dont le grand axe est horizontal. Sur le chaton, gravé en creux, Horus enfant assis; au-dessous le signe de l'or.

Bibl. : *Journal d'entrée du Musée*, n° 39008, numéro donné en mai 1907.

52178. Bague. — Cuivre et pierre rougeâtre (cornaline?). — Diamètre mesuré du milieu du chaton o m. 020 mill., largeur du chaton o m. 010 mill., haut. o m. 009 mill.; poids 2 gr. 60.

Une bague dont le corps est composé d'une lame de cuivre qui porte un chaton fixe rectangulaire de cuivre mince, sertissant une pierre qui est sans doute de la cornaline et sur laquelle est gravé en creux un cynocéphale assis.

Bibl. : *Journal d'entrée du Musée*, n° 39009, numéro donné en mai 1907.

52179. Bague. — Or. — Diamètre mesuré du milieu du chaton o m. o 1 8 mill., largeur du chaton o m. o 1 3 mill., haut. o m. o o 8 mill. ; poids 3 gr. 5 o.

Une bague en étrier, de métal mince, porte un chaton rectangulaire sur lequel est gravé en creux le dieu Bès, sur le signe de l'or, dansant et jouant du tambourin.

Bibl. : *Journal d'entrée du Musée*, n° 3 9 0 1 0, numéro donné en mai 1 9 0 7.

52180. Bague. — Or. — Diamètre mesuré du milieu du chaton o m. o 1 4 mill., grand axe du chaton o m. o 1 3 mill. 1/2, petit axe o m. o o 6 mill. 1/2 ; poids 1 gr. 85.

Une bague de petite dimension, en forme d'étrier, porte un chaton fixe ovale, horizontal, sur lequel est gravé en creux :  .

Bibl. : *Journal d'entrée du Musée*, n° 3 9 0 1 1, numéro donné en mai 1 9 0 7.

52181. Bague. — Argent. — Diamètre mesuré du milieu du chaton o m. o 2 1 mill., longueur du chaton o m. o 1 3 mill., haut. o m. o o 9 mill. ; poids 2 gr. 9 o.

Une bague, dont le corps est fait d'un jonc rond, porte un chaton fixe de forme indécise rectangulaire et un peu ovalisée sur lequel est gravée en creux l'inscription :

Bibl. : *Journal d'entrée du Musée*, n° 3 9 0 1 2, numéro donné en mai 1 9 0 7.

52182. Bague. — Or. — Diamètre mesuré du milieu du chaton o m. o 1 6 mill., largeur du chaton o m. o 1 3 mill., haut. o m. o o 8 mill. 1/2 ; poids 3 grammes.

Une bague dont le corps est de section losange, et s'aplatit en s'amincissant pour se réunir à un chaton rectangulaire sur lequel est gravé en creux, très maladroitement, un oiseau qui s'envole d'un groupe de papyrus.

Bibl. : *Journal d'entrée du Musée*, n° 3 9 0 1 3, numéro donné en mai 1 9 0 7.

52183. Chaton de bague. — Jaspe. — Larg. o m. o 1 5 mill. 1/2, haut. o m. o 1 1 mill. 1/2, épaiss. o m. o o 4 mill. 1/2 ; poids 2 gr. 5 o.

Un chaton de bague, tournant, horizontal. Il est rectangulaire et de peu d'épaisseur. Les deux grandes surfaces portent gravées les inscriptions suivantes : 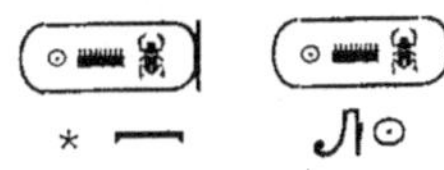

Bibl. : *Journal d'entrée du Musée*, n° 3 9 0 1 4, numéro donné en mai 1 9 0 7.

Catal. du Musée, n° 5 2 0 0 1.

10

52184. **Bague.** — Argent. — Diamètre mesuré du milieu du chaton o m. o 2 4 mill.; poids 4 gr. 7 5.

Une bague en très mauvais état. Elle possède un chaton mobile mais qui est fixé par les altérations du métal.

Le corps se compose d'un jonc fuselé, renflé du côté opposé au chaton. Celui-ci, qui n'a plus de forme définissable, était relié au corps de la bague par le fil qui le traversait.

Bibl. : *Journal d'entrée du Musée*, n° 39015, numéro donné en mai 1907.

52185. **Bague.** — Or recouvrant du cuivre. — Diamètre moyen o m. o 1 8 mill., grosseur du fil o m. o o 1 mill. 1/2 ; poids 3 gr. 1 5. — Thèbes, janvier-mars 1 899.

Un jonc en spirale ouverte faisant deux tours et demi. L'or est en feuille mince et craquelé en plusieurs endroits. Aux extrémités de la spirale des stries forment un décor.

Technique. Il est probable que l'or est roulé autour d'une tige de cuivre et passé ensuite dans une filière; cette opération assure à la fois la régularité du jonc et l'adhérence de l'or. Voir, pour l'emploi de la filière, *Mémoires publiés par les membres de l'Institut français d'archéologie orientale du Caire*, t. II : Vernier, *La bijouterie et la joaillerie égyptiennes*.

Bibl. : *Journal d'entrée du Musée*, n° 33477, en commun avec le numéro suivant.

52186. **Bague.** — Or sur cuivre. — Diam. o m. o 1 5 mill., grosseur du fil o m. o o 1 mill. 1/2 ; poids 3 gr. 9 o. — Thèbes, janvier-mars 1 899.

Une bague de même nature que le n° 5 2 1 85. La spirale fait presque trois tours, le fil a été aplati sur les côtés et la spirale est serrée, les extrémités sont restées unies.

Même observation technique que pour le numéro précédent.

Bibl. : *Journal d'entrée du Musée*, n° 33477.

52187. **Bague.** — Or, turquoise, quartz améthyste. — Longueur de la turquoise o m. o o 8 mill. 1/2, larg. o m. o o 7 mill. 1/2, longueur du cylindre o m. o o 6 mill. 1/2, diam. o m. o o 2 mill. 1/2 ; poids total 1 gramme. — Barnugi, près Damanhour (fouilles de M. Edgar, 1 6 mars 1 907).

Un fil, dont les extrémités sont liées, porte deux pierres enfilées :

1° Une turquoise, plate d'un côté, est taillée de l'autre en angle saillant; sur le côté plat sont gravés des entrelacs.

2° Un petit cylindre de quartz, légèrement violacé, uni.

L'anneau est tordu et n'a pas de diamètre régulier.

XII° dynastie.

Bibl. : *Journal d'entrée du Musée*, n° 38881.

52188. Bague. — Or et quartz améthyste. — Diamètre moyen o m. o18 mill., longueur de l'olive o m. oo5 mill. 1/2 ; poids o gr. 6o. — Même provenance et même numéro du *Journal* que le n° 52187.

Un fil, dont les extrémités sont liées, porte une petite olive de quartz violacé ou d'améthyste pâle.

XIIe dynastie.

52189. Bague. — Or et quartz (?). — Diamètre moyen o m. o18 mill., longueur de l'olive o m. oo4 mill. ; poids o gr. 25. — Même provenance et même numéro du *Journal* que les n°s 52187 et 52188.

Un fil, dont les extrémités sont liées, porte une petite olive dont la matière décomposée est peu reconnaissable (quartz?).

Cette bague et les deux précédentes ont été trouvées ensemble.

XIIe dynastie.

52190. Bague. — Or. — Diamètre mesuré du milieu du chaton o m. o22 mill. 1/2, grand axe du chaton o m. o13 mill. 1/2, petit axe o m. o10 mill. ; poids 13 gr. 10. — Achat.

Une bague en forme d'étrier. Elle possède un chaton ovoïde, de grandes dimensions, horizontal, sur lequel est gravé le bœuf Apis. La gravure a été terminée au ciselet et le métal est relevé sur les bords du sujet.

BIBL. : *Journal d'entrée du Musée*, n° 28601.

52191. Bague. — Or. — Diamètre mesuré du milieu du chaton o m. o19 mill., petit axe du chaton o m. oo8 mill. ; poids 6 gr. 10. — Karnak, cachette, 1904.

Bague en forme d'étrier avec un chaton fixe, horizontal et de forme ovoïde. Sur le chaton est gravée en creux l'inscription :

Le corps de la bague est un peu déformé.

XVIIIe dynastie.

BIBL. : *Journal d'entrée du Musée*, n° 36804 ; LEGRAIN, *Sur quelques monuments d'Aménôthès IV*, dans les *Annales*, VII, p. 229.

52192. Bague. — Or et basalte verdâtre. — Grand axe du chaton o m. o19 mill., petit axe o m. o15 mill. ; poids 6 gr. 20. — Gadrah (pl. XXIV).

Une bague, en étrier, possède un chaton tournant, lequel est réuni à la bague par des

tenons. Ceux-ci pénètrent dans des portions de tubes qui appartiennent à la monture
du chaton.

Celui-ci représente un scarabée de grande dimension, d'une belle exécution,
dessous est gravée en creux l'inscription :

Bibl. : *Journal d'entrée du Musée*, n° 29405.

52193. Bague. — Argent et céramique. — Diamètre mesuré parallèlement au
grand axe du chaton o m. 023 mill., grand axe o m. 014 mill., petit
axe o m. 011 mill.; poids 3 gr. 95 (pl. XXIV).

Une bague, possédant un chaton tournant, horizontal, en céramique verte. Le chaton,
un scarabée, est réuni au corps de bague par un fil qui passe par un trou percé à
chaque extrémité du corps de bague et s'enroule sur ce corps. Sous le
scarabée est gravée en creux l'inscription :

Bibl. : *Journal d'entrée du Musée*, n° 39001.

52194. Bague. — Or et lapis. — Diamètre mesuré parallèlement au chaton
o m. 019 mill. environ, grand axe du chaton o m. 009 mill. 1/2, petit
axe o m. 008 mill. 1/2; poids 2 gr. 90. — Abydos, fouilles de l'*Egypt
Exploration Fund*.

Une bague en forme d'étrier, le corps fuselé, porte un chaton représentant une grenouille en lapis sertie dans une monture d'or. Le chaton est réuni à la bague par le fil
qui le traverse et qui s'enroule de chaque côté sur le corps de bague.

Bibl. : *Journal d'entrée du Musée*, n° 36212 ; Petrie, *Abydos*, part III, p. 50, pl. XVII, n° 3.

52195. Bague. — Or et céramique. — Diamètre parallèle au chaton o m. 020 mill.,
grand axe du chaton o m. 008 mill., petit axe o m. 005 mill. 1/2;
poids 1 gr. 80. — Achat (pl. XXI).

Une bague porte, en chaton tournant, un très petit scarabée de céramique jaune
verdâtre au revers duquel est gravée une inscription :

Bibl. : *Journal d'entrée du Musée*, n° 29837.

52196. Bague. — Or et céramique. — Diamètre mesuré parallèlement au scarabée o m. 018 mill. 1/2, grand axe du scarabée o m. 009 mill.,
petit axe o m. 006 mill.; poids 2 gr. 30. — Achat.

Une bague, le corps fuselé, porte un scarabée traversé par un fil qui le rattache au corps
de la bague des deux côtés. Sur le plat du scarabée, le signe de la vie.

Bibl. : *Journal d'entrée du Musée*, n° 30018.

52197. Bague. — Or et cylindre de lapis-lazuli. — Plus grande dimension mesurée vers le milieu du cylindre o m. o28 mill., largeur, parallèlement au cylindre o m. o25 mill., longueur du cylindre, ses plateaux d'or compris o m. o15 mill., diamètre des plateaux o m. o11 mill.; poids 15 gr. 75 (pl. XXI).

Une bague importante, en forme d'étrier. Le corps est un gros jonc fuselé, terminé à ses deux extrémités par des cupules entre lesquelles se place un cylindre de lapis-lazuli monté et serti entre des plateaux d'or. Le fil qui forme l'axe du cylindre traverse le corps au centre des cupules et vient s'enrouler sur le corps de la bague. Il est arrêté d'une façon particulière, plus solide qu'à l'ordinaire, mais qui n'est possible que pour une bague dont le corps a une section importante. Dans la plupart des bagues où le fil s'enroule sur le corps après avoir traversé le chaton, l'extrémité est recourbée et arrêtée sous les derniers tours de la spirale, ou bien le fil, étant tiré énergi-

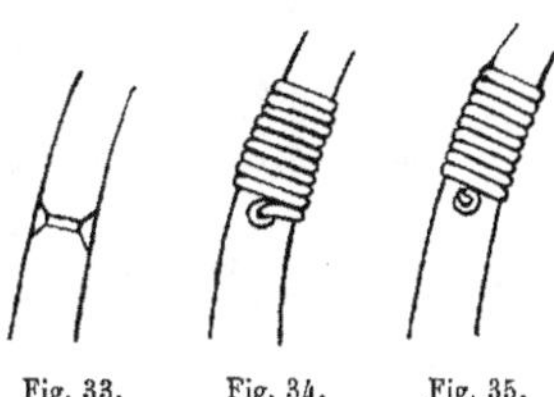

Fig. 33.   Fig. 34.   Fig. 35.

quement, est écroui (durci) et reste en place bandé comme un ressort. Ici, le corps de la bague, étant assez volumineux, a été percé; le fil passe au travers et est coupé seulement de l'autre côté, ce qui assure une fixité parfaite (fig. 33, 34 et 35[1]). Cette manière de faire se rencontre quelquefois, mais elle est rarement aussi visible que sur cette bague.

Le cylindre est brisé et dans un état très mauvais; la gravure en est presque effacée.

Bibl. : *Journal d'entrée du Musée*, n° 39004.

52198. Bague. — Or pâle et cornaline. — Diamètre mesuré parallèlement au chaton o m. o25 mill., longueur du chaton o m. o13 mill.; poids 2 gr. o3. — Collection Huber (pl. XXIV).

Une bague, corps fuselé, porte un chaton de cornaline traversé par un fil qui s'enroule autour du corps de la bague.

Le chaton représente d'un côté un *oudja* dont il a la silhouette; du côté opposé est gravé en creux le cartouche de Thoutmès IV.

Bibl. : *Journal d'entrée du Musée*, n° 5247.

---

[1] Les clichés de ces figures et de la plupart de celles qui suivent ont été gracieusement prêtés par l'Institut français d'archéologie orientale du Caire.

52199. Bague.—Or.—Diamètre mesuré parallèlement au chaton o m. o 2 2 mill., grand axe du scarabée o m. o 1 4 mill., petit axe o m. o 1 o mill. 1/2; poids 1 1 gr. 6 o. — Collection Huber, 1 8 5 9 (pl. XXIV).

Une bague ayant un chaton tournant en forme de scarabée.

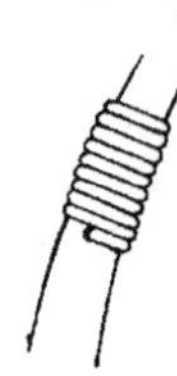

Le corps de la bague est fait d'un jonc, dont les extrémités sont aplaties et percées d'un trou pour laisser passer le fil qui sert d'axe au chaton et qui vient s'enrouler sur le jonc. Ce fil se termine en s'insérant dans un petit trou préparé dans le corps de la bague (fig. 36).

Le scarabée est travaillé assez finement. Il est évidé entre les pattes et il existe un ajour entre son corps et la plaque de dessous; les indications de traits sont faites en gravure. Pas d'inscription.

Fig. 36.

BIBL. : *Journal d'entrée du Musée*, n° 5267.

52200. Chaton de bague. — Cornaline et or. — Longueur du chaton o m. o 2 1 mill., larg. o m. o 1 4 mill.; poids 1 gr. o 5. — Achat, décembre 1 8 8 8 (pl. XXIII).

Chaton de bague représentant un *oudja* et sur le plat opposé, gravée en creux, une déesse Sekhemit debout. Le chaton de cornaline est serti d'or. La pierre est d'une beauté remarquable; elle donne l'impression d'un quartz enfumé ou d'une agate orientale.

BIBL. : *Journal d'entrée du Musée*, n° 28638.

52201. Chaton de bague. — Céramique et or pâle. — Grand axe, tubulures comprises o m. o 2 3 mill., petit axe o m. o 1 8 mill. 1/2; poids 2 grammes. — Mit Rahineh, janvier 1 9 o 6.

Un chaton de bague composé d'une demi-olive, de céramique vert céladon, sertie dans une monture d'or pâle. Il possède, aux extrémités du grand axe, les deux tubulures qui assuraient le contact avec le corps de la bague et par lesquelles passait le fil qui lui servait d'axe.

Sur la partie plate sont gravés deux lotus.

BIBL. : *Journal d'entrée du Musée*, n° 34084.

52202. Bague. — Électrum ou or pâle. — Pâte de verre bleue. — Largeur de la bague parallèlement au chaton o m. o 2 4 mill., grand axe du chaton o m. o 1 6 mill., petit axe o m. o 1 1 mill.; poids 5 gr. 2 5 (pl. XXI).

Une bague, forme d'étrier, avec un chaton tournant.

Le corps de la bague est un jonc, légèrement fuselé, dont les extrémités sont en forme de cupules, celles-ci sont en contact avec le chaton et reçoivent le fil qui lui sert d'axe, et qui s'enroule ensuite sur le corps de la bague.

Le chaton est un verre bleu imitant le lapis, il est serti d'or, et porte aux extrémités du grand axe de petites tubulures qui se placent devant les cupules du corps de bague.

Sur le verre sont gravées deux inscriptions :

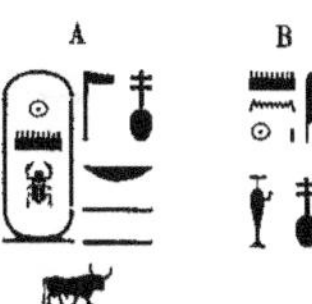

BIBL. : *Journal d'entrée du Musée*, n° 39016.

52203. Bague. — Or et cornaline. — Largeur parallèlement au chaton o m. 021 mill., grand axe du scarabée o m. 014 mill., petit axe o m. 010 mill. 1/2; poids 12 grammes (pl. XXIII).

Une bague, le corps fuselé, terminé par de très petites cupules, porte un scarabée de cornaline.

La réunion du corps de bague et du scarabée est assurée par de petits tenons qui sont au centre des cupules et qui pénètrent dans le scarabée (fig. 37). Mais le bijoutier a voulu donner l'illusion d'une monture différente; un fil est soudé au centre de chaque cupule, extérieurement, et il s'enroule ensuite sur le corps comme dans les bagues où le fil joue le rôle de goupille ou d'axe pour le chaton.

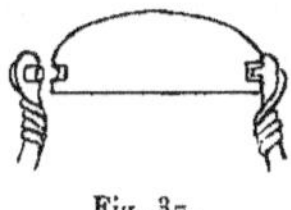

Fig. 37.

La cornaline dont est fait le scarabée est belle, peu translucide, d'un rouge légèrement orangé.

Sur la partie plate est gravée l'inscription :

BIBL. : *Journal d'entrée du Musée*, n° 39017.

52204. Bague. — Or et lapis-lazuli (ou imitation). — Largeur parallèlement au chaton o m. 022 mill., grand axe du chaton o m. 014 mill., petit axe o m. 010 mill.; poids 2 gr. 40. — Collection Huber (pl. XXII).

Une bague, le corps a ses extrémités effilées; elles pénètrent dans le chaton et viennent s'enrouler de chaque côté sur le corps de bague (fig. 38).

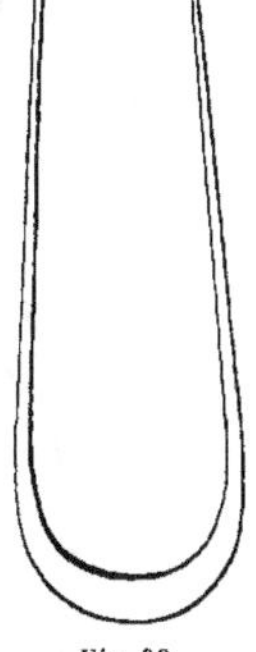

Fig. 38.

Le chaton se compose d'un scarabée de lapis-lazuli, ou de verre imitant cette substance serti dans une monture d'or ayant aux extrémités du grand axe, deux petites tubulures où viennent pénétrer les extrémités du corps de bague. Sous le scarabée est gravée l'inscription : ♀♀ (fig. 39 et 40).

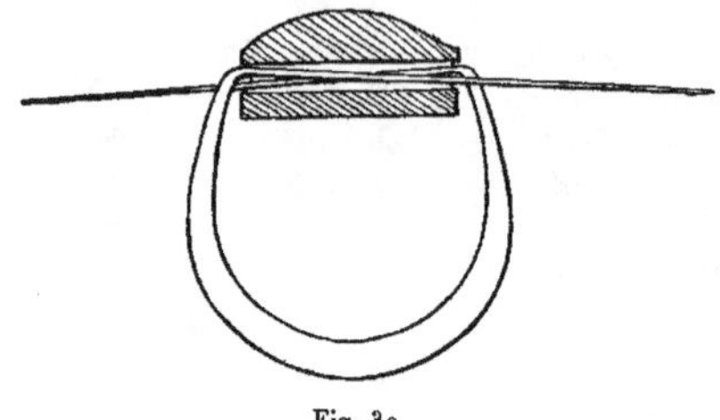

Fig. 39.

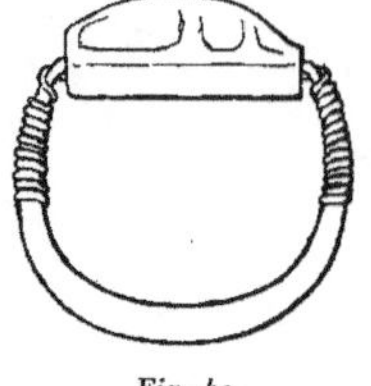

Fig. 40.

BIBL. : *Journal d'entrée du Musée*, n° 5252.

52205. Chaton de bague. — Argent et céramique. — Grand axe du chaton
o m. 022 mill., petit axe o m. 015 mill. 1/2 ; poids 4 gr. 45.

Chaton de bague composé d'un scarabée de céramique d'une couleur gris verdâtre,
serti dans une monture d'argent. La monture ne possède plus qu'un des anneaux
d'extrémité par où passait l'axe métallique autour duquel tournait le chaton.

Sur le plat du scarabée est gravé : .

BIBL. : *Journal d'entrée du Musée*, n° 39018.

52206. Bague. — Or et pierre de talc (saponite). — Diamètre mesuré parallèlement au chaton o m. 023 mill., grand axe du chaton o m. 018 mill.,
petit axe o m. 013 mill. 1/2 ; poids 3 gr. 60. — Collection Huber
(pl. XXII).

Bague en forme d'étrier, chaton tournant (scarabée). Le corps de la bague est un
jonc, les extrémités ont été aplaties pour permettre
de percer les trous par lesquels passe la goupille
qui traverse le scarabée, cette goupille est rivée
légèrement, c'est-à-dire que par choc ou même seulement par pression ses extrémités ont été légèrement écrasées, et que l'élargissement, provoqué de
cette façon, suffit à empêcher le corps de la bague
de se séparer de la goupille (fig. 41).

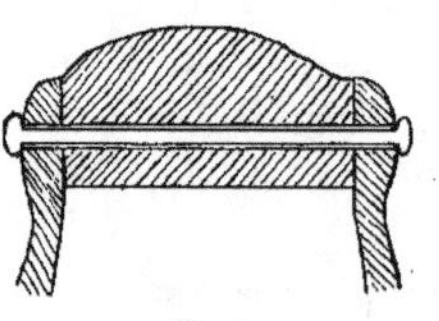

Fig. 41.

Le chaton est en pierre de talc d'un ton jaune brunâtre irrégulier. Sur le plat, gravés en creux, trois scorpions   et
quelques signes divers.

BIBL. : *Journal d'entrée du Musée*, n° 5168.

52207. Bague. — Or. — Diamètre de la bague o m. o21 mill., grand axe vertical du chaton o m. o16 mill., petit axe o m. o11 mill.; poids 2 gr. 4o (pl. XXI).

Bague très légèrement construite, chaton tournant vertical. Le corps de la bague est un jonc creux, à ses extrémités est un petit anneau qui lui donne de la solidité (fig. 42) et qui a permis de percer le corps un peu plus loin pour laisser passer le fil autour duquel tourne le chaton. Ce fil vient de chaque côté s'enrouler autour du corps de bague.

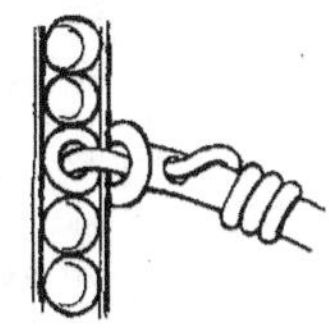

Fig. 42.

Le chaton est composé de deux feuilles d'or minces réunies par une bande du même métal et l'espace entre elles est vide; ces deux côtés portent des inscriptions faites au ciselet, car il n'aurait pas été possible de graver dans ce métal mince; c'est donc en *enfonçant* le métal et non en le *creusant* que l'on a exécuté les hiéroglyphes. D'un côté on voit :

, de l'autre : , la tranche est décorée de petits anneaux se touchant. Construite de cette façon, la bague n'offrit aucune résistance à l'usage, aussi est-elle complètement altérée dans ses différentes parties, l'anneau est écrasé et les plaques du chaton sont enfoncées (fig. 43).

Fig. 43.

Bibl. : *Journal d'entrée du Musée*, n° 39019.

52208. Bague. — Or et céramique. — Plus grand diamètre o m. o20 mill., grand axe du scarabée o m. o13 mill. 1/2, petit axe o m. oo9 mill.; poids 2 gr. 65 (pl. XXIII).

Bague en forme de lyre, chaton tournant horizontal (scarabée).
Le corps est un jonc, les extrémités aplaties pour permettre le trou qui reçoit la goupille.
Le scarabée est en céramique gris verdâtre. Sur le plat on voit :

Bibl. : *Journal d'entrée du Musée*, n° 39020.

52209. Bague. — Or et verre. — Diamètre du chaton o m. oo9 mill.; poids 1 gr. 45 (pl. XXIII).

Bague ondulée, chaton rond fixe, demi-perle en verre.
Le corps est un fil ondulé; une des extrémités est aplatie, l'autre se termine en petites boucles, elles sont soudées après le chaton.

Fig. 44.

Le chaton se compose d'une demi-perle en verre de couleur verte, sertie dans une monture d'or. Il est entouré d'une petite corde.

La préoccupation évidente du bijoutier a été de permettre l'adaptation de la bague à des doigts de grosseurs diverses, le fil est fin et n'offre par de résistance, le métal est très malléable, une bague construite dans ces conditions était donc modifiable à volonté (fig. 44).

Période grecque.

BIBL. : *Journal d'entrée du Musée*, n° 39021.

52210. Bague. — Or et céramique (scarabée). — Diamètre mesuré parallèlement au chaton o m. 022 mill. 1/2, grand axe du scarabée o m. 015 mill., petit axe o m. 012 mill.; poids 3 gr. 65 (pl. XXIII).

Bague, chaton tournant horizontal, un scarabée.

Le corps est un jonc dont les extrémités sont amincies, elles pénètrent de chaque côté dans le scarabée et viennent s'enrouler sur le corps.

Le scarabée est en céramique jaune verdâtre, entre le corps de l'animal et le plat du chaton on voit entre les pattes deux ajours qui donnent de la légèreté.

Sur le plat est gravé :

BIBL. : *Journal d'entrée du Musée*, n° 39022.

52211. Bague. — Or et céramique grisâtre. — Grand diamètre parallèle au chaton o m. 021 mill., grand axe du scarabée o m. 016 mill., petit axe o m. 012 mill.; poids 4 grammes.

Bague or en étrier, chaton tournant, horizontal (scarabée).

Le corps est un jonc fuselé, les extrémités, amincies, pénètrent dans le chaton et viennent s'enrouler de chaque côté sur le corps de la bague.

Le chaton se compose d'un scarabée en céramique grisâtre serti dans une monture d'or qui porte des portions de tube aux extrémités du grand axe, par où le contact est établi entre le corps et le chaton.

Sur le plat, on lit : .

BIBL. : *Journal d'entrée du Musée*, n° 39023.

52212. Bague. — Or et lapis-lazuli. — Diamètre parallèle au chaton o m. 021 mill., grand axe du chaton o m. 013 mill., petit axe o m. 009 mill.; poids 4 gr. 15 (pl. XXIV).

Bague or en étrier, chaton fixe horizontal, avec scarabée lapis-lazuli.

Le corps est un jonc aplati. Il est un peu plus large dans la partie opposée au chaton;

ses extrémités s'épanouissent en gouttes de suif, et pénètrent dans la monture du
chaton où elles sont *serties*, ce qui explique que malgré son aspect de chaton
tournant, celui-ci est fixe (fig. 45 et 46).

Le chaton est un scarabée en lapis-lazuli serti dans une
monture d'or mince, aux extrémités du grand axe sont
les deux portions de tube dans lesquelles les extrémités
du corps de bague sont retenues.

Le lapis-lazuli est en très mauvais état, comme forme et
surtout comme couleur, car la pierre est très altérée.

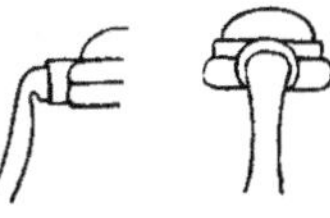

Fig. 45.   Fig. 46.

BIBL. : *Journal d'entrée du Musée*, n° 39024.

52213. Bague. — Or et céramique. — Diamètre parallèle au chaton
o m. o19 mill. 1/2, grand axe du scarabée o m. o13 mill., petit axe
o m. oo8 mill. 1/2; poids 1 gr. 85.

Bague or et chaton tournant horizontal, céramique (scarabée).
Le corps de la bague est un jonc dont les extrémités amincies pénètrent dans le
scarabée et viennent s'enrouler autour du corps de bague.

Le chaton est un scarabée de céramique imitant l'amazonite. Sur le plat on lit : 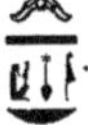.

BIBL. : *Journal d'entrée du Musée*, n° 39025.

52214. Bague. — Or et jaspe. — Diam. parallèle au chaton o m. o21 mill. 1/2,
longueur du chaton o m. o11 mill. 1/2, larg. o m. oo7 mill., épaiss.
o m. oo4 mill.; poids 3 gr. 55.

Bague or, chaton tournant horizontal en jaspe.
Le corps est un jonc, les extrémités, aplaties, sont percées et laissent passer le fil qui,
après avoir traversé le chaton, s'enroule de chaque côté sur le corps de bague et
se termine dans un trou percé pour le recevoir.

Le chaton est cubique, deux faces sont gravées, sur l'une on lit : ⌀ , sur l'autre :
un Ptah.

BIBL. : *Journal d'entrée du Musée*, n° 39026.

52215. Bague. — Or et céramique. — Diamètre parallèle au chaton
o m. o2o mill., longueur du chaton o m. o12 mill., larg.
o m. oo8 mill., épaiss. o m. oo3 mill.; poids 3 gr. 25.

Bague or, chaton tournant horizontal, en céramique.
Le corps est comme celui du numéro précédent.

Le chaton, en céramique, a une forme semblable à celle du plat d'un scarabée. Il est gravé des deux côtés, d'un côté on voit : █ et de l'autre des ornements.

La couleur de la céramique est vert amazonite, les inscriptions et les traits gravés en creux sont plus foncés de couleur.

Bibl. : *Journal d'entrée du Musée*, n° 39027.

52216. Bague. — Or et céramique. — Diamètre parallèle au chaton o m. 020 mill., longueur du chaton o m. 012 mill., larg. o m. 009 mill., épaiss. o m. 004 mill.; poids 3 gr. 60 (pl. XXI).

Bague semblable au numéro précédent.

Les inscriptions sont, d'un côté : █, de l'autre, un ornement.

Bibl. : *Journal d'entrée du Musée*, n° 39028.

52217. Bague. — Or et céramique. — Diamètre parallèle au chaton o m. 020 mill., longueur du chaton o m. 011 mill. 1/2, larg. o m. 006 mill. 1/2, épaiss. o m. 003 mill.; poids 3 gr. 30.

Bague or, chaton cubique, tournant, horizontal.
Le corps est comme ceux des trois numéros précédents.
Le chaton en céramique gris bleuâtre est gravé des deux côtés, sur l'un on voit : █, sur l'autre : █ .

Bibl. : *Journal d'entrée du Musée*, n° 39029.

52218. Chaton de bague. — Or blanc, argent et céramique. — Grand axe o m. 020 mill., petit axe o m. 014 mill.; poids 4 gr. 35 (pl. XXII).

Un scarabée de céramique, gris verdâtre, est recouvert d'une feuille d'or blanc. Sur le dos, il est serti dans une bande d'argent qui l'entoure et qui porte les tubulures par où passait la goupille qui réunissait le chaton au corps de bague, une des tubulures manque.

Le plat porte l'inscription :

Moyen empire.

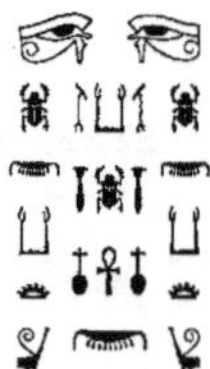

Bibl. : *Journal d'entrée du Musée*, n° 39030.

52219. Chaton de bague. — Or et céramique. — Grand axe o m. o16 mill., petit axe o m. o12 mill. 1/2; poids 3 gr. 45.

Un scarabée de céramique. Le dos est gris verdâtre très neutre, le plat d'un vert plus accentué; il est serti dans une monture d'or portant deux tubulures par où passait la goupille qui le reliait à la bague.

Le plat porte l'inscription :

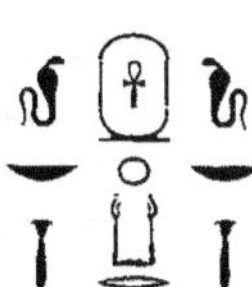

Bibl. : *Journal d'entrée du Musée*, n° 39031.

52220. Chaton de bague. — Or et céramique. — Grand axe o m. o16 mill., petit axe o m. o11 mill.; poids 5 gr. 10.

Scarabée de céramique vert clair, serti dans une monture d'or très grasse qui déborde largement le scarabée et qui porte deux tubulures également grasses, qui servaient de passage à la goupille. Sur le plat :

Bibl. : *Journal d'entrée du Musée*, n° 39032.

52221. Chaton de bague. — Or et céramique. — Grand axe o m. oo8 mill., petit axe o m. oo6 mill. 1/2; poids o gr. 5o.

Petit scarabée de céramique légèrement jaunâtre, ton de vieil ivoire, serti dans une fine monture d'or.

Sur le plat, des entrelacs.

Bibl. : *Journal d'entrée du Musée*, n° 39033.

52222. Chaton de bague. — Or et hématite. — Grand axe o m. o15 mill. 1/2, petit axe o m. o12 mill.; poids 5 gr. 3o. — Pyramides, mars 1859.

Un beau scarabée en hématite est serti dans une riche monture d'or décorée à l'aide de graines, les tubulures des extrémités sont faites de deux anneaux de fil accolés.

Sur le plat :

Bibl. : *Journal d'entrée du Musée*, n° 4636.

52223. Chaton de bague. — Or et céramique. — Grand axe o m. o13 mill., petit axe o m. oo9 mill.; poids 2 gr. o5.

Un scarabée de céramique verte est serti dans une monture d'or. Le plat porte le signe sam :

Bibl. : *Journal d'entrée du Musée*, n° 39034.

52224. Chaton de bague. — Or et céramique. — Grand axe o m. o16 mill. 1/2, petit axe o m. o12 mill.; poids 2 gr. 4o.

Un *oudja* en céramique verte à la surface et brunâtre dans les fonds et les parties usées. Il est serti dans une monture d'or en feuille mince, laquelle porte deux tubulures par où passait la goupille.
Sur le plat, des ornements.

Bibl. : *Journal d'entrée du Musée*, n° 3o35.

52225. Chaton de bague. — Or blanc et lapis-lazuli. — Grand axe o m. o16 mill., petit axe o m. oo9 mill. 1/2; poids 1 gr. 3o.

Une demi-olive, lapis-lazuli, est sertie dans une monture d'or très blanc, munie de deux tubulures aux extrémités du grand axe.
Le plat ne porte pas d'inscription.

Bibl. : *Journal d'entrée du Musée*, n° 3o36.

52226. Chaton de bague. — Or, pierre de talc et verre (?). — Grand axe de chaque pierre o m. oo8 mill., largeur des trois pierres réunies o m. o16 mill. 1/2; poids 1 gr. 75.

Trois petites pierres en forme de scarabées sont accolées et serties, parallèlement à leur grand axe, dans une monture d'or qui possède deux tubulures pour chaque pierre, et qui cache complètement les plats.
La pierre du milieu est en verre (?) imitant la turquoise, les deux autres sont en talc.

Bibl. : *Journal d'entrée du Musée*, n° 3o37.

52227. Bague. — Or sur cuivre. — Diamètre moyen o m. o15 mill.; poids, après prélèvement, 3 gr. 45.

Une spirale composée d'un tube d'or mince enfermant une tige de cuivre, la spirale est de trois tours et demi.
Dans le but de déterminer de quelle façon le tube est construit, il a été prélevé un morceau d'une longueur de o m. oo8 mill. environ, ce qui a permis de vérifier que cette bague est bien faite d'une tige de cuivre, enveloppée d'une feuille d'or.

Bibl. : *Journal d'entrée du Musée*, n° 3o38.

52228. Bague. — Or sur cuivre. — Diamètre moyen o m. o15 mill.; poids 3 gr. 10.

Une spirale semblable à celle qui a été décrite au numéro précédent, elle fait près de quatre tours.

Bibl. : *Journal d'entrée du Musée*, n° 39039.

52229. Bague. — Or sur cuivre. — Diamètre moyen o m. o18 mill.; poids 3 gr. 15.

Une spirale semblable à celles qui ont été précédemment décrites, mais plus forte de section. La feuille d'or est en mauvais état, plissée et crevée, la spirale a deux tours et demi.

Bibl. : *Journal d'entrée du Musée*, n° 39040.

52230. Chaton de bague. — Or et céramique. — Grand axe o m. o18 mill., petit axe o m. o14 mill.; poids 2 gr. 75.

Un scarabée de céramique verdâtre. Le dos est enveloppé d'une feuille d'or, il est serti dans une monture d'or qui possède les deux tubulures par où passait la goupille. Sur le plat sont des entrelacs.

Bibl. : *Journal d'entrée du Musée*, n° 39041.

52231. Corps de bague. — Argent. — Diam. o m. o19 mill., longueur de l'emplacement du chaton o m. o15 mill.; poids 1 gr. 45.

Un corps de bague argent, ayant eu un chaton fixe, qui a disparu. Mauvais état.

Bibl. : *Journal d'entrée du Musée*, n° 39042.

52232. Chaton de bague. — Or. — Grand axe o m. o14 mill. 1/2, petit axe o m. oo9 mill. 1/2; poids 1 gr. 55. — Saqqarah, octobre 1858.

Un scarabée *construit* en feuilles d'or. Le dos repoussé est réuni à la monture qui sertissait le plat par des lames de métal dont l'épaisseur forme les pattes de l'animal et les deux tubulures. Le plat manque.
Ce travail est intéressant et assez précieux.

Bibl. : *Journal d'entrée du Musée*, n° 2726.

52233. Chaton de bague. — Or et améthyste. — Grand axe o m. o17 mill.,
petit axe o m. o11 mill. 1/2 ; poids 3 gr. 55. — Trouvé à Dahchour,
fouilles de Morgan, 7 mars 1894.

Un scarabée d'améthyste d'un travail magnifique. Le plat est en or et
sa bordure sertit le scarabée.

Le plat porte le nom d'Ousertesen III :

XIIe dynastie.

Bibl. : *Journal d'entrée du Musée*, n° 30870; *Catalogue de Morgan*, 1895,
p. 16, n° 1348, *i; Liste sommaire*, dressée par É. Brugsch, p. 4, n° 14;
Fouilles à Dahchour, I, p. 60, n° 19, pl. XVI.

52234. Chaton de bague. — Or et améthyste. — Grand axe o m. o18 mill. 1/2,
petit axe o m. o13 mill.; poids 3 gr. 60. — Dahchour, mars 1894.

Un scarabée d'améthyste. Il est un peu dégradé autour d'une des ouvertures, l'autre
possède encore l'œillet d'or par où passait le fil.

Sur le plat, une double représentation des Nils, liant le signe *sam*.

XIIe dynastie.

Bibl. : *Journal d'entrée du Musée*, n° 30871, en commun avec le numéro suivant; *Liste sommaire*,
p. 4, n° 15; *Fouilles à Dahchour*, I, p. 62, n° 21, pl. XVI.

52235. Chaton de bague. — Améthyste. — Grand axe o m. o19 mill., petit
axe o m. o12 mill.; poids 3 gr. 40. — Dahchour, mars 1894.

Un scarabée d'améthyste, semblable au précédent. Il est en meilleur état, dépourvu
d'œillet de métal et n'a pas d'inscription sur le plat.

XIIe dynastie.

Bibl. : *Journal d'entrée du Musée*, n° 30871, en commun avec le numéro précédent; *Liste sommaire*,
p. 4, n° 15, numéro commun avec le scarabée précédent; *Fouilles à Dahchour*, I, p. 62, n° 21,
pl. XVI.

52236. Chaton de bague. — Verre bleu turquoise. — Grand axe o m. o15 mill.,
petit axe o m. o09 mill. 1/2 ; poids 1 gr. 85. — Dahchour, mars 1894
(pl. XX).

Un scarabée de verre (?) d'un bleu très beau. Il n'a pas d'inscription sur le plat.

Sur la *Liste sommaire* (Dahchour, mars 1894, n° 16) ce chaton est indiqué comme
étant de l'émeraude.

XIIe dynastie.

Bibl.. : *Journal d'entrée du Musée*, n° 30872; *Liste sommaire*, n° 16; *Fouilles à Dahchour*, I, p. 62,
n° 22.

52237. Chaton de bague. — Céramique blanc jaunâtre. — Grand axe
o m. o13 mill., petit axe o m. oo9 mill.; poids 1 gr. o5. —
Dahchour, mars 1894.

Un scarabée portant sur le plat le nom de la princesse Hathor-Sat :
XIIe dynastie.

Bibl. : *Journal d'entrée du Musée*, n° 30873; *Liste sommaire*, n° 17; *Fouilles à
Dahchour*, I, p. 62, n° 20.

52238. Bague. — Or. — Diamètre o m. o18 mill., hauteur du chaton
o m. o16 mill. 1/2, larg. o m. o14 mill.; poids 1 gr. 95. —
Dahchour, mars 1907 (pl. XXII).

Une bague légère, avec un large chaton en hauteur.

Elle est construite à l'aide d'une feuille d'or sur laquelle il a été fait une décoration au
grènetis. Tout le tour de la bague, corps et chaton, est
bordé, à plat, d'un fil accompagné du côté intérieur d'une
rangée de graines. Sur le chaton cette bordure de graines
se trouve entre le fil et une petite corde faite d'un fil tordu.
Le chaton est décoré de losanges horizontaux, composés de
petites graines soudées sur le fond. Il y a vingt-sept
losanges de graines qui laissent paraître entre eux la plaque
de fond sur laquelle ils forment des losanges d'or uni
(fig. 47).

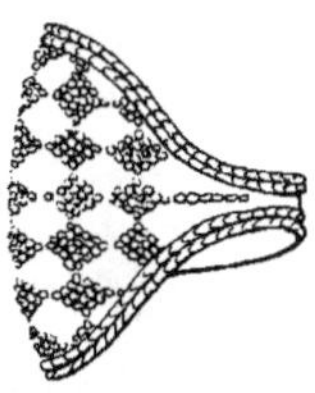

Fig. 47.

Le chaton est doublé d'une plaque qui s'arrête au commencement du corps.
XIIe dynastie.

Bibl. : *Journal d'entrée du Musée*, n° 30900; *Liste sommaire*, n° 53; *Fouilles à Dahchour*, I, p. 68, n° 33.

52239. Bague. — Or. — Diamètre moyen o m. o17 mill., hauteur du chaton
o m. o14 mill., larg. o m. o14 mill.; poids 1 gr. 15. — Dahchour,
mars 1894 (pl. XXII).

Une petite bague, à large chaton développé en hauteur. Le corps est fait d'un fil carré
tordu.

Le chaton est une plaque d'or unie. Elle est bordée d'abord par un fil simple à côté
duquel est soudé un fil tors qui le double. Des entrelacs dont deux font une spirale
fournie ayant au point terminus central une graine, et deux forment une boucle
ouverte. Cinq graines, disposées sur le fond, complètent le décor. Derrière le
chaton est soudée une plaque, de grandeur égale, qui le double; le corps est rompu
dans la partie médiane opposée au chaton.

XIIe dynastie.

Bibl. : *Journal d'entrée du Musée*, n° 30920; *Liste sommaire*, n° 78; *Fouilles à Dahchour*, I, p. 68, n° 34.
Catal. du Musée, n° 52001.

12

52240. Bague. — Or, cornaline, lapis-lazuli, amazonite, turquoise ou verre. — Grand axe o m. o15 mill., petit axe o m. o10 mill.; poids 3 gr. 8o. — Dahchour, 1894 (pl. XX).

Un scarabéc en or cloisonné décoré de pierres calibrées et enchâssées dans les cloisons. La tête est en amazonite (?); les élytres sont faits de bandes alternées de lapis-lazuli et, sans doute, de verre couleur turquoise, le col est en cornaline. Le plat ne porte aucune inscription.

Le corps de la bague est un simple fil dont les extrémités sont liées ensemble en spirales.

XIIe dynastie.

Bibl. : *Journal d'entrée du Musée*, n° 30903; *Liste sommaire*, n° 56; *Fouilles à Dahchour*, I, p. 69, n° 35, pl. XX.

52241. Bague. — Or et lapis-lazuli. — Grand axe o m. o14 mill., petit axe o m. o09 mill.; poids 2 gr. 45. — Dahchour, 1894 (pl. XXII).

Un scarabée en lapis-lazuli est serti dans une monture d'or qui couvre le plat, le corps est un simple fil, lié à ses extrémités en formant deux spirales.

Sur le plat : 𓅃 .

XIIe dynastie.

Bibl. : *Journal d'entrée du Musée*, n° 39043, numéro donné en mai 1907; *Liste sommaire*, n° 55; *Fouilles à Dahchour*, I, p. 69, n° 37.

52242. Chaton de bague. — Électrum et améthyste. — Longueur totale o m. o24 mill., longueur du scarabée o m. o18 mill. 1/2, largeur totale o m. o18 mill., largeur du scarabée o m. o14 mill.; poids 8 gr. 70.

Un scarabée d'améthyste, sans inscriptions, est serti dans une monture d'électrum aux bords perlés. Les entrées du corps de bagues sont des boudins arrondis; leur forme est celle du croissant.

Bibl. : *Journal d'entrée du Musée*, n° 39888, numéro donné en mai 1908.

52243. Bague. — Or, lapis-lazuli et céramique. — Grand axe du scarabée o m. o13 mill. 1/2, petit axe o m. o09 mill. 1/2; poids 1 gr. 65. — Dahchour, 1894 (pl. XX).

Un scarabée est construit en pierres calibrées logées dans des *cloisons de céramique*

d'une perfection telle qu'elles font penser à de la pierre lapidée (fig. 48); le contour,
les pattes et les séparations des élytres et du corselet
sont ainsi obtenus. Le plat, la tête et les élytres sont
en lapis-lazuli. La pierre du corselet manque; des
exemples nombreux permettent de penser que c'était
de la cornaline.

Fig. 48.

Le corps de la bague est un simple fil passé dans le
scarabée et lié à ses extrémités. Le trou du scarabée est doublé d'un tube d'or
mince.

Sur le plat :

XII° dynastie.

BIBL. : *Journal d'entrée du Musée*, n° 30916; *Liste sommaire*, n° 74.

52244. Bague. — Or, lapis-lazuli. — Grand axe o m. 018 mill., petit axe
o m. 013 mill.; poids 4 gr. 5o. — Dahchour, 1894 (pl. XX).

Une bague composée d'un fil dont les extrémités sont liées, et qui est passé dans un
scarabée de lapis-lazuli. Celui-ci est posé sur un plat de lapis-lazuli largement
débordant et serti dans une monture d'or. L'attache qui tient le scarabée sur le fond
est un anneau large soudé au tube par où passe le corps de bague.
Le point de réunion avec la monture d'or est masqué par le plat de
lapis-lazuli.

L'inscription est au nom d'Amenemhat III :

XII° dynastie.

BIBL. : *Journal d'entrée du Musée*, n° 30891; *Catalogue de Morgan*, 1895, *k*;
Liste sommaire, n° 41; *Fouilles à Dahchour*, I, p. 69, n° 40.

52245. Bague. — Or et verre blanc taché de bleu. — Grand axe o m. 009 mill.,
petit axe o m. 006 mill.; poids o gr. 65. — Dahchour, 1894 (pl. XXII).

Un fil d'or, dont les extrémités sont liées, passe dans un scarabée de verre blanc
et bleu.
Sur le plat, le nom d'Amenemhat III :

XII° dynastie.

BIBL. : *Journal d'entrée du Musée*, n° 30898; *Catalogue de Morgan*, 1895, *n*; *Liste sommaire*, n° 51;
Fouilles à Dahchour, I, p. 69, n° 41.

52246. Bague. — Or et céramique. — Grand axe o m. 011 mill., petit axe
o m. 008 mill.; poids 1 gr. 45. — Dahchour, 1894.

Un fil d'or, dont les extrémités sont liées, passe au travers d'un scarabée de céramique jaunâtre, les trous sont garnis d'œillet d'or. Le scarabée est serti dans une monture qui garnit le plat. Inscription :

XIIe dynastie.

BIBL. : *Journal d'entrée du Musée*, n° 30904; *Liste sommaire*, n° 57; *Fouilles à Dahchour*, I, p. 69, n° 43.

52247. Chaton de bague. — Céramique. — Grand axe 0 m. 016 mill., petit axe 0 m. 011 mill.; poids 2 gr. 10. — Dahchour, 1894.

Scarabée en céramique jaunâtre. Sur le plat, le nom de la princesse Mérit :

XIIe dynastie.

BIBL. : *Journal d'entrée du Musée*, n° 30915; *Liste sommaire*, n° 73; *Fouilles à Dahchour*, I, p. 69, n° 44.

52248. Chaton de bague. — Or, pierres et céramique. — Grand axe 0 m. 013 mill., petit axe 0 m. 009 mill.; poids 1 gr. 65. — Dahchour, 1894 (pl. XXV).

Un scarabée de même nature que celui qui porte le n° 52243.

Les cloisons sont faites de céramique. Les pierres qui prennent place entre les cloisons, sont bordées d'un petit fil d'or qui enrichit les lignes de rencontre (fig. 49). La tête, le corselet et un élytre manquent. Ces endroits libres permettent de voir, sur la céramique, dans les parties destinées à être cachées, les stries d'un outil à l'aide duquel on a réglé ces cavités. A quel moment ces stries ont-elles été faites? Il est probable que ce travail précède la cuisson, quand la céramique est sèche mais non durcie. Cependant la netteté du travail, qui fait penser à de la pierre lapidée, impose une certaine réserve dans l'appréciation du procédé.

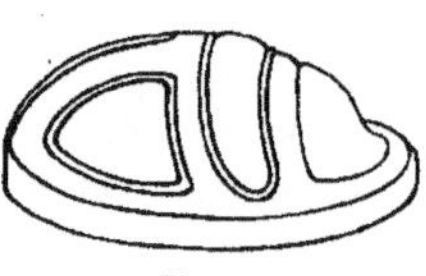

Fig. 49.

L'alvéole de l'élytre manquant, laisse voir le fil d'or qui bordait la pierre; ce fil est maintenu en place par le lut qui fixait le lapis-lazuli.

Ce lut paraît être identique à celui que nous avons déjà trouvé dans les pectoraux et dans les bracelets en pierres calibrées. Il semble être à base de plâtre; c'est une substance blanche qui adhère encore avec une certaine énergie.

Les dimensions de ce bijou, qui est un simple chaton de bague, feront comprendre la perfection et la minutie de l'exécution de ce genre de travail qui est absolument parfait.

Le plat est serti dans une monture d'or, sur la tranche de laquelle des pierres rectangulaires sont cloisonnées; elles sont alternées turquoise et lapis-lazuli.

Sur le plat, même inscription qu'au n° 52243.

XIIe dynastie.

BIBL. : *Journal d'entrée du Musée*, n° 30910; *Liste sommaire*, n° 67.

52249. Chaton de bague. — Or, lapis-lazuli et amazonite. — Grand axe
o m. o15 mill., petit axe o m. o11 mill.; poids 2 gr. 85. —
Dahchour, 1894 (pl. XX).

Scarabée de construction semblable à celle des n°ˢ 52243 et 52248, avec cette
différence que les cloisons au lieu d'être en céramique sont en lapis-lazuli. La tête,
rapportée, est en lapis-lazuli. Le corselet et les élytres sont en amazonite d'une
beauté remarquable. Un tube d'or traversant le scarabée servait de
guide au fil qui formait la bague.

Le plat est serti dans une monture d'or, sur laquelle est inscrit :

XIIe dynastie.

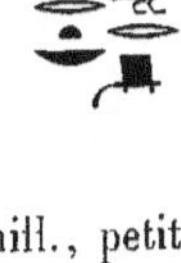

Bibl. : *Journal d'entrée du Musée*, n° 30907; *Liste sommaire*, n° 64.

52250. Chaton de bague. — Céramique. — Grand axe o m. o10 mill. 1/2,
petit axe o m. o07 mill. 1/2; poids o gr. 5o. — Dahchour, 1894.

Un scarabée de céramique jaunâtre, au nom de la princesse Mérit. Sur
le plat :

XIIe dynastie.

Bibl. : *Journal d'entrée du Musée*, n° 30918; *Liste sommaire*, n° 76; *Fouilles à Dahchour*, I, p. 70, n° 46.

52251. Chaton de bague. — Céramique. — Grand axe o m. o11 mill., petit
axe o m. o07 mill. 1/2; poids o gr. 5o. — Dahchour, 1894.

Un scarabée de même nature que le précédent et au même nom. Sur
le plat :

XIIe dynastie.

Bibl. : *Journal d'entrée du Musée*, n° 30911; *Liste sommaire*, n° 68; *Fouilles à Dahchour*, I, p. 69, n° 42.

52252. Chaton de bague. — Céramique. — Grand axe o m. o12 mill., petit
axe o m. o08 mill.; poids o gr. 55. — Dahchour, 1894.

Un scarabée de même nature que les deux précédents, même nom. Sur
le plat :

XIIe dynastie.

Bibl. : *Journal d'entrée du Musée*, n° 30917; *Liste sommaire*, n° 75; *Fouilles à Dahchour*, I, p. 69, n° 45.

52253. **Chaton de bague.** — Lapis-lazuli. — Grand axe o m. o16 mill., petit axe o m. o11 mill.; poids 2 gr. o5. — Dahchour, 1894 (pl. XXII).

Un scarabée. Sur le plat :

XIIe dynastie.

Bibl. : *Journal d'entrée du Musée*, n° 30902; *Liste sommaire*, n° 71; *Fouilles à Dahchour*, I, p. 69, n° 36.

52254. **Chaton de bague.** — Or et améthyste. — Grand axe o m. o16 mill. 1/2, petit axe o m. o12 mill.; poids 2 gr. 95. — Dahchour, 1894 (pl. XXII).

Un scarabée d'améthyste, d'une grande beauté. Le plat est serti dans une monture d'or, sans inscription.

XIIe dynastie.

Bibl. : *Journal d'entrée du Musée*, n° 30892; *Liste sommaire*, n° 44; *Fouilles à Dahchour*, I, p. 70, n° 48.

52255. **Chaton de bague.** — Lapis-lazuli. — Grand axe o m. o16 mill. 1/2, petit axe o m. o11 mill.; poids 2 gr. 45. — Dahchour, 1894.

Un scarabée, sans inscription.

XIIe dynastie.

Bibl. : *Journal d'entrée du Musée*, n° 30912, en commun avec le scarabée suivant; *Liste sommaire*, n° 69; *Fouilles à Dahchour*, I, p. 70, n° 50.

52256. **Chaton de bague.** — Lapis-lazuli. — Grand axe o m. o16 mill. 1/2, petit axe o m. o11 mill.; poids 2 gr. 45. — Dahchour, 1894.

Un scarabée, semblable au précédent.

XIIe dynastie.

Bibl. : *Journal d'entrée du Musée*, n° 30912, en commun avec le numéro précédent; *Liste sommaire*, n° 70; *Fouilles à Dahchour*, I, p. 70, n° 51.

52257. **Chaton de bague.** — Or et turquoise (peut-être verre). — Grand axe o m. o15 mill., petit axe o m. oo9 mill. 1/2; poids 2 gr. 65. — Dahchour, 1894 (pl. XXV).

Un scarabée dont le plat, en or, porte la tubulure par où passait le fil qui formait la bague et, de plus, une monture intérieure. Le scarabée est formé de morceaux, lapidés séparément, ajustés et collés. Ces morceaux sont au nombre de huit, la tête,

le corselet, les élytres, et quatre morceaux où sont tracées les pattes; un de ces
morceaux manque.

Ce travail est fait avec un soin et une perfection des plus remarquables.

Sur le plat :  Bibl. : *Journal d'entrée du Musée*, n° 30914; *Liste sommaire*, n° 72;
XIIe dynastie.   *Fouilles à Dahchour*, I, pl. XIX, n° 35.

52258. **Bague.** — Or et lapis-lazuli. — Grand axe o m. 012 mill., petit axe
o m. 008 mill.; poids 1 gr. 75. — Dahchour, 1894 (pl. XXII).

Un scarabée de lapis-lazuli est traversé par un fil d'or dont les extrémités sont liées.
Le plat du scarabée est serti dans une monture d'or. Pas d'inscription.

XIIe dynastie.

Bibl. : *Journal d'entrée du Musée*, n° 30908; *Liste sommaire*, n° 65; *Fouilles à Dahchour*, I, p. 70,
n° 52.

52259. **Bague.** — Or et turquoise (?). — Grand axe o m. 013 mill., petit axe
o m. 008 mill.; poids 1 gr. 85. — Dahchour, 1894.

Un scarabée de turquoise décolorée, qui est peut-être du verre, est traversé par un fil
d'or dont les extrémités sont liées.
Le plat du scarabée est serti dans une monture d'or. Pas d'inscription.

XIIe dynastie.

Bibl. : *Journal d'entrée du Musée*, n° 30909; *Liste sommaire*, n° 66; *Fouilles à Dahchour*, I, p. 70,
n° 53.

52260. **Bague.** — Or et améthyste. — Grand axe o m. 012 mill., petit axe
o m. 007 mill. 1/2; poids 1 gr. 55. — Dahchour, 1894 (pl. XXII).

Bague semblable aux deux précédentes. Le scarabée est d'améthyste.

XIIe dynastie.

Bibl. : *Journal d'entrée du Musée*, n° 30910; *Liste sommaire*, n° 54; *Fouilles à Dahchour*, I, p. 70,
n° 54.

52261. **Bague.** — Or et pierres cloisonnées. — Diamètre extérieur, sans les
cloisons o m. 020 mill., diamètre intérieur o m. 017 mill. 1/2, hauteur,
côté du faucon o m. 018 mill., côté du cartouche o m. 019 mill.;
poids 9 grammes. — Trouvée à Biban el-Molouk, dans une cachette
contenant des objets aux noms de Séti II et de Ta-usert (fouilles Davis,
1908) (pl. XXVI).

Une bague composée d'une feuille d'or roulée et soudée, a reçu une décoration faite à
l'aide de pierres (ou de verres) cloisonnées.

Un faucon, coiffé du disque solaire entouré de deux uræus, étend ses ailes qui vont rejoindre, de l'autre côté de la bague, un cartouche au nom de Séti II; il tient dans ses serres, de chaque côté, un flabellum.

La bague est bordée, en haut et en bas, d'un demi-jonc associé à un rang de perles.

La substance qui garnit les cloisons est entièrement décomposée et, par suite, difficile à définir. De petites fractions ont l'aspect de verre imitant la turquoise, mais la plus grande partie est devenue d'une couleur grise générale qui ne permet pas de reconnaître sa qualité originelle.

Le revers, c'est-à-dire l'intérieur de la bague, est décoré au tracé. Le travail a été fait avant que le bijou ne fût construit et quand la bande de métal était encore à plat; le dessin répète la face, sauf pour le cartouche.

Le cartouche extérieur est composé d'une plaque mince rapportée. On y voit : , prénom de Séti II.

Le cartouche intérieur porte : , nom de Séti II.

XIXe dynastie.

Bibl. : *Journal d'entrée du Musée*, n° 39693; Th. Davis, *The tomb of Siptah*, p. 41, n° 20.

52262. Bague de Ramsès II. — Or. — Diamètre mesuré parallèlement au groupe principal o m. 023 mill., diamètre passant par le milieu du groupe o m. 021 mill., hauteur du groupe o m. 021 mill., hauteur du corps de bague o m. 010 mill. 1/2; poids 5 gr. 50. — Trouvée à Biban el-Molouk, fouilles Davis, 1908 (pl. XXVI).

Une bague dont toute la composition est à jour. Elle se compose d'un groupe important donnant les noms de Ramsès II :

Le corps de bague, de largeur constante, également décoré à jour, représente, quatre fois répété, le groupe : .

Technique. Le corps de la bague est construit en fils, contournés pour recevoir la forme appropriée, comme pour la fabrication des cloisons des pierres calibrées (voir n° 52001) et soudés ensuite les uns avec les autres.

Le groupe est différent de construction. Il a été exécuté au repoussé dans une plaque mince, puis on a soudé au revers une plaque unie qui cache les cavités. Cette opération n'a pas marché complètement au gré de l'artisan, car le métal a subi des déformations et a été entraîné par place dans les cavités qu'il devait masquer.

Cette bague a été fortement serrée; elle est un peu déformée.

XIXe dynastie.

Bibl. : *Journal d'entrée du Musée*, n° 39694; Th. Davis, *The tomb of Siptah*, p. 41, n° 21.

[1] Le dieu représenté n'est pas Osiris, mais Tanen, coiffé .

52263. Bague. — Or et pierres. — Diamètre extérieur mesuré parallèlement au chaton o m. o16 mill. 1/2, hauteur du chaton o m. o14 mill., larg. o m. o11 mill.; poids 6 gr. 8o. — Trouvée à Biban el-Molouk, fouilles Davis, 1908 (pl. XXVI).

Le corps de la bague est fait de quatre fils. Le chaton se compose d'un groupe de huit sertissures qui contenaient des pierres (une seule reste); ces sertissures sont elliptiques, posées horizontalement deux à deux. La rencontre des fils et du chaton est masquée par des bandes d'or posées dessus et se repliant autour des fils extérieurs. Chaque bande est décorée de deux tresses et de trois rangs de perles faites au repoussé.

Ce dispositif rend l'aspect du bijou très riche; de plus chacun des fils composant le corps est entouré d'un autre fil plus fin aux points de raccord avec les bandes ornées et sur une longueur de o m. oo5 mill. de chaque côté. Les fils du corps de bague ne sont donc visibles à nu que sur une longueur de o m. oo9 mill. environ.

Les pierres sont parties, moins une; la substance dont elle est faite n'est plus définissable.

XIXᵉ dynastie.

Bibl. : *Journal d'entrée du Musée*, n° 39695; Tʜ. Davis, *The tomb of Siptah*, p. 41, n° 22.

52264. Bague double. — Or. — Longueur du chaton o m. o19 mill., largeur totale o m. o12 mill. 1/2, diamètre extérieur passant par le milieu du chaton o m. o19 mill. 1/2; poids 18 grammes. — Trouvée à Biban el-Molouk, fouilles Davis, 1908 (pl. XXVI).

Une bague double en étrier. Elle se compose de deux bagues soudées ensemble; elles sont identiques, et portent chacune un chaton horizontal qui est fait du cartouche de Ta-usert surmonté de deux grandes plumes :

Tᴇᴄʜɴɪǫᴜᴇ. Ces bagues sont fondues. Elles ont été faites séparément et soudées ensuite. Leur seul point de réunion est dans la partie où les cartouches voisinent, le reste est indépendant.

XIXᵉ dynastie.

Bibl. : *Journal d'entrée du Musée*, n° 39696; Tʜ. Davis, *The tomb of Siptah*, p. 42, n° 23.

52265. Bague double. — Or pâle. — Longueur des chatons o m. o15 mill., largeur totale des chatons o m. o12 mill., diamètre extérieur de la bague, passant par le milieu du chaton o m. o20 mill. 1/2; poids 9 gr. 3o. — Trouvée à Biban el-Molouk, fouilles Davis, 1908.

Bague en étrier, semblable au n° 52264. L'or est plus pâle. Les cartouches sont surmontés des deux grandes plumes; sur chacun d'eux est un uræus gravé en creux, et les deux uræus se regardent.

XIXᵉ dynastie.

Bibl. : *Journal d'entrée du Musée*, n° 39697; Tʜ. Davis, *The tomb of Siptah*, p. 42, n° 24.

Catal. du Musée, n° 52001. 13

52266. Bague. — Or et lapis. — Diamètre parallèle au chaton o m. 022 mill., diamètre passant par le milieu du chaton o m. 021 mill., longueur du chaton o m. 011 mill., larg. o m. 009 mill.; poids 5 gr. 75. — Trouvée à Biban el-Molouk, fouilles Davis, 1908 (pl. XXV).

Une bague au corps fuselé porte un chaton composé d'un scarabée en lapis-lazuli, serti dans une monture d'or. Sur le plat, le cartouche de Ta-usert : 
Les extrémités du corps de la bague sont étirées de façon suffisante pour qu'elles puissent se croiser dans le chaton et s'enrouler en spirale chacune de son côté.

XIXe dynastie.

Bibl. : *Journal d'entrée du Musée*, n° 39698; Th. Davis, *The tomb of Siptah*, p. 42, n° 25.

52267. Bague. — Or et céramique. — Diamètre parallèle au chaton o m. 022 mill. 1/2, diamètre passant par le milieu du chaton o m. 022 mill., longueur du chaton o m. 011 mill., larg. o m. 008 mill. 1/2; poids 5 gr. 80. — Trouvée à Biban el-Molouk, fouilles Davis, 1908 (pl. XXV).

Une bague semblable comme construction à la bague précédente. La matière qui remplace ici une pierre dure est de la céramique d'un blanc jaunâtre. Sur le plat on voit le cartouche de Ta-usert; le scarabée est brisé et laisse voir les extrémités du corps, devenues filiformes, se croiser dans le chaton avant de s'enrouler un peu plus loin.
XIXe dynastie.

Bibl. : *Journal d'entrée du Musée*, n° 39699; Th. Davis, *The tomb of Siptah*, p. 42, n° 26.

52268. Bague argent, jointe à un gros fil de même métal. — Plus grande longueur o m. 029 mill., largeur du chaton o m. 012 mill. 1/2; poids, avec le fil auquel elle est associée 35 gr. 40. — Trouvée à Tell Basta (Bubastis), 1907; provient, selon toute apparence, de la boutique d'un bijoutier, où elle était considérée comme du déchet réservé à la fonderie.

Une bague en étrier, argent fondu, avec large chaton gravé. Elle est complètement déformée, écrasée selon le diamètre passant par le milieu du chaton. Un gros fil d'argent est passé dans la bague et replié en boucle fermée.
La gravure du chaton représente deux chèvres couchées, affrontées; un chevreau tête sous la chèvre de droite (gauche de l'objet).
XIXe dynastie.

Bibl. : *Journal d'entrée du Musée*, n° 39882, ce numéro a été donné globalement à tout le lot des bagues cataloguées du n° 52268 au n° 52288 inclus.

52269. Bague. — Argent. — Diamètre passant par le milieu du chaton
o m. 022 mill., longueur du chaton environ o m. 018 mill., larg.
o m. 010 mill.; poids 8 gr. 50. — Trouvée à Tell Basta (Bubastis), 1907.

Une bague en forme d'étrier, état médiocre. Le chaton ne porte aucune indication.
XIX° dynastie.

Bibl. : *Journal d'entrée du Musée*, n° 39882 (voir n° 52268).

52270. Bague. — Argent. — Largeur mesurée du milieu du chaton o m. 020 mill.,
grand axe du chaton o m. 019 mill.; poids 6 gr. 55. — Trouvée à
Tell Basta (Bubastis), 1907.

Une bague, argent fondu, en forme d'étrier. Elle est en très mauvais état; le corps est
brisé.
Sur le chaton, elliptique, est gravé un léopard (?), la queue enroulée; sur le devant, un
disque pointillé.
XIX° dynastie.

Bibl. : *Journal d'entrée du Musée*, n° 39882 (voir n° 52268).

52271. Bague. — Argent. — Diamètre mesuré du milieu du chaton o m. 019 mill.;
poids 2 gr. 85. — Trouvée à Tell Basta (Bubastis), 1907.

Une bague ronde, argent fondu. Le chaton représente un uræus ajouré. Le bijou est en
mauvais état; il est dans une gangue plombeuse.
XIX° dynastie.

Bibl. : *Journal d'entrée du Musée*, n° 39882 (voir n° 52268).

52272. Bague. — Argent. — Diamètre parallèle au chaton o m. 019 mill.,
largeur du corps o m. 003 mill., largeur du chaton o m. 007 mill.;
poids 3 gr. 20. — Trouvée à Tell Basta (Bubastis), 1907.

Une bague ronde, en mauvais état, décorée au trait par la gravure. Au milieu du
chaton on voit un masque entre deux ornements en volutes; deux fleurs de lotus
rattachent ce groupe au corps de bague.
Travail médiocre.
XIX° dynastie.

Bibl. : *Journal d'entrée du Musée*, n° 39882 (voir n° 52268).

13.

52273. Bague.—Argent.—Diamètre parallèle au chaton o m. o19 mill., largeur du corps o m. oo3 mill., largeur du chaton o m. oo8 mill.; poids 3 gr. o5. — Trouvée à Tell Basta (Bubastis), 1907.

Une bague ronde mais un peu déformée, argent fondu. Le décor, gravé, représente une tête d'Hathor et deux fleurs de lotus raccordent le corps au chaton.
Travail très médiocre.
XIX° dynastie.
Bibl. : *Journal d'entrée du Musée*, n° 39882 (voir n° 52268).

52274. Bague. — Argent. — Diam. o m. o18 mill., largeur du corps o m. oo2 mill. 1/2, largeur du chaton o m. oo6 mill.; poids 2 gr. 6o. — Trouvée à Tell Basta (Bubastis), 1907.

Une bague ronde, en mauvais état. Le chaton représente un *oudja*, ajouré.
XIX° dynastie.
Bibl. : *Journal d'entrée du Musée*, n° 39882 (voir n° 52268).

52275. Bague. — Argent. — Diam. o m. o17 mill., largeur du corps o m. oo2 mill., largeur du chaton o m. oo7 mill.; poids 2 gr. 4o. — Trouvée à Tell Basta (Bubastis), 1907.

Une bague ronde. Le chaton représente un uræus ajouré; deux fleurs de lotus relient le chaton au corps. Travail gravé très médiocre.
XIX° dynastie.
Bibl. : *Journal d'entrée du Musée*, n° 39882 (voir n° 52268).

52276. Bague. — Argent. — Diam. o m. o17 mill., largeur du chaton o m. oo7 mill.; poids 2 gr. 95.—Trouvée à Tell Basta (Bubastis), 1907.

Une bague ronde en mauvais état. Le chaton représente un poisson; deux fleurs de lotus relient le chaton au corps de bague.
XIX° dynastie.
Bibl. : *Journal d'entrée du Musée*, n° 39882 (voir n° 52268).

52277. Bague. — Argent. — Diam. o m. o16 mill., largeur du corps o m. oo2 mill., largeur du chaton o m. oo8 mill.; poids 2 gr. 85. — Trouvée à Tell Basta (Bubastis), 1907.

Une bague ronde. Le chaton représente un *oudja;* deux fleurs de lotus relient le chaton au corps de bague. Décor gravé, médiocre.
XIX° dynastie.
Bibl. : *Journal d'entrée du Musée*, n° 39882 (voir n° 52268).

52278. Bague. — Argent. — Diamètre passant par le milieu du chaton
o m. o19 mill., longueur du chaton o m. o15 mill., larg. o m. o06 mill.;
poids 3 gr. 45. — Trouvée à Tell Basta (Bubastis), 1907.

Une bague en forme d'étrier, argent fondu. Elle est en très mauvais état; le chaton est
usé et la gravure illisible.

Bibl. : *Journal d'entrée du Musée*, n° 39882 (voir n° 52268).

52279. Bague. — Argent. — Diam. o m. o17 mill., largeur du corps
o m. o02 mill., largeur du chaton o m. o08 mill.; poids 1 gr. 95. —
Trouvée à Tell Basta (Bubastis), 1907.

Une bague ronde, argent fondu. Le chaton représente un uræus entre deux fleurs de
lotus qui relient le chaton au corps. Le décor, gravé, est très médiocre.

XIX⁰ dynastie.

Bibl. : *Journal d'entrée du Musée*, n° 39882 (voir n° 52268).

52280. Bague. — Argent. — Diam. o m. o11 mill. 1/2, largeur du corps
o m. o02 mill. 1/2, largeur du chaton o m. o07 mill. 1/2; poids
1 gr. 95. — Trouvée à Tell Basta (Bubastis), 1907.

Une bague ronde en mauvais état. Le chaton représente un *oudja* entre deux fleurs de
lotus. Travail médiocre.

XIX⁰ dynastie.

Bibl. : *Journal d'entrée du Musée*, n° 39882 (voir n° 52268).

52281. Bague. — Argent. — Diam. o m. o16 mill., largeur du corps
o m. o02 mill., largeur du chaton o m. o09 mill.; poids 2 gr. 20.
— Trouvée à Tell Basta (Bubastis), 1907.

Une bague ronde. Chaton décoré d'un uræus, et relié au corps par deux fleurs de
lotus. Travail gravé au trait, médiocre.

XIX⁰ dynastie.

Bibl. : *Journal d'entrée du Musée*, n° 39882 (voir n° 52268).

52282. Bague. — Argent. — Diam. o m. o16 mill., largeur du corps
o m. o02 mill. 1/2, largeur du chaton o m. o06 mill.; poids 2 gr. 20.
— Trouvée à Tell Basta (Bubastis), 1907.

Une bague ronde. Chaton décoré d'un poisson, et relié au corps par deux fleurs de
lotus. Décor gravé au trait; travail médiocre.

XIX⁰ dynastie.

Bibl. : *Journal d'entrée du Musée*, n° 39882 (voir n° 52268).

52283. Bague. — Argent. — Diam. o m. o1 3 mill. 1/2, largeur du corps o m. oo3 mill., largeur du chaton o m. oo6 mill.; poids 1 gramme. — Trouvée à Tell Basta (Bubastis), 1907.

Une petite bague ronde. Elle est faite d'une feuille roulée. Le chaton est décoré au trait, d'une tête d'Hathor entre les deux fleurs de lotus qui relient le chaton au corps. Travail très médiocre.

XIXe dynastie.

Bibl. : *Journal d'entrée du Musée*, n° 39882 (voir n° 52268).

52284. Bague. — Argent. — Diam. o m. o16 mill., largeur du corps o m. oo3 mill., largeur du chaton o m. oo6 mill.; poids 1 gr. 5o. — Trouvée à Tell Basta (Bubastis), 1907.

Une petite bague, faite d'une feuille de métal roulée et soudée. Le chaton est décoré de deux fleurs de lotus. Travail très médiocre.

XIXe dynastie.

Bibl. : *Journal d'entrée du Musée*, n° 39882 (voir n° 52268).

52285. Bague. — Argent. — Diam. o m. o16 mill., largeur du corps o m. oo3 mill., largeur du chaton o m. oo8 mill.; poids 2 gr. 6o. — Trouvée à Tell Basta (Bubastis), 1907.

Une petite bague ronde, argent fondu. Sur le chaton une tête d'Hathor. Décoration au trait; travail très mauvais.

XIXe dynastie.

Bibl. : *Journal d'entrée du Musée*, n° 39882 (voir n° 52268).

52286. Bague. — Argent. — Diam. o m. o16 mill., largeur du corps o m. oo2 mill. 1/2, largeur du chaton o m. oo6 mill.; poids 2 gr. 65. — Trouvée à Tell Basta (Bubastis), 1907.

Une petite bague, argent fondu, décorée à l'aide de traits gravés. Le chaton représente le dieu Bès sans plumes sur la tête, entre deux fleurs de lotus. Travail très médiocre.

Bibl. : *Journal d'entrée du Musée*, n° 39882 (voir n° 52268).

52287. Bague. — Argent. — Diam. o m. o17 mill., largeur du corps o m. oo2 mill. 1/2, largeur du chaton o m. oo6 mill.; poids 2 gr. 65. — Trouvée à Tell Basta (Bubastis), 1907.

Une petite bague, argent fondu, décorée de traits gravés. Le chaton représente un uræus entre deux fleurs de lotus qui relient le chaton au corps de la bague. Travail médiocre.

XIXe dynastie.

Bibl. : *Journal d'entrée du Musée*, n° 39882 (voir n° 52268).

52288. Bague. — Argent. — Hauteur du chaton o m. 017 mill.; poids 5 gr. 20. — Trouvée à Tell Basta (Bubastis), 1907.

Une bague, à large chaton ovale. Le corps a été brisé au point opposé au chaton. Les branches sont largement ouvertes. Au milieu du chaton est un renflement. Dans le sens du corps de la bague, ce renflement est souligné par deux traits gravés qui le bordent; d'autres traits doubles en dents de scie, ornent et le renflement et les deux parties qu'il sépare.

XIXe dynastie.

Bibl. : *Journal d'entrée du Musée*, n° 39882 (voir n° 52268).

52289. Quatre anneaux. — Argent. — Diam. de o m. 019 mill. à o m. 020 mill., épaisseur des fils o m. 001 mill.; poids réunis 3 gr. 10. — Trouvés à Deïr el-Bahari, sur la momie de la prêtresse Ament, 1893.

Anneaux de fil, unis, sans décor.

XIe dynastie.

Bibl. : *Journal d'entrée du Musée*, n° 39964.

52290. Bague. — Argent. — Diam. o m. 016 mill., larg. o m. 007 mill.; poids 1 gr. 15. — Trouvée à Deïr el-Bahari, sur la momie de la prêtresse Ament, 1893.

Un anneau de largeur égale est composé de trois fils carrés, deux extérieurs et un entre eux; la distance entre les trois fils est maintenue par de petites cloisons qui sont contournées en tuyautage.

XIe dynastie.

Bibl. : *Journal d'entrée du Musée*, n° 39964.

52291. Bague en trois morceaux. — Argent. — Poids 1 gr. 10. — Trouvée à Deïr el-Bahari, sur la momie de la prêtresse Ament, 1893.

Une bague semblable à la précédente. Elle est en très mauvais état; les trois fragments sont friables à l'excès.

XIe dynastie.

Bibl. : *Journal d'entrée du Musée*, n° 39964.

52292. Bague. —Or.—Grand diamètre de l'ouverture (intérieur) o m. o 2 o mill.,
petit diamètre o m. o 1 6 mill., grand axe du chaton o m. o 3 o mill.,
petit axe o m. o 2 7 mill., largeur du corps opposé au chaton o m. o 1 o mill.;
poids 4o grammes (pl. XXIII).

Une grosse bague, à chaton très volumineux. Elle est en forme d'étrier écrasé, l'ouver-
ture est elliptique.
Le chaton est presque complètement ovale, mais il est irrégulier.
Le bijou est fondu. Il possédait une pierre qui est partie, mais dont le contour découpé
sur le chaton montre une tête.
Gréco-romain.

Bibl. : *Journal d'entrée du Musée*, n° 39985, numéro donné en mai 1908.

52293. Bague. —Or et jaspe vert.—Diamètre parallèle au chaton o m. o 2 o mill.,
diamètre passant par le chaton, celui-ci non compris o m. o 1 9 mill.,
longueur du chaton o m. o 1 6 mill., larg. o m. o 1 1 mill., épaisseur
avec la pierre o m. o o 9 mill.; poids de la bague 1 1 gr. 1 o. — Obtenue
par échange, 1 8 9 4 (pl. XXV).

Une bague dont le corps est composé de deux fils. Du côté opposé au chaton ces fils
sont noués en « nœud marin » puis ils s'écartent jusqu'au moment où ils se réunissent
au chaton. A ce moment, l'espace entre eux est de o m. o o 5 mill.; dans cet espace
est une branche de lierre en volutes, dont quelques feuilles sont bordées de filigrane.
Le chaton, rectangulaire, se compose d'une pierre en demi-cylindre, sertie dans une
monture d'or décorée d'oves cloisonnés et de triangles en grènetis. Aux extrémités, la
monture épouse la forme de la pierre et elle porte, tout autour, un rang de perles
qui l'encadre.
Gréco-romain.

Bibl. : *Journal d'entrée du Musée*, n° 30986.

52294. Bague. —Or.—Diamètre parallèle aux chatons o m. o 1 9 mill., diamètre
passant par le milieu des chatons o m. o 1 5 mill., largeur aux chatons
o m. o 1 3 mill., largeur du corps o m. o o 3 mill.; poids 3 gr. 2 5. —
Achetée en 1 8 9 3.

Bague. Le corps se divise en trois parties séparées par un fil tors; la séparation se
fait, à peu près, au niveau du grand diamètre. Il y a des ajours entre les parties,
sauf aux chatons qui se touchent.
Les chatons sont obtenus simplement par l'aplatissement, à cet endroit, du corps qui

est en demi-jonc, plat à l'intérieur; sur ces parties plates sont gravées des petites branches, d'un très mauvais travail.

Gréco-romain.

Bibl. : *Journal d'entrée du Musée*, n° 39986, numéro donné en mai 1908.

52295. Bague.—Or.—Diamètre passant par le milieu du chaton o m. 017 mill., diamètre du chaton o m. 019 mill., largeur du corps près du chaton o m. 009 mill., largeur du corps à l'opposé du chaton o m. 004 mill.; poids 7 gr. 30 (pl. XXVI).

Une bague d'or en plaque. Le corps, qui s'élargit à mesure qu'il s'approche du chaton, est réuni à celui-ci par deux soudures. Le chaton est circulaire; il représente, gravées en creux, trois déesses romaines. Le travail est très médiocre.

Gréco-romain.

Bibl. : *Journal d'entrée du Musée*, n° 29838.

52296. Bague. — Or. — Diamètre extérieur parallèle au chaton o m. 021 mill., diamètre extérieur par le milieu du chaton o m. 018 mill., largeur du corps o m. 004 mill., largeur du chaton o m. 006 mill.; poids 14 gr. 15. — Achetée en 1893 (pl. XXVI).

Une bague au corps très fort en forme de jonc. Le corps s'écrase en s'élargissant pour former le chaton. Sur celui-ci est soudé un buste de Sérapis, coiffé du modius, dont la tête est entièrement détachée et qui se raccorde à la bague par le haut de son corps, taillé en sifflet pour offrir une importante surface de contact avec la bague. Le buste est drapé.

Gréco-romain.

Bibl. : *Journal d'entrée du Musée*, n° 30406.

52297. Bague. — Or. — Diamètre extérieur o m. 023 mill., largeur du corps vers le milieu o m. 003 mill., largeur de la tête du serpent o m. 005 mill.; poids 2 gr. 25. — Achat Dingli, 7 mai 1888 (pl. XXV).

Bague composée d'un serpent exécuté au repoussé. Il forme une spirale d'un tour et demi; sur la tête des traits quadrillés, le corps est uni.

Technique. Le serpent a été repoussé dans une plaque d'or mince; le dessous a été ensuite fermé par une plaque soudée, et le tout tordu en spirale sur un cylindre de la grandeur désirée.

Catal. du Musée, n° 52001.　　　　　　　　　　　　　　14

La plaque intérieure porte des traces de ce travail; elle est ondulée à plusieurs endroits.
A la tête de l'animal elle forme la partie inférieure de la mâchoire et n'est pas
réunie à la partie supérieure; le serpent, de ce fait, a la bouche ouverte.
Gréco-romain.

BIBL. : *Journal d'entrée du Musée*, n° 28411.

52298. **Bague.** — Or. — Diam. o m. o1 9 mill., largeur maximum o m. o2 2 mill.;
poids 7 gr. 1 5. — Achetée en février 1889 (pl. XXVI).

Une bague composée d'un fil roulé en spirale et terminé à ses deux extrémités par des
bustes de déesses. La spirale est de deux tours; les fils sont tordus ensuite et les
bustes présentés dans le sens opposé de celui où ils seraient sans cela. Ce procédé
élargit la partie formant chaton.
Gréco-romain.

BIBL. : *Journal d'entrée du Musée*, n° 19831.

52299. **Bague.** — Or. — Diam. o m. o2 0 mill., largeur aux chatons
o m. o2 0 mill., largeur du corps à la partie opposée aux chatons
o m. o0 2 mill.; poids 5 gr. 4o. — Achetée en 1893.

Bague. Le corps se divise en trois parties séparées, portant chacune un chaton. Ces
chatons prennent contact entre eux selon leur petit axe; ils sont faits par l'écrasement
du demi-jonc qui forme le corps.
Sur les chatons sont gravés au trait, Isis, Harpocrate, Sérapis(?).
Gréco-romain.

BIBL. : *Journal d'entrée du Musée*, n° 3o4o5.

52300. **Bague.** — Or et cornaline. — Diam. o m. o1 6 mill., longueur de la
perle o m. o0 9 mill., gross. o m. o0 3 mill.; poids o gr. 9 5. — Trouvée
à Saqqarah, janvier 1859.

Une bague composée d'un fil dont les extrémités se lient en spirale sur l'anneau, après
avoir traversé une perle de cornaline, dont la forme est celle d'une olive très longue.
BIBL. : *Journal d'entrée du Musée*, n° 3856.

52301. **Bague.** — Or. — Diamètre passant par le milieu du chaton o m. o1 3 mill.,
diamètre parallèle au chaton o m. o1 2 mill., largeur du chaton
o m. o0 7 mill.; poids 1 gr. 7 5. — Trouvée à Saqqarah, janvier 1859.

Petite bague, en étrier. Sur le chaton usé, Ptah(?).
Gréco-romain.

BIBL. : *Journal d'entrée du Musée*, n° 3854.

52302. Bague. — Argent. — Diam. o m. o₂₂ mill. 1/2, longueur du chaton o m. o1 3 mill., larg. o m. o1 1 mill.; poids 8 gr. 6o.

Un anneau rond porte un chaton carré faisant complètement saillie en dehors de la bague.

Le plat du chaton ne porte aucune légende.

Gréco-romain.

Bibl. : *Journal d'entrée du Musée,* n° 8o18.

52303. Bague. — Or. — Diamètre-parallèle au chaton o m. o₂₂ mill., diamètre du chaton o m. oo9 mill., largeur du corps de o m. oo3 mill. à o m. oo4 mill.; poids 7 gr. 7o. — Achetée en 1893.

Une bague dont le corps a pour section un triangle. Elle porte un chaton circulaire, faisant saillie sur le corps de bague. Ce chaton s'élève en tronc de cône, passant de 9 à 6 millimètres de diamètre, grandeur du plat, les côtés du tronc de cône sont moulurés en forme de quatre joncs.

Le plat ne porte pas d'inscription.

Byzantin.

Bibl. : *Journal d'entrée du Musée,* n° 3o469.

52304. Bague. — Or et lapis-lazuli. — Largeur maximum o m. o₂6 mill., grand axe du chaton o m. o19 mill., petit axe o m. o13 mill.; poids 6 gr. 65 (pl. XXV).

Une bague dont le corps porte à ses extrémités des petites têtes de chèvres qui sont en contact avec le chaton. Celui-ci se compose d'une plaque de lapis-lazuli, elliptique, placée dans une large monture d'or où elle est retenue par des drageoirs (monture à froid semblable à celles qui tiennent les verres de montre). Le chaton est vertical et mobile.

Les deux petites têtes de chèvres ont un collier décoré et, de ce collier, le corps sort, garni de fils en spirale, semblables à ceux que l'on voit sur les bagues où ces fils jouent le rôle de goupille. Ce n'est pas le cas ici; le chaton tourne sur deux petits tourillons soudés dans les bouches des chèvres et pénétrant dans la monture du chaton.

Sur le plat, d'un côté on voit trois personnages : au milieu Sérapis, à gauche Asclepios, à droite Hygie(?).

De l'autre côté, une inscription grecque, mise sans doute après coup, et qui fait
penser que la scène du côté opposé a été prise pour une sainte Trinité.

MONOC ΘH (*sic*)
OC ЄN OYP
ANѠ

Il n'y a qu'un seul Dieu au ciel.

Gréco-romain.

Bibl. : *Journal d'entrée du Musée*, n° 5310. Dans le *Journal*, le bijou est désigné sous le nom d'amulette.

52305. **Bague.**—Or et cornaline.—Diamètre parallèle au chaton o m. o2o mill.,
grand axe du chaton o m. o11 mill., petit axe o m. oo9 mill. 1/2;
poids 2 gr. 2o. — Trouvée à Cheikh Abadeh, 19o3 (pl. XXIII).

Bague composée d'un fil qui porte un chaton en forme de coupe; le point de réunion
est orné, de chaque côté, de trois perles.
Le dessus du chaton est plat. C'est une cornaline sertie dans une bordure d'or creusée
en gouttière.
Sur la cornaline est gravé, en creux, un pêcheur amenant un poisson.
Gréco-romain.

Bibl. : *Journal d'entrée du Musée*, n° 36483.

52306. **Bague.** — Or et jaspe vert. — Diamètre intérieur o m. o18 mill., grand
axe du chaton o m. o19 mill., petit axe o m. o12 mill.; poids 5 gr. 25.
— Trouvée à Mit Rahineh, 19o3 (pl. XXV).

Une bague en or mince. Le corps a été exécuté au repoussé et l'intérieur a été ensuite
masqué par une bande de métal soudée. La forme extérieure est celle dite étrier.
L'intérieur est rond. Le chaton porte un jaspe vert en demi-olive.
Gréco-romain.

Bibl. : *Journal d'entrée du Musée*, n° 36825.

52307. **Bague.** — Or. — Diamètre parallèle au chaton o m. o23 mill., diamètre
passant par le chaton o m. o2o mill., diamètre du chaton o m. o12 mill.;
poids 1o gr. 45. — Achetée en 1893 (pl. XXVI).

Une bague, forte, anneau elliptique en demi-jonc, porte un chaton qui est entièrement en saillie sur l'anneau.
Ce chaton est mouluré en forme de trois petits joncs. Sur le plat il porte le portrait, en
creux, d'un empereur byzantin. Dans le champ, de chaque côté de la tête, on voit

deux symboles, le globe terrestre surmonté de la croix et un signe qui peut être le symbole du Christ, une croix et deux P accolés.

Byzantin.

Bibl. : *Journal d'entrée du Musée*, n° 30470.

52308. Bague. — Or. — Diamètre moyen o m. 019 mill., largeur du chaton o m. 012 mill., largeur minimum du corps o m. 004 mill.; poids 3 gr. 05. — Trouvée au Fayoum, 1888.

Une bague faite d'une feuille d'or repoussé. Le corps a été embouti de façon à présenter un angle saillant qui s'affirme résolument de chaque côté du chaton; celui-ci est resté plat. La feuille d'or est soudée au point opposé au chaton.

Sur le chaton, un poisson est tracé au ciselet; l'épaisseur du métal n'aurait pas permis de graver.

Gréco-romain.

Bibl. : *Journal d'entrée du Musée*, n° 28617.

52309. Bague. — Or. — Diam. o m. 019 mill., longueur du chaton o m. 018 mill., larg. o m. 012 mill.; poids 9 gr. 85. — Trouvée à Djemmemel, 1886.

Une bague composée d'un fil rond soudé à un chaton rectangulaire aux angles émoussés. Le dessous du chaton est incurvé pour continuer la courbe de la bague.

Le plat ne porte aucune inscription.

Gréco-romain.

Bibl. : *Journal d'entrée du Musée*, n° 27417.

52310. Bague. — Or. — Diam. o m. 010 mill., largeur du chaton o m. 004 mill.; poids o gr. 95. — Achetée en 1888.

Une très petite bague. Le corps est arrondi extérieurement. Le chaton, obtenu par l'aplatissement du métal à cet endroit, porte gravé un Sérapis (?). Travail très sommaire.

Gréco-romain.

Bibl. : *Journal d'entrée du Musée*, n° 28662.

52311. Bague. — Or. — Diamètre parallèle au chaton o m. 020 mill., largeur du corps o m. 002 mill., largeur du chaton o m. 005 mill.; poids 1 gr. 45. — Trouvée au Kom Farès, 25 octobre 1895.

Une bague d'or mince, en étrier. Le corps est repoussé en demi-jonc. Le chaton, resté plat, n'a aucune inscription.

Mauvais état.

Gréco-romain.

Bibl. : *Journal d'entrée du Musée*, n° 31303.

52312. Bague. — Or. — Plus grand diamètre o m. 019 mill., plus petit diamètre o m. 016 mill., plus grande largeur o m. 011 mill., plus petite largeur o m. 007 mill.; poids 14 gr. 80.

Une bague octogonale irrégulière. Elle porte une inscription grecque très mal gravée :

ΑΡΧΙΝ
ΒΙΕΝΑ

Gréco-romain.

Bibl. : *Journal d'entrée du Musée*, n° 39987, numéro donné en mai 1908.

52313. Bague. — Or. — Plus grande dimension o m. 027 mill., diamètre du chaton o m. 013 mill. sur o m. 010 mill.; poids 15 gr. 60. — Tell el-Roba, fouilles de Aly Efendi Habib.

Une bague, très robuste, en forme d'étrier écrasé. Elle est particulièrement grande dans le sens du grand diamètre du chaton.

Sur la large partie de l'étrier, se détache, avec un relief très peu accentué, un ovale, dans lequel est gravé en creux un buste drapé de Sérapis, profil à gauche. Dans le champ, de chaque côté de la tête, on voit A. I.

Gréco-romain.

Bibl. : *Journal d'entrée du Musée*, n° 35541.

52314. Bague. — Or et pierre (lapis-lazuli). — Diamètre parallèle au chaton o m. 018 mill., axes du chaton o m. 014 mill. 1/2 sur o m. 012 mill.; poids 2 gr. 10.

Une bague, dont l'anneau mince, à section carrée, a été martelé, peut-être pour l'agrandir; il en résulte qu'il est très ondulé.

Le chaton se compose d'une pierre sertie dans de l'or mince; cette pierre, après un examen attentif, paraît être du lapis-lazuli en très mauvais état.

Sur le plat, gravée en creux, une tête de Sérapis.

Gréco-romain.

Bibl. : *Journal d'entrée du Musée*, n° 39989, numéro donné en mai 1908.

52315. Bague.—Or et améthyste.—Diamètre parallèle au chaton o m. o2 1 mill., grand axe de l'améthyste o m. o1o mill., petit axe o m. oo8 mill.; poids 3 gr. 8o.

Une bague creuse, en or mince. Le corps s'évase en demi-jonc vers le chaton; l'intérieur est doublé d'une plaque d'or mince.

L'améthyste, en forme de demi-olive, est logée profondément dans la sertissure.

Gréco-romain.

Bibl. : *Journal d'entrée du Musée*, n° 39990, numéro donné en mai 1908.

52316. Bague. — Or. — Grand diamètre o m. o14 mill., plus grande largeur o m. o1o mill.; poids 2 gr. 75. — Achat Soliman, 1884.

Bague en étrier. Elle est faite d'une feuille d'or mince. Sur le corps on voit des indications de plans.

Sur la partie large de l'étrier est gravé :

ЄΠΑΓ
ΑΘѠ

Gréco-romain.

Bibl. : *Journal d'entrée du Musée*, n° 26425.

52317. Bague. — Or. — Grand axe o m. o18 mill., petit axe o m. o16 mill., largeur aux chatons o m. oo9 mill., largeur du corps à l'opposé des chatons o m. oo3 mill.; poids 3 gr. 35.

Bague composée de deux corps, séparés par une tresse. A mesure que les corps se séparent, la tresse est ornée de graines disposées par deux ou par quatre; au milieu des deux chatons on n'en voit qu'une.

Les corps de bague sont en demi-jonc qui vont en s'élargissant à l'endroit des chatons; là, ils furent écrasés pour devenir des surfaces planes, s'élargissant d'autant.

Sur les plats sont gravés un Osiris et une figure les bras levés(?).

Gréco-romain.

Bibl. : *Journal d'entrée du Musée*, n° 39991, numéro donné en mai 1908.

52318. Bague. — Or. — Axe parallèle au chaton o m. o19 mill., côtés du chaton o m. o13 mill.; poids 1 gr. 65.

Bague composée d'un fil rond formant anneau, aplati à ses extrémités et soudé à leur point de rencontre sur une plaque d'or carrée, de peu d'épaisseur.

La plaque formant chaton ne donne pas l'impression d'une chose définitive; elle devait
sans doute recevoir une inscription.
Ce bijou est d'une fabrication médiocre.
Gréco-romain.

Bibl. : *Journal d'entrée du Musée*, n° 39992, numéro donné en mai 1908.

52319. Bague. — Or. — Grand axe 0 m. 022 mill., petit axe 0 m. 017 mill.,
largeur au chaton 0 m. 011 mill.; poids 0 gr. 90.

Bague. Feuille d'or mince dont les bords relevés indiquent une sorte de cloisonnage;
le corps est rompu à l'opposé du chaton, sans doute à la soudure.
L'état de ce bijou est extrêmement mauvais, au point qu'il est impossible de supposer
ce qui pouvait le décorer. La partie la plus étroite du corps contient une matière
indéfinissable, brune et dure.
Le métal, très mince, a subi des déformations; les mesures données plus haut sont
conformes à l'état actuel.
Gréco-romain.

Bibl. : *Journal d'entrée du Musée*, n° 39993, numéro donné en mai 1908.

52320. Bague. — Électrum. — Diam. 0 m. 018 mill., diamètre du chaton
0 m. 009 mill., largeur minimum du corps 0 m. 001 mill. 1/2; poids
4 grammes.

Une bague dont le corps, en demi-jonc, s'élargit jusqu'au moment où il rencontre le
chaton. Celui-ci fait complètement saillie sur l'anneau; il est circulaire et décoré
d'un oiseau gravé en creux (sorte de pintade(?) qui retourne la tête en arrière), posé
dans le sens perpendiculaire à l'anneau. Dans le fond sont gravés des signes : ، ؛
Gréco-romain.

Bibl. : *Journal d'entrée du Musée*, n° 39994, numéro donné en mai 1908.

52321. Bague. — Or. — Diamètre parallèle au chaton 0 m. 020 mill., largeur
minimum du corps 0 m. 002 mill., largeur du chaton 0 m. 006 mill.;
poids 3 gr. 35. — Collection Huber.

Bague en étrier, corps en demi-jonc, le chaton aplati. Sur le chaton, très usé, on voit
une gravure, en creux, représentant une figure, profil à gauche, tenant de la main
gauche une lance.
Gréco-romain.

Bibl. : *Journal d'entrée du Musée*, n° 5296.

52322. Bague argent, en deux morceaux, corps et chaton séparés. — Diamètre de l'anneau o m. 021 mill., grosseur du fil o m. 001 mill. 1/2, longueur du chaton o m. 015 mill., larg. o m. 011 mill.; poids ensemble 5 grammes. — Faisait partie d'une agglomération de bagues et de boucles d'oreilles, or et argent, réunies par une gangue de chlorure et de sulfure (voir *Catalogue*, n° 52335), séparée en mai 1908. — Tell el-Nawa (Mit Rahineh), 1908.

Une bague, corps en fil rond, séparé du chaton où il était soudé en deux endroits.
Le chaton rectangulaire, aux angles très arrondis, est plat sur le dessus et, dessous, est taillé en incurvation pour continuer la courbe de l'anneau.
Pas d'inscription.

XIXe dynastie.

Bibl. : *Journal d'entrée du Musée*, n° 39624 *bis*.

52323. Boucle d'oreille de Ramsès XII. — Or. — Longueur totale o m. 160 mill., largeur de la partie supérieure o m. 050 mill., épaiss. o m. 030 mill., longueur des douze uræus suspendus o m. 037 mill.; poids 108 gr. 50. — Trouvée à Abydos (avec une seconde qui est cataloguée à la suite, sous le n° 52324) par Mariette, juin 1859 (pl. XXVII).

Une grande boucle d'oreille composée d'une partie supérieure solide et à double face, et de pendeloques qui y sont suspendues.
La partie supérieure est formée par deux calottes sphériques, sortes de coupes renversées, dont les concavités sont en présence, mais séparées par une large gorge.
La face est agrandie dans le bas par une plaque d'or qui est découpée en croissant dans la partie qui est en contact avec la calotte sphérique, et qui se termine carrément au-dessous. C'est là que se trouve la charnière qui relie la partie supérieure au premier rang des pendeloques.
Toujours sur la face on voit cinq uræus, sur un seul rang, se détachant complètement en ronde bosse : trois sont coiffés du disque solaire, et deux, ceux de chaque côté, sont coiffés de la couronne blanche flanquée des deux longues plumes. Ils sont décorés, ainsi que ceux des pendeloques dont nous allons parler, de bandes rapportées, qui bordent les capuchons et qui marquent le milieu du corps; ces dernières sont striées transversalement.
Sous les uræus, dans la partie rectangulaire qui allonge la calotte sphérique, on voit un disque ailé avec les deux uræus; les ailes occupent toute la largeur.
Outre ces motifs, le décor de cette partie du bijou comporte du grènetis. Nous avons déjà vu ce moyen de décor à propos des deux bagues de Dahchour n°s 52238-52239

et d'un bracelet avec Éros, n° 52093. Ici les graines sont disposées soit en triangles, soit en petits losanges faits de quatre perles.

Au revers, qui n'a pas reçu de plaque d'agrandissement et qui est resté, par conséquent, complètement circulaire, on voit : au centre, une décoration composée de deux cartouches rapprochés, surmontés du disque muni des deux longues plumes, et placé au-dessus du signe de l'or. Ces cartouches contiennent le prénom et le nom de Ramsès XII :

Cette composition est encadrée de cercles : le plus rapproché du centre est fait d'une tresse bordée de deux fils. Ensuite nous retrouvons le décor au grènetis, triangles et losanges de quatre graines, qui forment une bande terminant la décoration.

Les pendeloques sont composées exclusivement d'uræus de face, coiffés du disque solaire; le rang en contact avec la partie supérieure est composé de cinq uræus. Les disques, les parties renflées des capuchons, et les parties inférieures sont autant de points de réunion. Le revers est découpé dans une seule plaque. Ce rang est donc rigide; il est relié à la partie supérieure par une charnière dont la goupille traverse toute la largeur du bijou.

Sous cette bande, rigide, mais articulée par la charnière, pendent sept chaînettes qui supportent un nombre égal d'uræus; ceux-ci sont indépendants les uns des autres et se heurtent et se chevauchent au moindre mouvement.

Comment ces bijoux étaient-ils portés? Mariette, dans le catalogue de 1864, p. 228, n° 37, dit : «Ces ornements pesants n'ont pu servir qu'attachés par un fil, soit à l'oreille elle-même autour de laquelle ce fil se serait enroulé, soit à la coiffure symbolique dont était décoré le personnage auquel ces pendants d'oreilles furent destinés».

Depuis lors, les fouilles ont mis au jour d'autres bijoux dont la construction a montré un emploi différent. Des observations faites sur des momies prouvèrent également que, dans certains cas, des ornements de dimensions énormes furent portés au moyen d'attaches traversant le lobe de l'oreille.

La momie du flabellifère royal Ma-her-pra, trouvée à Biban el-Molouk (Thèbes), nous montre des lobes qui, malgré les resserrements de la dessiccation, ont encore des trous de 13 millimètres de diamètre[1]. Nous verrons aux n°ˢ 52325-52326 des bijoux dont le tube reliant les deux parties en passant à travers l'oreille ont un diamètre variant entre 12 et 14 millimètres.

Se basant sur ces exemples et sur d'autres plus concluants vus par lui en différents pays, M. Maspero est convaincu que la gorge profonde qui sépare la face du revers du bijou qui nous occupe, servait au logement de l'oreille et que, malgré la dimension énorme de la gorge (o m. o4o mill. de diamètre) et le poids considérable des pendants, ceux-ci étaient pourtant portés dans le lobe. Le fait n'est pas impossible. Des tribus nombreuses, soit en Afrique, soit en Amérique, ont

---

[1] *Annales du Service des Antiquités de l'Égypte*, IV, p. 74, *Observations prises sur la momie de Ma-her-pra*, par Georges Daressy, conservateur adjoint du Service des Antiquités.

l'habitude de porter des ornements d'oreilles dont le poids est formidable, jusqu'à 5oo grammes et plus; le trou de l'oreille est fait, puis continué et entretenu par des morceaux de bois de grosseur croissante et le lobe s'accroît dans des proportions extraordinaires.

Les bijoux qui suivront immédiatement ceux-ci offrent un exemple *certain* du port des bijoux accrochés à l'oreille même; il était donc justifié de présenter cette hypothèse à propos des objets dont nous faisons l'étude en ce moment.

TᴇᴄʜɴɪQᴜᴇ. Les calottes sphériques formant la partie supérieure du bijou, ainsi que les uræus, ont été embouties, c'est-à-dire enfoncées dans des moules préparés à cet effet. Ils n'ont pas été retouchés ensuite; les têtes des uræus sont faites en développement à plat et pliées ensuite à la pince pour recevoir la forme définitive.

Les uræus ont été doublés par des plaques qui ont été également embouties.

Ceux qui ornent le haut du bijou sont montés à froid. Ils ont une garniture postérieure, qui pénètre dans une sertissure où elle est maintenue.

Le premier rang des uræus, qui vient ensuite, est relié par une charnière à la partie supérieure. Les chaînettes qui portent les uræus indépendants sont maintenues, après ce premier rang, de la façon suivante : le bas des uræus est un tube qui occupe toute la largeur du rang; dans ce tube pénètrent les chaînettes et une goupille les fixe en passant dans les mailles.

Les pendeloques sont munies, derrière, de petits anneaux plats qui reçoivent les extrémités inférieures des chaînettes; celles-ci, après avoir traversé l'anneau, sont arrêtées par l'écartement des branches d'une de leur maille.

Les chaînettes sont du type dit «colonne» qui est en usage encore aujourd'hui dans la bijouterie. Ce genre de chaîne a été déjà étudié[1] : nous la retrouverons en cataloguant les chaînes. Celles-ci ne sont pas toutes semblables d'exécution : il semble qu'il y en ait que l'on a dû faire après coup pour réassortir et dont l'enmaillement n'est pas aussi serré.

Le décor se compose d'éléments rapportés. C'est d'abord le grènetis dont nous avons parlé plus haut; puis tout le reste, cartouches, disque ailé, bandes des uræus, est fait de petites lamelles d'or, parfois aussi étroites que des fils, qui ont été découpées et soudées ensuite sur le bijou. Une pareille manière de faire n'a pas permis de donner aux inscriptions des cartouches toute la précision nécessaire, et la lecture en est difficile et même un peu incertaine.

Tous les fonds sont recouverts d'une couleur rouge qui donne une chaleur très grande au ton de l'or. Le pectoral en bois doré de Ramsès III, catalogué sous le n° 52006, offre la même particularité. Cette couleur a l'aspect d'un vernis, mais il n'a pas été possible de déterminer exactement quelle est sa nature.

Ainsi qu'il est dit au début de cette description, les deux boucles d'oreilles ont été trouvées en même temps; tous les catalogues les présentent en deux numéros accolés.

XXe dynastie.

---

[1] *Mémoires publiés par les membres de l'Institut français d'archéologie orientale du Caire*, II, p. 94.

Bibl. : *Journal d'entrée du Musée*, n° 6085-6086; *Catalogue Mariette*, 1864, p. 228, n° 37; *Catalogue Mariette*, 1876, p. 254, n° 855; *Catalogue Maspero*, 1883, p. 84, n° 3447; *Catalogue Grébaut*, 1892, p. 125, n° 3447; *Catalogue de Morgan*, 1895, p. 226, n° 972; *Catalogue Maspero*, 1902, p. 435, n° 972; *Catalogue Maspero*, traduction anglaise de Quibell, 1903, p. 520, n° 972; *Catalogue Maspero*, traduction anglaise de Quibell, 1905, p. 431, n° 972; *Catalogue Maspero*, traduction anglaise de Quibell, 1906, p. 385, n° 972; Mariette, *Album du Musée de Boulaq* (Caire), pl. XXX; Mariette, *Abydos*, texte, p. 528 et planches, t. II, pl. XL.

52324. **Boucle d'oreille de Ramsès XII, semblable à la précédente.** — Mêmes dimensions; poids 107 gr. 95.

Les disques solaires des trois uræus ornant la partie supérieure sont couchés horizontalement.

Au revers, le grènetis et les signes des cartouches sont moins bien conservés que dans le n° 52323.

XX⁰ dynastie.

Bibl. : *Journal d'entrée du Musée*, n° 6086; même bibliographie que le n° 52323.

52325. **Ornement d'oreille en trois parties.** — Diamètre moyen de la plus grande partie, avec la bordure 0 m. 057 mill., sans la bordure 0 m. 047 mill., diamètre de la plus petite partie, avec la bordure 0 m. 051 mill., sans la bordure 0 m. 041 mill., longueur des tubes 0 m. 040 mill., diamètre moyen 0 m. 012 mill.; poids de l'ensemble 41 gr. 55, de la grande partie 24 gr. 50, de la petite partie 17 gr. 05. — Trouvé à Tell Basta (Bubastis), 1907.

Un ornement d'oreille composé de deux calottes sphériques de diamètres inégaux, munies de bordures plates.

Ces calottes sont reliées entre elles par deux tubes, soudés à l'intérieur, et dont l'un rentre dans l'autre; le tube appartenant à la grande calotte en est actuellement détaché.

La partie la plus importante est décorée extérieurement, au centre, par un chaton vide qui a dû recevoir une pierre. Ce chaton est entouré d'un fil perlé, puis la rosace s'élargit; elle est formée d'un rang de perles rondes et d'un rang de perles en larmes toutes bas-relief.

Un rang de perles rondes, bas-relief, décore la partie qui rejoint la bordure. Celle-ci est ornée de trois fils, deux sont unis et encadrent un fil, strié de façon à imiter le perlé.

La partie la moins importante est décorée au centre d'une rosace qui se compose d'une large perle entourée de perles moins volumineuses, toutes de très peu de relief; la bordure ne comprend que deux fils, un, perlé, l'autre uni, qui est le fil extérieur.

Les tubes de réunion des deux parties sont striés de façon à opposer une certaine résistance pour la pénétration et surtout pour la séparation, quand ils sont associés.

Comment se portaient ces ornements? Malgré l'énormité du tube qui les réunit, des exemples nombreux indiquent que ce cylindre de 12 millimètres de diamètre traversait le lobe de l'oreille.

TECHNIQUE. La technique est très intéressante. Tout y est compliqué comme à plaisir et d'une façon tout à fait imprévue. Les calottes ont été embouties dans des moules de la forme désirée; elles ont été ensuite munies de la bordure qui est une simple bande de métal mise en cercle et soudée au point de rencontre. Sur cette bande sont placés les trois fils, et la bordure, relevée tout autour, enveloppe et sertit le fil extérieur. Les fils ne sont pas pleins; ce sont des petits tubes faits à l'aide d'une feuille d'or roulée et passée dans une filière comme s'il s'agissait d'un vrai fil plein. Quelle a pu être l'intention de l'artisan? La question de poids ne se pose pas, car ces tubes sont capillaires.

Enfin, les perles, rondes et en larmes, bien que d'un relief des plus modestes, sont embouties séparément, découpées et sou-dées côte à côte (fig. 50 et 51). Ceci donne à penser que ce travail a été exécuté par un bijoutier qui n'était ciseleur dans aucune mesure. Un autre ornement d'oreille que nous retrouverons au n° 52327, nous montre un essai de repoussé qui n'a pas été

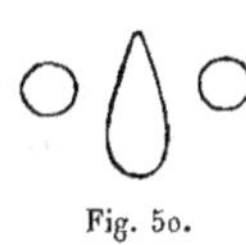

Fig. 50.

Fig. 51.

retouché et qui semble corroborer la supposition ci-dessus. Nous voyons donc, à cette époque, et cela était inattendu pour nous, la spécialisation des artisans. Celui qui a exécuté l'ornement que nous étudions, a fait un vrai tour de force de *bijoutier* pour éviter un travail ordinaire de *ciseleur*.

XIXᵉ dynastie.

BIBL. : *Journal d'entrée du Musée*, n°ˢ 39593-39594; *Le Musée égyptien*, II, 3ᵉ fasc., p. 105, pl. LIII.

52326. **Ornement d'oreille en deux parties, semblable au précédent.** — Or. — Mêmes dimensions; poids total 43 gr. 45, de la grande partie 25 gr. 65, de la petite partie 17 gr. 80. — Trouvé à Tell Basta (Bubastis), 1907.

Un ornement d'oreille en deux parties, semblable au précédent. La partie la moins importante est en mauvais état. Elle a été serrée et déformée; la bordure, déchirée à trois endroits, laisse voir à nu les fils qui l'ornent.

TECHNIQUE. Le chaton, qui est au centre de la rosace qui décore la grande partie, est encore garni d'une substance bleue qui peut être le lut ayant fixé une pierre ou encore, une substance décomposée, qui était elle-même le motif précieux. L'abondance de cette matière, qui, malgré sa grande friabilité garnit encore une partie

importante du chaton, rend la dernière supposition très vraisemblable. Ce n'est pas
le seul cas où la question se pose; nous la retrouverons au n° 52331.

XIX° dynastie.

Bibl. : *Journal d'entrée du Musée*, n° 39877; *Le Musée égyptien*, II, 3° fasc., p. 105, pl. LIII.

52327. Ornement d'oreille. — Or. — Diamètre moyen de la grande partie, avec
la bordure 0 m. 045 mill., sans la bordure 0 m. 036 mill., diamètre
moyen de la petite partie, avec la bordure 0 m. 042 mill., sans la
bordure 0 m. 037 mill., diamètre du tube 0 m. 014 mill.; poids total
22 gr. 60. — Trouvé à Tell Basta (Bubastis), 1907.

Un ornement d'oreille, semblable comme construction aux deux précédents, mais de
dimensions très réduites, sauf le tube.

La partie la plus petite est en très mauvais état. Elle est déchirée, mais elle est retenue
par le tube soudé au milieu à l'intérieur. La bordure de cette même partie est décorée
de deux fils; ici, c'est le fil strié qui est à l'extérieur. Les deux parties sont actuellement inséparables.

Technique. Le décor, au lieu de se composer de perles rapportées comme dans les
bijoux précédents, a été fait au repoussé. Au centre de la grande partie un double
rang de perles rondes cernées par un filet et un rang de perles en larmes, composent
la rosace autour d'un chaton vide de la pierre qui le garnissait.

Au centre de la petite partie, est une perle large entourée de plus petites.

Ce travail a été exécuté simplement *à l'envers* des plaques, et n'a pas été retouché à
l'endroit, ce qui indique encore mieux que le décor des numéros précédents que
l'artisan était un bijoutier non ciseleur, car il aurait voulu sans cela obtenir l'aspect
des travaux précédemment décrits, chose facile et faite souvent aux mêmes époques.

XIX° dynastie.

Bibl. : *Journal d'entrée du Musée*, n° 39877; *Le Musée égyptien*, II, 3° fasc., 1907, p. 105, pl. LIII.

52328. Ornement d'oreille en deux parties. — Or. — Diamètre moyen de la
grande partie, avec la bordure 0 m. 044 mill., sans la bordure
0 m. 035 mill., diamètre moyen de la petite partie, avec la bordure
0 m. 041 mill., sans la bordure 0 m. 034 mill.; poids de la grande
partie 6 gr. 75, de la petite partie 6 gr. 60. — Trouvé à Tell Basta
(Bubastis), 1907.

Un ornement d'oreille semblable au précédent, mais en très mauvais état. Les tubes
ont disparu, et, dans la partie principale, l'or a été arraché sur une grande surface
(ce qui explique que cette partie soit sensiblement de même poids que la plus petite).

XIX° dynastie.

Bibl. : *Journal d'entrée du Musée*, n° 39878.

52329. Fragment de boucle d'oreille. — Or. — Écart entre les extrémités du fragment o m. 015 mill., grosseur maximum o m. 005 mill.; poids o gr. 55. — Détaché d'une agglomération de bijoux réunis par une gangue n° 52335 du *Catalogue*, les n°s 52322 et 52330 faisaient également partie de cette réunion d'objets, séparés en mai 1908. — Tell el-Nawa (Mit Rahineh), 1908.

Un fragment de boucle d'oreille en forme de croissant. C'est un fuseau creux très ventru, dont un quart environ manque.

XIXe dynastie.

Bibl. : *Journal d'entrée du Musée*, n° 39624 *bis*.

52330. Boucle d'oreille. — Argent. — Largeur maximum o m. 016 mill., épaisseur maximum o m. 003 mill.; poids 1 gr. 70. — Détachée d'une agglomération d'objets à laquelle appartenaient les n°s 52322 et 52329, séparés en mai 1908 (voir n° 52335). — Tell el-Nawa (Mit Rahineh), 1908.

Boucle d'oreille en forme de croissant. C'est un fuseau très ventru, creux, fait d'une feuille de métal mince.

XIXe dynastie.

Bibl. : *Journal d'entrée du Musée*, n° 39624 *bis*.

52331. Anneau d'oreille. — Or et céramique. — Diamètre extérieur o m. 025 mill., intérieur o m. 006 mill., haut. o m. 016 mill., longueur de la partie cloisonnée o m. 023 mill., larg. o m. 011 mill.; poids 11 gr. 10. — Trouvé à Biban el-Molouk, fouilles Davis, 1908 (pl. XXVI).

Un anneau épais, fendu, de section triangulaire. Il porte, sur sa face externe, une partie cloisonnée qui contient le cartouche de Ta-usert surmonté des deux grandes plumes.

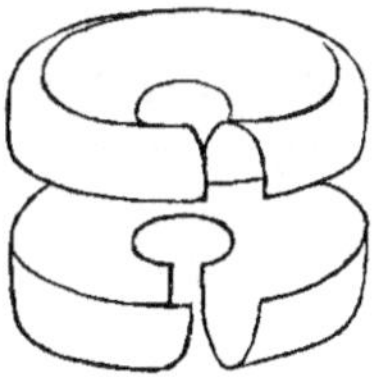

Technique. L'anneau est fait en deux parties rapportées et soudées (fig. 52); de petites plaques sont venues ensuite fermer les deux sections dans la solution de continuité. Ces plaques sont percées et l'anneau a été rempli d'une poudre qui sert de soutien. Cette opération se fait ordinairement à l'aide de substances solubles que l'on dissout et dans lesquelles on plonge les objets à remplir.

Fig. 52.

De nos jours on emploie le plus souvent l'alun; la solution est employée bouillante.

Les matières garnissant les cloisonnages sont en très mauvais état : une partie manque.
Il semble que les principaux morceaux incrustés soient de la céramique jaunâtre que
l'on rencontre fréquemment. Il s'y joint un élément particulier, une substance qui
paraît jouer le rôle de lut (quelques fragments de céramique sont encore retenus
dans cette matière) mais qui pourrait également avoir été employée pour garnir des
alvéoles. Cette substance, bleue, est aujourd'hui pulvérulente au point que le plus
léger choc contre le bijou en détache des parcelles ; peut-être sommes-nous en
présence d'une ressource du joaillier et voyons-nous l'emploi de poudres, agglutinées
et introduites dans les cavités cloisonnées pour y apporter un élément coloré. Nous
avons déjà vu au n° 52326 quelque chose d'analogue ; ce serait au point de vue de
l'art du joaillier une véritable déchéance par comparaison avec les travaux en pierres
calibrées, mais aussi nous verrions le premier acheminement vers l'émail cloisonné
qui a depuis conquis une place si grande dans la décoration des métaux en sub-
stituant aux pierres calibrées des verres coloriés, appliqués en poudre, et vitrifiés
dans les cloisons.

XIXe dynastie.

Bibl. : *Journal d'entrée du Musée*, n° 39677 ; Th. Davis, *The tomb of Siptah*, p. 37, n° 4.

52332. Boucle d'oreille. — Or. — Largeur maximum o m. 017 mill., grosseur
maximum o m. 006 mill. 1/2 ; poids 1 gr. 35. — Trouvée à El-
Ahaïwah, sud de Girgeh (près Nag el-Deïr), par la
Hearst Egyptian Expedition, 1902.

Boucle d'oreille en forme de fuseau très ventru, se terminant en
branches inégales qui se replient de façon à faire un anneau
presque fermé. L'une des branches se prolonge au delà du
point de rencontre et *double* l'autre sur une longueur de
o m. 004 mill. environ.

Fig. 53.

La partie ventrue du fuseau qui est à l'*extérieur* du bijou est relevée en pointe
émoussée (fig. 53).

XIXe dynastie.

Bibl. : *Journal d'entrée du Musée*, n° 35690.

52333. Boucle d'oreille. — Or. — Dimension maximum o m. 016 mill. 1/2,
grosseur maximum o m. 007 mill. ; poids 1 gr. 30. — Trouvée à
El-Ahaïwah, sud de Girgeh (près Nag el-Deïr), par la *Hearst Egyptian
Expedition*, 1902.

Une boucle d'oreille semblable à la précédente.

XIXe dynastie.

Bibl. : *Journal d'entrée du Musée*, n° 35690.

52334. Boucle d'oreille. — Or et cuivre. — Diam. o m. 017 mill. 1/2, haut. o m. 008 mill.; poids 3 gr. 10. — Trouvée à Drah Abou'l Naggah, février 1863.

Un ornement en spirale.

Une feuille d'or a été roulée sur un fil de cuivre, le tout passé à la filière, puis tordu en spirale.

Le bijou s'est trouvé ensuite dans des conditions où le cuivre a été attaqué, décomposé; il a augmenté de volume, ouvrant et déchirant la feuille d'or qui le recouvrait.

Les parties d'or restantes ont l'aspect de caniveaux, largement ouverts, dans lesquels une abondante floraison d'oxyde de cuivre est logée.

Est sans doute apparié avec le n° 52403.

Bibl. : *Journal d'entrée du Musée*, n° 21449.

52335. Agglomération de bijoux. — Or et argent. — Poids 28 gr. 50. — Trouvée à Tell el-Nawa (Mit Rahineh), 1908.

Une agglomération d'objets, associés par une gangue d'oxyde; son poids primitif était de 36 grammes.

Il a été possible d'en détacher, une bague en argent, un fragment de boucle d'oreille en or, et une boucle d'oreille en argent, voir les n°⁵ 52322, 52329, 52330 du *Catalogue*.

Bibl. : *Journal d'entrée du Musée*, n° 39624 *bis*.

52336. Boucle d'oreille. — Argent. — Largeur maximum o m. 021 mill., grosseur maximum o m. 003 mill.; poids 2 gr. 15. — Trouvée à Tell Basta (Bubastis), 1907.

Une boucle en forme de fuseau. Les extrémités, plates et élargies, sont percées chacune d'un trou, ce qui permettait de les réunir.

XIX⁰ dynastie.

Bibl. : *Journal d'entrée du Musée*, n° 39882, ce numéro est global, il comprend le lot de bagues et de boucles d'oreilles en argent plus un certain nombre de débris, les numéros qui suivront, jusqu'au n° 52354 inclus, appartiennent au même lot.

52337. Boucle d'oreille. — Argent. — Grandeur maximum o m. 024 mill., largeur maximum o m. 006 mill.; poids 1 gr. 25. — Trouvée à Tell Basta (Bubastis), 1907.

Boucle d'oreille composée d'une bande d'argent élargie à l'endroit de la partie décorée, et qui est repliée en boucle et soudée.

XIX⁰ dynastie.

Bibl. : *Journal d'entrée du Musée*, n° 39882.

Catal. du Musée, n° 52001.

52338. Boucle d'oreille. — Argent. — Grandeur maximum o m. o26 mill., longueur du groupe de graines o m. oo7 mill.; poids 2 gr. 20. — Trouvée à Tell Basta (Bubastis), 1907.

Boucle d'oreille, corps en forme de fuseau; les extrémités se joignent.
Au centre du ventre du fuseau, une grappe de dix graines trois à trois se termine par la dixième.

XIX° dynastie.

Bibl. : *Journal d'entrée du Musée*, n° 39882.

52339. Boucle d'oreille. — Argent. — Longueur maximum o m. o23 mill., longueur du groupe de graines o m. oo9 mill.; poids 1 gr. 95. — Trouvée à Tell Basta (Bubastis), 1907.

Boucle d'oreille assez semblable à la première. Les branches sont très tordues; le groupe de graines est simulé par un petit bloc de métal sur lequel on a fait des indications.

XIX° dynastie.

Bibl. : *Journal d'entrée du Musée*, n° 39882.

52340. Boucle d'oreille. — Argent. — Grandeur maximum o m. o24 mill., grosseur maximum o m. oo4 mill.; poids 4 gr. 45. — Trouvée à Tell Basta (Bubastis), 1907.

Boucle d'oreille en forme de fuseau ventru, dont les extrémités amincies se croisent et s'enchevêtrent.

XIX° dynastie.

Bibl. : *Journal d'entrée du Musée*, n° 39882.

52341. Boucle d'oreille. — Argent. — Grandeur maximum o m. o22 mill., grosseur maximum o m. oo2 mill.; poids 1 gr. 21. — Trouvée à Tell Basta (Bubastis), 1907.

Boucle d'oreille de même nature que la précédente. Les extrémités ne se rejoignent pas; une petite spirale reste attachée à l'une d'elles.

XIX° dynastie.

Bibl. : *Journal d'entrée du Musée*, n° 39882.

52342. Boucle d'oreille. — Argent. — Grandeur maximum o m. o 2 1 mill., grosseur maximum o m. o o 2 mill. 1/2; poids 2 gr. 75. — Trouvée à Tell Basta (Bubastis), 1907.

Boucle d'oreille de même nature que les précédentes. Les extrémités se croisent sur une longueur de o m. o o 7 mill.

XIXe dynastie.

BIBL. : *Journal d'entrée du Musée*, n° 39882.

52343. Boucle d'oreille. — Argent. — Grandeur maximum o m. o 2 2 mill. 1/2, grosseur maximum o m. o o 4 mill.; poids 4 gr. 45. — Trouvée à Tell Basta (Bubastis), 1907.

Boucle d'oreille de même nature que les précédentes. Les extrémités se joignent, une est retournée en S.

XIXe dynastie.

BIBL. : *Journal d'entrée du Musée*, n° 39882.

52344. Boucle d'oreille. — Argent. — Grandeur maximum o m. o 1 6 mill., grosseur maximum o m. o o 3 mill.; poids 2 gr. 55. — Trouvée à Tell Basta (Bubastis), 1907.

Boucle d'oreille de la même nature que les précédentes. Les extrémités se croisent sur une longueur de o m. o o 6 mill. La forme est circulaire.

XIXe dynastie.

BIBL. : *Journal d'entrée du Musée*, n° 39882.

52345. Boucle d'oreille. — Argent. — Longueur maximum o m. o 1 6 mill., épaisseur maximum o m. o o 3 mill. 1/2; poids 2 gr. 4o. — Trouvée à Tell Basta (Bubastis), 1907.

Boucle d'oreille de la même nature que les précédentes. Les extrémités se croisent également.

XIXe dynastie.

BIBL. : *Journal d'entrée du Musée*, n° 39882.

52346. **Boucle d'oreille.** — Argent. — Longueur maximum o m. o18 mill., épaisseur maximum o m. oo4 mill.; poids 3 gr. o5. — Trouvée à Tell Basta (Bubastis), 1907.

Une boucle d'oreille de même nature que les précédentes. Une extrémité un peu tordue vient toucher l'autre de sa pointe.

XIX° dynastie.

Bibl. : *Journal d'entrée du Musée*, n° 39882.

52347. **Boucle d'oreille.** — Argent. — Grandeur maximum o m. o17 mill. 1/2, épaisseur maximum o m. oo3 mill. 1/2; poids 1 gr. 8o. — Trouvée à Tell Basta (Bubastis), 1907.

Fig. 54.

Une boucle d'oreille, de même nature que les précédentes; mais pour celle-ci et les trois autres qui suivront, n°° 52348, 52349, 52350, les extrémités sont plus filiformes et l'une d'elles, beaucoup plus longue, ferme la boucle en venant rejoindre l'autre (fig. 54).

XIX° dynastie.

Bibl. : *Journal d'entrée du Musée*, n° 39882.

52348. **Boucle d'oreille.** — Argent. — Longueur maximum o m. o14 mill., épaisseur maximum o m. oo2 mill.; poids o gr. 7o. — Trouvée à Tell Basta (Bubastis), 1907.

Une boucle d'oreille de la même nature que la précédente, mais plus petite.

XIX° dynastie.

Bibl. : *Journal d'entrée du Musée*, n° 39882.

52349. **Boucle d'oreille.** — Argent. — Grandeur maximum o m. o13 mill., épaisseur maximum o m. oo2 mill.; poids o gr. 45. — Trouvée à Tell Basta (Bubastis), 1907.

Boucle d'oreille de même nature que les précédentes, plus petite.

XIX° dynastie.

Bibl. : *Journal d'entrée du Musée*, n° 39882.

52350. Boucle d'oreille. — Argent. — Grandeur maximum o m. oo5 mill., épaisseur maximum o m. oo2 mill.; poids o gr. 45. — Trouvée à Tell Basta (Bubastis), 1907.

Une très petite boucle d'oreille, de même nature que les précédentes.
XIX⁰ dynastie.
Bibl. : *Journal d'entrée du Musée,* n° 39882.

52351. Boucle d'oreille. — Argent. — Grandeur maximum o m. o18 mill., épaisseur maximum o m. oo5 mill.; poids 3 gr. 85. — Trouvée à Tell Basta (Bubastis), 1907.

Boucle d'oreille, de même nature que les précédentes, mais celle-ci et les deux suivantes, n°ˢ 52352-52353, n'ont plus leurs extrémités. Les parties filiformes ont disparu; il en résulte que le fuseau ne présente plus l'aspect d'une boucle, mais d'un croissant, un peu plus ou un peu moins fermé.
XIX⁰ dynastie.
Bibl. : *Journal d'entrée du Musée,* n° 39882.

52352. Boucle d'oreille. — Argent. — Grandeur maximum o m. o19 mill., épaisseur maximum o m. oo5 mill.; poids 3 gr. 55. — Trouvée à Tell Basta (Bubastis), 1907.

Une boucle d'oreille de même nature que la précédente.
XIX⁰ dynastie.
Bibl. : *Journal d'entrée du Musée,* n° 39882.

52353. Boucle d'oreille. — Argent. — Grandeur maximum o m. o15 mill. 1/2, épaisseur maximum o m. oo4 mill.; poids 2 gr. 4o. — Trouvée à Tell Basta (Bubastis), 1907.

Une boucle d'oreille de la même nature que les précédentes.
XIX⁰ dynastie.
Bibl. : *Journal d'entrée du Musée,* n° 39882.

52354. Un lot de débris. — Argent. — Poids 11 gr. 8o. — Trouvé à Tell Basta (Bubastis), 1907.

Débris au nombre de huit, bague, boucles d'oreilles, et incertains.
Bibl. : *Journal d'entrée du Musée,* n° 39882.

52355. Boucle d'oreille. — Or. — Diamètre extérieur sans la tresse o m. 028 mill., diamètre intérieur o m. 012 mill. 1/2, largeur de l'échancrure o m. 006 mill., longueur de l'attache, têtes des tubulures comprises o m. 013 mill.; poids 5 gr. 65. — Trouvée à Saqqarah, octobre 1862 (pl. XXIX).

Une boucle d'oreille, composée d'un tore creux, fait de deux parties dont l'assemblage, visible à l'intérieur du tore, est masqué à l'extérieur par une petite tresse.

Au point où le bijou se fixe à l'oreille le tore est échancré pour laisser passer le lobe. Une plaque de métal ferme l'ouverture pratiquée par l'échancrure. L'attache se compose de deux tubulures qui rentrent l'une dans l'autre en traversant l'oreille et qui passent dans deux anneaux plats fixés sur le tore de chaque côté de l'échancrure. Chacune des tubulures est munie d'une tête demi-ronde, qui l'arrête dans l'anneau du tore.

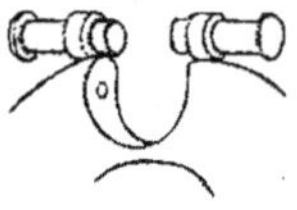

Le bijou, d'un côté, est légèrement bossué (fig. 55).

Fig. 55.

Technique. La plaque qui ferme l'échancrure du tore destinée au lobe de l'oreille, est percée, de chaque côté, d'un petit trou. Voici la raison de ces ouvertures. La plaque est soudée, nécessairement, quand le tore est construit complètement; par conséquent, celui-ci forme à ce moment un cylindre fermé. Si on le chauffe, l'air qu'il contient se dilate et risque de faire éclater le bijou; il faut donc donner à cet air échauffé un accès à l'extérieur. C'est le rôle de ces petits trous qui évitent ainsi le déchirement de la pièce.

Bibl. : *Journal d'entrée du Musée*, n° 20522.

52356. Boucle d'oreille. — Or. — Diamètre extérieur sans la tresse o m. 028 mill., diamètre intérieur o m. 012 mill. 1/2; poids 5 gr. 45. — Trouvée à Saqqarah, octobre 1862.

Une boucle d'oreille faisant la paire avec la précédente. Elle est un peu moins bossuée.

Technique. Mêmes observations que pour le numéro précédent.

Bibl. : *Journal d'entrée du Musée*, n° 20522.

52357. Boucle d'oreille. — Or. — Grand diamètre moins la tresse o m. 025 mill., petit diamètre o m. 009 mill., largeur de l'échancrure et distance entre les anneaux o m. 010 mill.; poids 3 gr. 50. — Trouvée à Saqqarah, juin 1898.

Boucle d'oreille de même nature que les deux précédentes, un peu moins grande et en mauvais état. Elle est très bossuée; l'or est d'une couleur plus claire.

Bibl. : *Journal d'entrée du Musée*, n° 32740.

52358. **Boucle d'oreille.** — Or. — Poids 3 gr. 5o. — Trouvée à Saqqarah, juin 1898.

Boucle d'oreille en tout semblable à la précédente avec laquelle elle fait la paire.

Elle est en très mauvais état. Elle est non seulement bossuée, mais percée d'un côté et déformée, surtout au milieu.

Les tubulures de la fermeture manquent.

Bibl. : *Journal d'entrée du Musée*, n° 32740.

52359. **Boucle d'oreille.** — Or. — Grand diamètre sans la tresse o m. o26 mill., petit diamètre o m. o13 mill.; poids 3 grammes. — Trouvée à Zaouïet el-Arian, 20 novembre 1881.

Une boucle d'oreille de même nature que les précédentes. La tresse qui masque l'assemblage est bordée d'un fil de chaque côté.

L'attache a été forcée, et les tubulures se croisent au lieu de se pénétrer. Le bijou est en mauvais état.

Le métal employé est très mince.

Bibl. : *Journal d'entrée du Musée*, n° 25161.

52360. **Boucle d'oreille.** — Or. — Diam. o m. o26 mill., petit diamètre o m. o13 mill.; poids 3 grammes. — Trouvée à Zaouïet el-Arian, 20 novembre 1881.

Une boucle d'oreille en tout semblable à la précédente avec laquelle elle fait la paire. Elle est en aussi mauvais état que celle-ci : les tubulures de fermeture et un des anneaux manquent.

Bibl. : *Journal d'entrée du Musée*, n° 25161.

52361. **Boucle d'oreille.** — Or. — Diam. o m. o15 mill. 1/2, épaiss. o m. o11 mill., largeur de l'échancrure près des anneaux o m. oo5 mill.; poids 3 gr. 95 (pl. XXIX).

Une boucle d'oreille de forme circulaire et de section carrée, échancrée pour donner place au lobe. Cette échancrure a la forme d'une entrée de serrure retournée; l'ouverture n'est pas masquée et l'on peut voir l'intérieur du bijou.

Les anneaux qui servent à fixer les ornements aux oreilles, sont écartés l'un de l'autre en éventail (fig. 56).

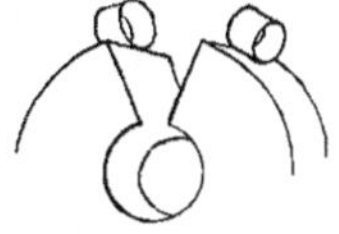

Fig. 56.

Il n'y a pas de fermoirs en tubulures : la position renversée des anneaux ne permettait pas d'employer ce procédé. Nous ne savons donc pas si ces objets étaient attachés avec des fils de métal ou avec d'autres d'une matière différente.

Bibl. : *Journal d'entrée du Musée*, n° 40058, numéro donné en mai 1908.

52362. Boucle d'oreille. — Or blanc. — Poids 3 gr. 85.

En tout semblable à la précédente avec laquelle elle fait la paire.

BIBL. : *Journal d'entrée du Musée*, n° 40058, numéro donné en mai 1908.

52363. Boucle d'oreille. — Or. — Plus grand diamètre o m. 020 mill., larg. o m. 013 mill. 1/2; poids 7 gr. 25 (pl. XXIX).

Une boucle d'oreille composée d'une bande de métal qui a reçu la forme d'une plume

Fig. 57.

régulière dont la nervure se continue et forme la partie qui pénètre dans le lobe.

La bande de métal est coupée carrément à une de ses extrémités et arrondie du côté opposé (fig. 57 et 58). Le bijou est profondément creusé, de façon à réserver tout autour une nervure qui le borde en conservant une épaisseur apparente, ainsi que pour la nervure centrale, qui se continue et rejoint la partie opposée du bijou après avoir traversé l'oreille.

Fig. 58.

BIBL. : *Journal d'entrée du Musée,* n° 40059, numéro donné en mai 1908.

52364. Boucle d'oreille. — Or. — Poids 7 gr. 45.

Boucle d'oreille en tout semblable à la précédente avec laquelle elle fait la paire.

BIBL. : *Journal d'entrée du Musée,* n° 40059, numéro donné en mai 1908.

52365. Boucle d'oreille. — Or. — Plus grand diamètre o m. 019 mill. 1/2, larg. o m. 012 mill. 1/2; poids 7 gr. 50.

Boucle d'oreille semblable aux deux précédentes.

BIBL. : *Journal d'entrée du Musée,* n° 40060, numéro donné en mai 1908.

52366. Boucle d'oreille. — Or. — Poids 7 gr. 45.

Boucle d'oreille en tout semblable à la précédente avec laquelle elle fait la paire.

BIBL. : *Journal d'entrée du Musée,* n° 40060, numéro donné en mai 1908.

52367. **Boucle d'oreille.** — Or. — Plus grand diamètre o m. o2o mill., largeur moyenne o m. o14 mill.; poids 8 gr. 9o.

Boucle d'oreille semblable aux quatre précédentes.

Bibl. : *Journal d'entrée du Musée,* n° 4oo61, numéro donné en mai 19o8.

52368. **Ornement d'oreille.** — Or. — Dimension maximum o m. o38 mill.; poids avec la composition qui remplit l'objet 7 gr. 3o. — Trouvé à Tell Tebilleh, près Dekernès (Basse-Égypte), 19o8 (pl. XXXI).

Un ornement d'oreille dont la forme est celle d'un tiers de melon; l'assimilation est d'autant plus facile que l'objet est composé de quatre côtelures très séparées les unes des autres.

Deux de ces côtelures sont unies, mais très bossuées.

Les deux autres sont décorées d'un travail assez superficiel où le perlé joue le plus grand rôle.

Le métal est très mince.

Entre les côtelures sont percés quatre petits trous qui servaient probablement au passage des fils d'attache.

Le bijou est encore rempli d'une composition aujourd'hui pulvérulente, mais qui était sans doute sérieusement agglutinée, ce qui lui donnait la plasticité nécessaire au travail du ciseleur. Cette composition a dû être le dessous qui a permis, sinon le travail des côtelures qui suppose un support très mou, du moins le travail final du décor.

Romain.

Bibl. : *Journal d'entrée du Musée,* n° 39979.

52369. **Ornement d'oreille.** — Or. — Dimension maximum o m. o37 mill.; poids 5 gr. 5o. — Trouvé à Tell Tebilleh, près Dekernès (Basse-Égypte), 19o8.

Un ornement semblable au précédent, un peu moins volumineux.

Romain.

Bibl. : *Journal d'entrée du Musée,* n° 39979.

52370. **Boucle d'oreille.** — Or. — Largeur maximum o m. o28 mill., épaisseur maximum o m. o14 mill.; poids 6 gr. 9o. — Trouvée à Tell Tebilleh, près Dekernès (Basse-Égypte), 19o8 (pl. XXXIII).

Une boucle d'oreille en forme de croissant très ventru, exécuté en deux coquilles.

L'intérieur du croissant est fermé par une plaque rapportée. Chacune des pointes du bijou est percée d'un petit trou qui passe de l'extérieur à l'intérieur du croissant;

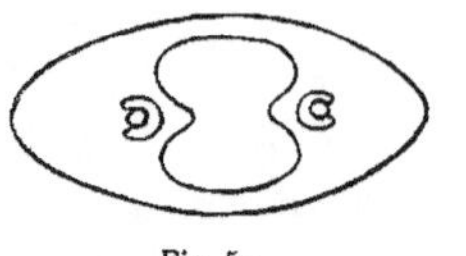

Fig. 59.

à l'extérieur les trous sont bordés d'un petit fil d'or en fer à cheval qui assura la résistance à la fatigue (fig. 59).

Le métal est mince, l'objet est empli d'une composition qui lui permet de ne pas se déformer sous les chocs et sous la pression.

Romain.

Bibl. : *Journal d'entrée du Musée*, n° 39980.

52371. **Boucle d'oreille.** — Or. — Largeur maximum o m. 021 mill., épaisseur maximum o m. 008 mill.; poids 1 gr. 60. — Trouvée à Tell Tebilleh, près Dekernès (Basse-Égypte), 1908.

Une boucle d'oreille, de même forme et de même construction que la précédente, mais beaucoup plus petite. Elle est en moins bon état. Une des pointes est arrachée et laisse voir la composition noirâtre qui la remplit, laquelle est de même nature que la composition visible dans les ornements n°ˢ 52368-52369.

Gréco-romain.

Bibl. : *Journal d'entrée du Musée*, n° 39980.

52372. **Boucle d'oreille.** — Électrum sur argent. — Grand diamètre o m. 045 mill., épaiss. o m. 016 mill., haut. o m. 027 mill., largeur de la bande décorée o m. 008 mill. 1/2; poids 15 gr. 60. — Trouvée à Saqqarah, janv. 1860 (pl. XXIX).

Un ornement d'oreille. C'est un anneau fendu, creux, dont la section donne un triangle curviligne.

Il est construit en deux parties assemblées à la ligne médiane. L'assemblage est visible à l'intérieur de l'anneau; à l'extérieur il

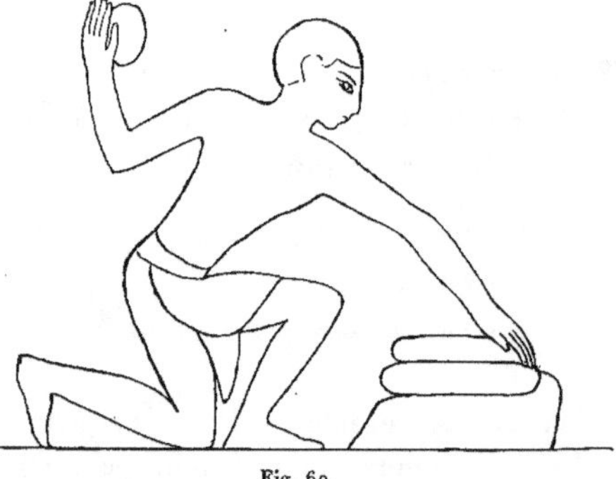

Fig. 60.

est caché par une bande décorée de deux tresses et de trois rangs de perles, un au milieu, bordé par les tresses, et les deux autres de chaque côté.

Le bijou est bossué.

TECHNIQUE. Cet objet est tout particulièrement intéressant. Il nous montre un échantillon d'un travail qui n'a pas encore été signalé; c'est le plaqué. Un atelier
d'orfèvres peint sur les murs de la nécropole de Thèbes nous montre des ouvriers
fabriquant des vases d'or et d'argent. Dans cet atelier nous voyons un orfèvre forger
des plaques et il y a deux lingots superposés sur la même enclume : ceci fait penser
que peut-être les Égyptiens forgeaient des plaques de deux métaux (fig. 60). Déjà
j'avais été frappé de l'épaisseur de la dorure dans certains travaux, et j'avais introduit un paragraphe spécial, consacré au plaqué, dans l'étude sur la bijouterie
et la joaillerie égyptiennes [1]. Je n'avais d'autre but que d'attirer l'attention sur un
travail que l'on pouvait rencontrer : le bijou qui fait l'objet du présent examen,
vient à propos pour justifier la présentation que j'avais cru devoir faire de ce
travail.

Les Égyptiens n'avaient ni les laminoirs, ni les presses hydrauliques employées de nos
jours. Le doublé était donc préparé, comme nous le représente la scène de Thèbes,
en forgeant ensemble les deux lingots destinés à devenir les plaques qui seront mises
en œuvre.

BIBL. : *Journal d'entrée du Musée*, n° 6471, ce numéro est à la page 380 du premier volume du
Journal, à la page 378 on voit indiqué : «6469 à 6478, un groupement de matières diverses»;
MARIETTE, *Album du Musée de Boulaq*, pl. XXXI, photographies de Delié et Béchard.

52373. Ornement d'oreille. — Électrum sur argent. — Mêmes dimensions que
le n° 52372; poids 16 gr. 05. — Trouvé à Saqqarah, janvier 1860
(pl. XXIX).

Bijou faisant la paire avec le n° 52372. Même nature. La bande décorée qui cache
l'assemblage est en mauvais état; des parties de tresses et de bandes perlées
manquent.

BIBL. : *Journal d'entrée du Musée*, n° 6471.

52374. Ornement d'oreille. — Or. — Grand diamètre 0 m. 047 mill., épaisseur
du tore 0 m. 011 mill.; poids 21 gr. 35. — Saqqarah.

Anneau rond, ouvert, creux. Les extrémités sont à une distance de 4 millimètres l'une
de l'autre; elles sont fermées par deux plaquettes percées chacune d'un petit trou
pour l'échappement des gaz lors de la soudure de ces plaques.
L'anneau est uni. Il est fait en deux parties réunies à la ligne médiane longitudinale.

BIBL. : *Journal d'entrée du Musée*, n° 26081.

[1] *Mémoires publiés par les membres de l'Institut français d'archéologie orientale du Caire*, II, p. 78.

52375. **Ornement d'oreille.** — Or. — Grand diamètre o m. o47 mill., épaisseur du tore o m. o11 mill.; poids 17 gr. 4o. — Saqqarah.

Fait la paire avec le numéro précédent. Même aspect, même construction.

Bibl. : *Journal d'entrée du Musée,* n° 26o81.

52376. **Boucle d'oreille.** — Or très pâle. — Grand diamètre o m. o38 mill., épaisseur du tore o m. oo7 mill.; poids 3 gr. 8o.

Un anneau ouvert fait d'un tore. L'espace ouvert est de o m. oo3 mill. De petites plaques ferment les deux ouvertures; ces plaques sont percées d'un trou.
Le tore est fait en deux parties. L'assemblage extérieur est caché par une tresse bordée de chaque côté par un fil fin.
L'objet est en médiocre état; il est bossué et un peu déformé.

Bibl. : *Journal d'entrée du Musée,* n° 4o332.

52377. **Boucle d'oreille.** — Or. — Mêmes dimensions que le n° 52376; poids 3 gr. 55.

De même nature que le numéro précédent avec lequel elle fait la paire. Elle est en très mauvais état, brisée vers le milieu. La tresse qui doit cacher l'assemblage est désoudée sur la plus grande partie du contour; un fragment de cette tresse manque.

Bibl. : *Journal d'entrée du Musée,* n° 4o332.

52378. **Boucle d'oreille.** — Or. — Diam. o m. o26 mill. 1/2, haut. o m. oo9 mill.; poids 12 gr. 1o. — Trouvée à Gournah, janvier 1859.

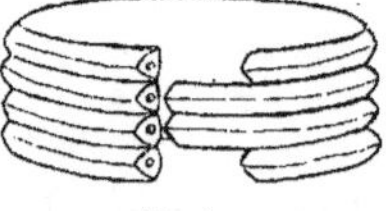

Fig. 61.

Une boucle d'oreille, présentant l'aspect de quatre anneaux juxtaposés.

La boucle est ouverte; les deux anneaux médians ferment presque le cercle tandis que les deux anneaux extérieurs sont plus courts de o m. oo5 mill. environ, laissant les anneaux médians passer seuls dans le lobe de l'oreille (fig. 61). Ces anneaux sont à section triangulaire; le sommet est à l'extérieur.

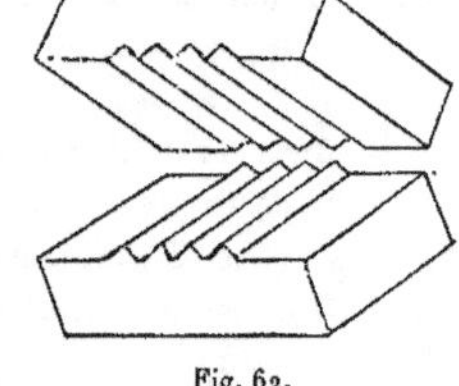

Fig. 62.

Technique. Nous retrouvons ici un exemple de métal traité mécaniquement. Ce bijou est, en réalité, composé de deux plaques; l'une et l'autre ont été, soit passées dans des filières de formes appropriées, soit embouties dans des moules préparés à cet effet [1].

Dans le premier cas, l'outil peut avoir été construit de cette façon : les deux parties

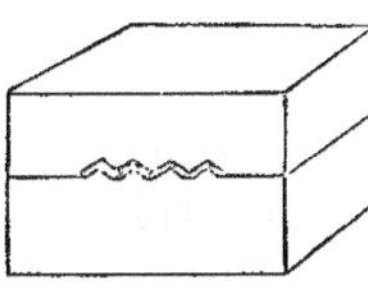

Fig. 63.

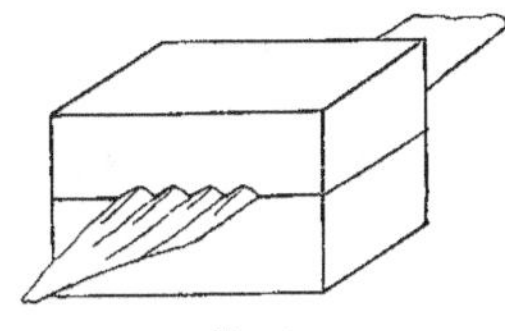

Fig. 64.

faites séparément (fig. 62), puis rapprochées (fig. 63) et enfin maintenues dans un cadre ou par tout autre procédé, de façon à permettre de tirer une bande de métal au travers (fig. 64).

Un autre moyen s'offre au bijoutier. Il est plus simple; cependant son emploi paraît moins probable, étant donnée la netteté des résultats. Un moule étant préparé, la plaque est posée dessus, maintenue, et à l'aide d'un outil préparé de façon à pénétrer dans les détails, on force le métal à épouser la forme donnée au moule (fig. 65 et 66).

Fig. 65.

On peut supposer l'emploi du même procédé, mais appliqué d'une façon inverse : l'outil serait porteur de la forme en relief et la feuille, une fois fixée, recevrait l'action d'un outil où les stries seraient indiquées en creux.

Le premier travail se nommerait «embouti» et le second «coquillé». Il est possible que le second ait été choisi de préférence, car il a cet avantage que la partie travaillée directement est l'endroit de la pièce, ce qui est exposé aux regards, et que l'artisan peut lui donner une plus grande netteté.

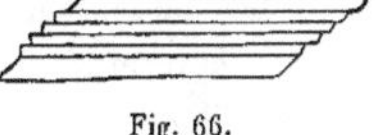

Fig. 66.

Les bandes préparées sont mises en forme et soudées sur une plaque unie.

Les ouvertures sont masquées par de petites plaques, au travers desquelles sont percés des trous qui permettent à l'air échauffé de trouver une issue, lorsqu'on soude ces plaques (fig. 61).

Bibl. : *Journal d'entrée du Musée*, n° 3375.

[1] Voir n° 52022.

52379. Boucle d'oreille. — Or. — Mêmes dimensions que le numéro précédent; poids 11 gr. 20. — Même provenance.

De même nature que la boucle précédente n° 52378, avec laquelle elle fait la paire.

Bibl. : *Journal d'entrée du Musée*, n° 3375.

52380. Boucle d'oreille. — Or. — Diamètre maximum o m. 026 mill., haut. o m. 008 mill. 1/2; poids 10 gr. 15. — Trouvée à Gournah, janvier 1859.

Une boucle d'oreille de même nature que les deux précédentes. Les anneaux médians sont prolongés sans l'aide d'une pièce rapportée.

Bibl. : *Journal d'entrée du Musée*, n°° 3375-3378.

52381. Boucle d'oreille. — Or. — Mêmes dimensions que le numéro précédent; poids 11 gr. 10. — Trouvée à Gournah, janvier 1859.

Une boucle d'oreille semblable à la précédente avec laquelle elle est appariée.

Bibl. : *Journal d'entrée du Musée*, n°° 3375-3378.

52382. Boucle d'oreille. — Or. — Diamètre maximum o m. 022 mill., haut. o m. 008 mill.; poids 3 gr. 60. — Trouvée à Tell Basta (Bubastis), 1904.

Une boucle d'oreille, métal mince, de même aspect et de même construction que les quatre précédentes (voir n° 52378).
Les anneaux extérieurs sont décorés au trait sur une longueur de o m. 014 mill. environ, de chaque côté de l'ouverture.
XIX° dynastie.

Bibl. : *Journal d'entrée du Musée*, n° 36871.

52383. Boucle d'oreille. — Or. — Diam. o m. 024 mill., haut. o m. 009 mill.; poids 3 gr. 60. — Trouvée à Tell Basta (Bubastis), 1904.

Boucle d'oreille, très mince, semblable aux précédentes extérieurement (voir n° 52378).
A l'intérieur c'est une plaque unie qui forme l'anneau.
XIX° dynastie.

Bibl. : *Journal d'entrée du Musée*, n° 36871.

52384. **Boucle d'oreille.** — Or. — Diam. o m. o 2 5 mill., haut. o m. o o 9 mill.; poids 4 grammes. — Trouvée à Tell Basta (Bubastis), 1 9 o 4.

Une boucle d'oreille de même aspect et d'exécution semblable que le n° 5 2 3 8 3. Le métal en est très mince.

XIX⁰ dynastie.

Bibl. : *Journal d'entrée du Musée*, n° 3 6 8 7 1.

52385. **Boucle d'oreille.** — Or. — Mêmes dimensions que le numéro précédent; poids 4 gr. 2 5. — Trouvée à Tell Basta (Bubastis), 1 9 o 4.

Boucle d'oreille semblable à celle du numéro précédent avec lequel elle est appariée.

XIX⁰ dynastie.

Bibl. : *Journal d'entrée du Musée*, n° 3 6 8 7 1.

52386. **Boucle d'oreille.** — Or. — Diamètre o m. o 2 o mill., haut. o m. o o 7 mill. 1/2; poids 2 gr. 9 5 (pl. XXXII).

Boucle d'oreille semblable aux précédentes. L'intérieur est mouluré en forme de demi-jonc.

Les anneaux extérieurs sont plus courts de o m. o o 5 mill. que les anneaux médians.

Bibl. : *Journal d'entrée du Musée*, n° 4 o 3 o 5, numéro donné en mai 1 9 o 8.

52387. **Boucle d'oreille.** — Or. — Mêmes dimensions que le numéro précédent; poids 2 gr. 85 (pl. XXXII).

Semblable au n° 5 2 3 8 6.

Bibl. : *Journal d'entrée du Musée*, n° 4 o 3 o 6, numéro donné en mai 1 9 o 8.

52388. **Boucle d'oreille.** — Or. — Diam. o m. o 2 1 mill., haut. o m. o o 6 mill.; poids 2 gr. 5 5 (pl. XXXII).

Boucle d'oreille de même aspect et de même construction que les précédentes. Elle est d'un métal mince et la conservation est médiocre.

Bibl. : *Journal d'entrée du Musée*, n° 4 o 3 o 7, numéro donné en mai 1 9 o 8.

52389. **Boucle d'oreille.** — Or. — Mêmes dimensions que le numéro précédent; poids 2 gr. 65 (pl. XXXII).

Boucle d'oreille appariée avec le n° 52388. État médiocre.

Bibl. : *Journal d'entrée du Musée*, n° 40308, numéro donné en mai 1908.

52390. **Boucle d'oreille.** — Or. — Diam. 0 m. 016 mill., haut. 0 m. 009 mill.; poids 2 gr. 60. — Trouvée à Gournah, février 1859.

Une boucle d'oreille semblable aux précédentes mais plus petite.

Bibl. : *Journal d'entrée du Musée*, n° 3417.

52391. **Boucle d'oreille.** — Or. — Diam. 0 m. 014 mill., haut. 0 m. 009 mill.; poids 2 gr. 60.

En tout semblable à la précédente avec laquelle elle est appariée. Elle a été un peu serrée, d'où la différence des diamètres.

Bibl. : *Journal d'entrée du Musée*, n° 3417.

52392. **Boucle d'oreille.** — Or. — Diam. 0 m. 018 mill., haut. 0 m. 006 mill.; poids 2 gr. 90.

Une boucle d'oreille. Le dispositif en est semblable à celui des bijoux précédents, mais ici ce sont quatre tubes juxtaposés et qui ont été faits isolément.
De même que dans les boucles d'oreilles précédentes, les deux tubes médians ont seuls la longueur totale.

Technique. Les tubes sont faits en roulant une feuille d'or; l'on passe ensuite ce cylindre dans une filière qui donne la régularité.

Bibl. : *Journal d'entrée du Musée*, n° 40309, numéro donné en mai 1908.

52393. **Boucle d'oreille.** — Or. — Diamètre maximum 0 m. 018 mill., haut. 0 m. 006 mill.; poids 2 grammes (pl. XXXII).

Une boucle d'oreille, faite de quatre tubes comme le n° 52392. Le bijou a été ensuite verni, probablement avec la même composition que nous avons vue au pectoral de bois de Ramsès III (n° 52006) et aux boucles d'oreilles de Ramsès XII (n° 52323). Ce vernis a bruni et donne aux objets un aspect bronzé.
Les anneaux extérieurs portent, à leurs extrémités, des stries transversales.

Bibl. : *Journal d'entrée du Musée*, n° 40310, numéro donné en mai 1908.

52394. Boucle d'oreille. — Or. — Diam. o m. o 1 7 mill., haut. o m. o o 5 mill. 1/2 ; poids 1 gr. 85.

Une boucle d'oreille absolument semblable à la précédente.

Bibl. : *Journal d'entrée du Musée*, n° 4o311.

52395. Boucle d'oreille. — Or. — Diam. o m. o 1 6 mill., haut. o m. o o 5 mill. 1/2 ; poids 1 gr. 85.

Une boucle d'oreille semblable aux deux précédentes.

Bibl. : *Journal d'entrée du Musée*, n° 4o312.

52396. Boucle d'oreille. — Or. — Diam. o m. o 1 6 mill., haut. o m. o o 5 mill. 1/2 ; poids 1 gr. 8o (pl. XXXII).

Une boucle d'oreille en tout semblable aux trois précédentes.

Bibl. : *Journal d'entrée du Musée*, n° 4o313.

52397. Ornement d'oreille avec pendeloques de Séti II. — Or. — Longueur maximum de l'ensemble o m. 135 mill., longueur de l'ornement d'oreille proprement dit (fleur et calotte sphérique comprises) o m. o5o mill., longueur des grandes pendeloques o m. o7o mill., longueur des petites o m. o4o mill., grosseur des grandes perles o m. o22 mill., grosseur des petites o m. o15 mill. ; poids total 78 gr. 4o, poids de l'ornement d'oreille sans les pendeloques 27 gr. 7o. — Trouvé à Biban el-Molouk, cachette d'objets au nom de Séti II et de Ta-usert (fouilles Davis, 19o8) (pl. XXVIII).

Un ornement d'oreille, composé, comme ceux qui sont catalogués aux n°⁵ 52325 et suivants, de deux parties réunies par deux tubes rentrant l'un dans l'autre.

La partie qui se présente de face est une fleur, concave, à huit pétales creusés en godrons ; au centre, une demi-perle rapportée cache le départ des pétales.

Un tube, soudé derrière la fleur, reçoit le tube soudé à la partie revers. Celle-ci est une calotte sphérique, entourée d'une bordure plate, décorée d'un jonc qui la borde extérieurement et d'un fil strié transversalement.

Au centre est une demi-perle entourée d'un rang de petites perles cernées entre deux fils.

L'écart entre la fleur qui fait la face et la calotte sphérique qui lui est opposée est de o m. o24 mill., maintenu par la longueur des tubes de réunion. Ce sont ces tubes, ou plus exactement c'est le tube extérieur, seul visible, qui est soudé à la fleur, après lequel viennent s'attacher les pendeloques.

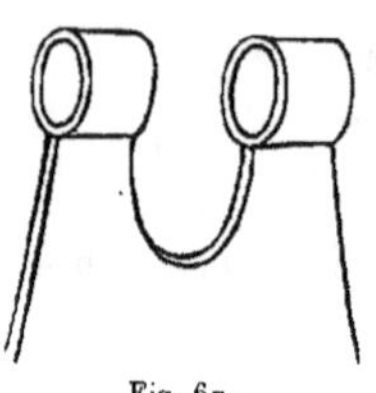

Fig. 67.

Une plaque en trapèze possède deux anneaux dans lesquels passe le tube. Une échancrure est ménagée entre eux pour permettre au lobe de l'oreille de trouver sa place (fig. 67).

Ces anneaux sont striés transversalement entre deux petites bordures plates. La partie inférieure de cette plaque porte huit anneaux ou brides dans lesquels passe un fil. Dans les sept intervalles sont accrochées les pendeloques. Celles-ci sont composées de cette façon. Une perle creuse, sphérique, est décorée de côtes; à la partie inférieure, la perle porte un appendice en forme de pavillon d'instrument ou de campanule très ramassée.

A la partie supérieure, la perle est réunie à la plaque rigide par des portions de tubes, striés transversalement pour donner l'impression d'un fil roulé. En haut du tube, une bride formant anneaux est soudée; dans cette bride passe le fil qui réunit les pendeloques à la plaque en forme de trapèze.

Cette dernière est faite d'une double plaque. La partie inférieure (à laquelle sont soudées les brides qui reçoivent le fil) laisse voir l'intervalle qui sépare ces deux plaques.

La fleur, la calotte sphérique et la plaque-trapèze, portent des cartouches.

Sur la fleur, on voit quatre cartouches (a, b, c, d):

Ces cartouches sont tracés au revers des pétales, et c'est le relief que l'on voit à l'endroit.

Sur la calotte sphérique on voit les deux cartouches suivants (e, f):

Sur la plaque en forme de trapèze, on voit, de chaque côté, les deux cartouches ci-contre (g, h):

XIX⁰ dynastie.

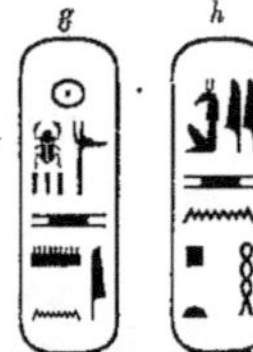

Bɪʙʟ. : *Journal d'entrée du Musée*, n° 39675; Tʜ. Dᴀvɪs, *The tomb of Siphtah*, p. 35, n° 2.

52398. **Ornement d'oreille avec pendeloques.** — Or. — Longueur de l'ensemble o m. 13o mill., les autres dimensions semblables à celles du n° 52397; poids total 76 gr. 75.

Origine, description, cartouches et bibliographie semblables à ceux du numéro précédent avec lequel ce bijou est apparié.

Bɪʙʟ. : *Journal d'entrée du Musée*, n° 39675; Tʜ. Dᴀvɪs, *The tomb of Siphtah*, p. 35, n° 2.

52399. Anneau d'oreille avec pendeloques. — Électrum. — Diamètre maximum
o m. o46 mill.; diamètre du tore o m. o15 mill.; poids 15 gr. 80. —
Trouvé à Biban el-Molouk, cachette d'objets au nom de Séti II et
Ta-usert (fouilles Davis, 1908) (pl. XX).

Un anneau d'oreille, en forme de tore ouvert. Il est fabriqué en deux parties. L'assemblage est visible à l'intérieur du tore; à l'extérieur il est masqué par une tresse.

La solution de continuité est de o m. o05 mill.; les ouvertures du tore sont masquées
par de petites plaques percées d'un trou.

Sur la tresse qui masque l'assemblage, sont groupés sur une longueur de o m. o32 mill.
six anneaux formant trois groupes : les anneaux du milieu
sont à o m. o03 mill. l'un de l'autre, les quatre autres
sont à o m. o06 mill. 1/2 (fig. 68).

A ces anneaux ont été attachées cinq pendeloques. Les deux
anneaux du milieu servent pour une seule; elles sont
reconstituées à l'aide de perles ou de motifs destinés évi-
demment à cet usage et trouvés en même temps.

Il y a trois pendeloques plus importantes qui sont terminées
par des fleurs en forme de clochettes. Ces fleurs sont en
céramique imitant le lapis; elles sont montées dans des

Fig. 68.

garnitures d'électrum formant calice et munies d'une collerette qui semble avoir reçu
une grosse perle.

Les deux plus petites pendeloques sont terminées par des boutons de cornaline dans
des garnitures en forme de calice.

Les enfilages de suspension sont faits de perles de cornaline, cylindriques et lenticulai-
res; les trois plus importants possèdent une perle longue de céramique d'un ton
beige.

XIXe dynastie.

BIBL. : *Journal d'entrée du Musée*, n° 39676; TH. DAVIS, *The tomb of Siphtah*, p. 36, n° 3.

52400. Anneau d'oreille avec pendeloques. — Électrum. — Mêmes dimensions
que le numéro précédent; poids 19 gr. 45. — Même provenance.

Même aspect, fabrication semblable.

Il n'y a que cinq anneaux; le sixième a été arraché.

Les pendeloques ne sont qu'au nombre de trois, deux grandes et une petite.

Le bijou est bossué.

XIXe dynastie.

BIBL. : *Journal d'entrée du Musée*, n° 39676; TH. DAVIS, *The tomb of Siphtah*, p. 36, n° 3.

52401. **Anneau d'oreille.** — Or. — Diamètre extérieur o m. o2o mill., haut. o m. o1o mill.; poids 4 grammes. — Trouvé à Biban el-Molouk, fouilles Davis, 1908 (pl. XXV).

Un anneau d'oreille, ouvert, épais. Sa section donne un triangle curviligne dont le sommet est à l'intérieur de l'anneau. La solution de continuité est de o m. o02 mill. L'aspect est épais et massif.

XIX⁰ dynastie.

Bibl. : *Journal d'entrée du Musée,* n° 39678; Th. Davis, *The tomb of Siphtah,* p. 37, n° 5.

52402. **Anneau d'oreille.** — Or. — Mêmes dimensions que le numéro précédent; poids 3 gr. 35 (pl. XXV).

Même provenance que le n° 52401 avec lequel ce bijou est apparié.

XIX⁰ dynastie.

Bibl. : *Journal d'entrée du Musée,* n° 39678; Th. Davis, *The tomb of Siphtah,* p. 37, n° 5.

52403. **Ornement d'oreille.** — Or sur cuivre. — Diam. o m. o15 mill., hauteur maximum o m. o07 mill.; poids 4 gr. o5 — Trouvé à Drah Abou'l Naggah, février 1863 (pl. XXXII).

Une spirale de cuivre recouverte d'une feuille d'or. Le fil est rond; il fait trois tours à peu près.

Une assez grande analogie de dimensions et de poids avec le n° 52334, permet de supposer que ce bijou lui était apparié.

Celui qui nous occupe est en assez bon état de conservation. Seule, une extrémité est dépouillée de la feuille d'or et permet de voir le fil de cuivre qui fait l'âme de la spirale; la déchirure se poursuit sur o m. o12 mill. environ.

Bibl. : *Journal d'entrée du Musée,* n° 21449.

52404. **Anneau d'oreille.** — Or sur cuivre. — Diam. o m. o21 mill. 1/2, épaiss. o m. o07 mill.; poids 14 gr. 45. — Trouvé à Éléphantine, juin 1858.

Un torc en cuivre recouvert d'or. Il est fendu, mais l'écartement est nul.

La feuille d'or est déchirée, d'un côté, sur une longueur de plus de la moitié de l'anneau et sur une largeur maximum de o m. o04 mill.

Bibl. : *Journal d'entrée du Musée,* n° 2264.

52405. Anneau d'oreille. — Or sur cuivre. — Diam. o m. o2 2 mill., épaiss. o m. oo7 mill.; poids 15 gr. o5. — Trouvé à Éléphantine, juin 1858.

En tout semblable au précédent avec lequel il est apparié.
Un des côtés porte une déchirure semblable à celle du n° 52404.

Bibl. : *Journal d'entrée du Musée*, n° 2264.

52406. Anneau d'oreille. — Or sur cuivre. — Diam. o m. o16 mill., épaiss. o m. oo5 mill.; poids 5 gr. 45. — Trouvé à Éléphantine, juin 1858.

Une feuille d'or recouvrant un fil de cuivre rond. L'anneau est fendu.
La feuille d'or est déchirée, d'un côté, sur la moitié de la longueur totale.

Bibl. : *Journal d'entrée du Musée*, n° 2264.

52407. Anneau d'oreille. — Or sur cuivre. — Diamètre maximum o m. o17 mill., épaiss. o m. oo5 mill.; poids 6 gr. o5. — Trouvé à Éléphantine, juin 1858.

Semblable au numéro précédent.
En très mauvais état, la feuille d'or est en partie disparue, et elle est déchirée dans les parties qui restent.
Il semble que ce bijou était apparié au n° 52406.

Bibl. : *Journal d'entrée du Musée*, n° 2264.

52408. Anneau d'oreille. — Électrum sur cuivre. — Diamètre maximum o m. o19 mill., épaiss. o m. oo7 mill.; poids 10 gr. 6o. — Trouvé à Éléphantine, juin 1858.

Un anneau semblable aux précédents. L'électrum enveloppe un fil de cuivre rond, l'anneau est fendu.
L'électrum est très peu déchiré à une des extrémités et à la partie extérieure opposée à l'ouverture.

Bibl. : *Journal d'entrée du Musée*, n° 2264.

52409. Anneau d'oreille. — Or sur cuivre. — Diam. o m. o2o mill., épaiss. o m. oo8 mill.; poids 15 gr. 45. — Trouvé à Gournah, février 1859.

Un anneau de cuivre recouvert d'or. L'anneau est fendu mais les extrémités se joignent.
L'or est déchiré à la partie opposée à l'ouverture.

Bibl. : *Journal d'entrée du Musée*, n° 3379-3382.

52410. Anneau d'oreille. — Or sur cuivre. — Diam. o m. o2o mill., épaiss.
o m. oo8 mill.; poids 15 gr. 45. — Trouvé à Gournah, 1859.

Un anneau en tout semblable au précédent avec lequel il semble être apparié.
L'or est déchiré de la même façon.

Bibl. : *Journal d'entrée du Musée*, n°° 3379-3382.

52411. Anneau d'oreille. — Or sur cuivre. — Diamètre maximum
o m. o2o mill., épaiss. o m. oo4 mill. 1/2; poids 6 gr. 35. — Trouvé
à Gournah, 1859.

Un anneau d'oreille ouvert. Les extrémités sont rapprochées. Le fil de cuivre est rond et
uni; il est recouvert d'une feuille d'or qui est déchirée, d'un côté, à l'opposé de
l'ouverture.

Bibl. : *Journal d'entrée du Musée*, n°° 3379-3382.

52412. Anneau d'oreille. — Or sur cuivre. — Diamètre maximum
o m. o19 mill., épaiss. o m. oo4 mill. 1/2; poids 4 gr. 75. — Trouvé
à Gournah, 1859.

Un anneau semblable au précédent. Les extrémités sont écartées et l'espace libre est de
o m. oo3 mill. 1/2.
L'or a disparu de l'une des extrémités, il est déchiré à plusieurs endroits sur le corps.

Bibl. : *Journal d'entrée du Musée*, n°° 3379-3382.

52413. Anneau d'oreille. — Or sur cuivre. — Diamètre maximum
o m. o2o mill., épaiss. o m. oo7 mill.; poids 5 gr. 65. — Trouvé à
Gournah, novembre 1860.

Un anneau de même nature que les précédents. Les extrémités se touchent.
Il est en très bon état.

Bibl. : *Journal d'entrée du Musée*, n° 132 10.

52414. Anneau d'oreille. — Or sur cuivre. — Diamètre maximum
o m. o18 mill., épaiss. o m. oo6 mill.; poids 7 gr. 70. — Trouvé
à Saqqarah, août 1897.

Un anneau d'oreille, ouvert, de même nature que les précédents. L'or est déchiré à la
partie opposée à l'ouverture, et sur une longueur de o m. o1o mill. partant de la
déchirure.

Bibl. : *Journal d'entrée du Musée*, n° 31973.

52415. Anneau d'oreille. — Or sur cuivre. — Diamètre maximum o m. 018 mill., épaiss. o m. 006 mill.; poids 11 gr. 15. — Trouvé à El-Amra (Abydos), novembre 1894.

Un anneau fendu mais dont les extrémités sont rapprochées. Sa section est à huit pans dont quatre importants et quatre plus petits, ce sont les angles abattus.

Technique. Un trait creusé à la ligne médiane extérieure donne la sensation d'un assemblage en deux parties, mais l'examen montre qu'il n'en est rien. La feuille d'or a été roulée sur le fil de cuivre et le tout, probablement, passé dans une filière de forme, après que l'anneau eut reçu sa courbure; les déformations que l'on remarque le prouvent, d'autant plus que le bijou est très bien conservé.

Bibl. : *Journal d'entrée du Musée*, n° 30984. Ce numéro est celui de l'enregistrement d'un grand nombre de pièces.

52416. Anneau d'oreille. — Or sur cuivre. — Diam. o m. 018 mill., épaiss. o m. 006 mill.; poids 11 gr. 65. — Trouvé à El-Amra (Abydos), novembre 1894.

Un anneau en tout semblable au précédent avec lequel il fait la paire.

Bibl. : *Journal d'entrée du Musée*, n° 30984.

52417. Boucle d'oreille. — Or. — Diam. o m. 017 mill. 1/2, épaiss. o m. 006 mill.; poids 1 gr. 55. — Trouvée à El-Amra (Abydos), novembre 1894.

Un anneau fendu, creux, en deux parties. Les ouvertures sont fermées par des plaques; les extrémités sont rapprochées à un millimètre environ.

Bibl. : *Journal d'entrée du Musée*, n° 30984.

52418. Boucle d'oreille. — Or. — Diam. o m. 017 mill. 1/2, épaiss. o m. 006 mill.; poids 1 gr. 45. — Trouvée à El-Amra (Abydos), novembre 1894.

Anneau semblable au précédent avec lequel il fait la paire.
Un peu bossué.

Bibl. : *Journal d'entrée du Musée*, n° 30984.

52419. Boucle d'oreille. — Électrum. — Diam. o m. o15 mill., épaiss. o m. oo5 mill.; poids 1 gr. 15. — Trouvée à El-Amra (Abydos), novembre 1894.

Un anneau, fendu, creux, en deux parties. Les ouvertures sont masquées par des plaques.
A l'extérieur, la ligne médiane forme un angle saillant.

Bibl. : *Journal d'entrée du Musée*, n° 30984.

52420. Boucle d'oreille. — Électrum. — Diamètre maximum o m. o17 mill., épaiss. o m. oo5 mill.; poids 1 gr. 15. — Trouvée à El-Amra (Abydos), novembre 1894.

Anneau semblable au précédent avec lequel il est apparié.
Il est en mauvais état, très bossué.

Bibl. : *Journal d'entrée du Musée*, n° 30984.

52421. Boucle d'oreille. — Or. — Diam. o m. o24 mill., épaiss. o m. o1o mill.; poids 5 gr. 55 (pl. XXXII).

Un anneau épais, creux, fendu, les ouvertures masquées par des plaques d'or.
Il est légèrement bossué.

Bibl. : *Journal d'entrée du Musée*, n° 40314.

52422. Boucle d'oreille. — Or. — Diam. o m. o24 mill., épaiss. o m. o1o mill.; poids 6 gr. 35 (pl. XXXII).

Un anneau en tout semblable au précédent, un peu plus bossué.

Bibl. : *Journal d'entrée du Musée*, n° 40315.

52423. Boucle d'oreille. — Électrum. — Diam. o m. o22 mill., épaiss. o m. o15 mill.; poids 2 gr. 3o. — Trouvée à Gournah, février 1859.

Un anneau fendu, volumineux, de section triangulaire arrondie. Le métal en est très mince.
Il est exécuté en deux parties assemblées selon la ligne médiane.
L'état est très mauvais.

Bibl. : *Journal d'entrée du Musée*, n° 3433.

52424. **Boucle d'oreille.** — Or. — Diam. o m. o16 mill., épaiss. o m. oo6 mill.; poids 1 gr. 45. — Trouvée à Abydos, 1899.

Un anneau fendu, creux, très léger, en forme de tore. Les extrémités sont fermées par des plaques percées d'un trou.

Bibl. : *Journal d'entrée du Musée*, n° 34659.

52425. **Boucle d'oreille.** — Or. — Diam. o m. o28 mill., haut. o m. o16 mill., épaiss. o m. o1o mill.; poids 4 gr. 25. — Trouvée à Saqqarah, juillet 1860.

Un anneau volumineux, fendu, creux, de métal mince. Les extrémités sont fermées par des plaques percées. Sa section donne un triangle curviligne.
Il est construit en deux parties. L'assemblage, qui est selon la ligne médiane, est visible à l'intérieur; à l'extérieur il est masqué par une tresse bordée de deux rangs de perles, repoussées dans une bande d'or.

Bibl. : *Journal d'entrée du Musée*, n°ˢ 11061-11067.

52426. **Boucle d'oreille.** — Or. — Diam. o m. o25 mill., épaiss. o m. oo9 mill.; poids 4 gr. 3o. — Trouvée à Saqqarah, juillet 1860.

Un anneau, rond, creux, en forme de tore. Le métal est mince.
Les extrémités sont fermées par des plaques percées d'un trou.
Le bijou est bossué.

Bibl. : *Journal d'entrée du Musée*, n°ˢ 11061-11067.

52427. **Boucle d'oreille.** — Or. — Diam. o m. o25 mill., épaiss. o m. oo9 mill.; poids 4 gr. 2o. — Trouvée à Saqqarah, juillet 1860.

Un anneau en tout semblable au précédent. Son état est bien plus mauvais; il est bossué de façon à être gravement déformé.

Bibl. : *Journal d'entrée du Musée*, n°ˢ 11061-11067.

52428. **Boucle d'oreille.** — Or. — Diam. o m. o23 mill., épaiss. o m. oo9 mill.; poids 3 gr. 85. — Trouvée à Saqqarah, juillet 1860.

Un anneau en tout semblable aux deux précédents. Il est de plus revêtu d'une couleur rouge, analogue à celle que nous avons vue sur les bijoux de Ramsès III et Ramsès XII.

Bibl. : *Journal d'entrée du Musée*, n°ˢ 11061-11067.
Catal. du Musée, n° 52001.

52429. Boucle d'oreille. — Or. — Diam. o m. o₂3 mill., épaiss. o m. oo9 mill.; poids 3 gr. 55. — Trouvée à Saqqarah, juillet 1860.

Un anneau en tout semblable au précédent, avec lequel il paraît avoir été apparié. L'état de conservation est très mauvais; le bijou est bossué et déformé.

Bibl. : *Journal d'entrée du Musée,* nᵒˢ 11061-11067.

52430. Boucle d'oreille. — Électrum. — Diam. o m. o₂o mill., épaiss. o m. oo6 mill. 1/2; poids 2 gr. 25. — Trouvée à Saqqarah, juillet 1860.

Un anneau de même nature que les précédents, mais sa section se rapproche du losange, présentant un angle émoussé à l'intérieur et à l'extérieur.

Bibl. : *Journal d'entrée du Musée,* nᵒˢ 11061-11067.

52431. Boucle d'oreille. — Électrum. — Diam. o m. o19 mill., épaiss. o m. oo5 mill.; poids 1 gr. o5. — Trouvée à Saqqarah, juillet 1860.

Un anneau creux, fendu, léger.

Il est construit en deux parties, serties l'une dans l'autre. Les assemblages sont sur la ligne médiane. L'assemblage extérieur est décoré au perlé (fig. 69, 70 et 71). L'état de conservation est très mauvais. Une des extrémités est complètement déchirée, l'autre est éraillée mais un peu moins; tout l'anneau est bossué.

Fig. 69. 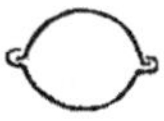   Fig. 70. 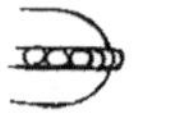   Fig. 71.

Bibl. : *Journal d'entrée du Musée,* nᵒˢ 11061-11067.

52432. Boucle d'oreille. — Or. — Diam. o m. o19 mill., épaiss. o m. oo9 mill.; poids 2 gr. 3o. — Trouvée à Drah Abou'l Naggah, 1863.

Un anneau de section losange, ouvert, creux, les extrémités fermées.

Le métal employé est mince.

L'assemblage à la ligne médiane est très visible. L'état de conservation du bijou étant médiocre, les soudures ont cédé sur divers points, surtout à l'intérieur.

Bibl. : *Journal d'entrée du Musée,* nᵒ 2138₂.

52433. Boucle d'oreille. — Électrum. — Diam. o m. o₂7 mill., haut. o m. o₂o mill., épaiss. o m. oo8 mill.; poids 5 gr. 1o.

Un anneau volumineux, ouvert, les extrémités fermées.

Le bijou est très léger, le métal employé étant très mince.

La forme extérieure est celle d'un baril, la section est triangulaire curviligne.

Le bijou est fait de deux parties réunies à la ligne médiane.

Il est en mauvais état, déchiré à la partie opposée à la brisure.

Bibl. : *Journal d'entrée du Musée*, n° 40316, numéro donné en mai 1908.

52434. Ornement d'oreille. — Or. — Diam. o m. o31 mill., haut. o m. o27 mill., épaiss. o m. oo8 mill.; poids 17 gr. 15 (pl. XXXII).

Un ornement très volumineux, en forme extérieure de baril. Il est creux et fendu. Les extrémités sont fermées.

Sa section est triangulaire curviligne.

La feuille d'or est très mince.

Le bijou est construit en deux parties, réunies à la ligne médiane.

L'état de conservation est médiocre. L'or est usé à certains endroits et complètement percé près d'une des extrémités.

Ces déchirures laissent voir une composition dure, noirâtre, qui servait de dessous, de soutien à l'or. Il n'a pas été possible de déterminer la nature de cette composition dont une partie s'est désagrégée; des débris nombreux sont détachés à l'intérieur et frappent les parois si l'on secoue le bijou.

Bibl. : *Journal d'entrée du Musée*, n° 40317.

52435. Boucle d'oreille avec pendeloques. — Or. — Diam. o m. o33 mill., longueurs des pendeloques o m. o26 mill. et o m. o22 mill.; poids 7 gr. 5o (pl. XXXVI).

Une boucle d'oreille, composée d'un disque auquel sont suspendues trois pendeloques.

Le disque est une plaque d'or mince décoré d'une rosace centrale entourée de huit rosaces plus petites; toutes sont en forme de fleurs dont les pétales sont en creux, réservant une petite perle centrale. Les rosaces sont bordées de fil et de filigranes. Celle du centre est bordée de deux rangs de grains séparés par un fil; les autres sont circonscrites par un fil, doublé lui-même par un rang de grains : le tout est enfermé par une double ligne de grains séparés par un fil.

Dans les petits triangles curvilignes qui séparent les rosaces du centre et de la bordure, des perles plates, découpées et soudées, viennent prendre place. Il y en a seize; les huit qui garnissent les fonds près de la rosace centrale sont plus petites que celles qui prennent place dans les fonds avoisinant le pourtour.

Derrière le disque, au centre, est soudée une bride en forme d'agrafe, en or mince, avec un demi-jonc relevé au milieu. Cet anneau plat était destiné à la suspension du bijou, près du pourtour; trois autres petits anneaux plats retiennent les pendeloques.

Celles-ci se composent : 1° d'une rosace semblable à celle du disque, c'est-à-dire une fleurette, en creux, bordée par deux rangs de graines légèrement espacés l'un de l'autre; 2° de deux fleurs de lotus, ayant entre elles un bouton, non épanoui, qui retient une petite perle de cornaline(?).

Ces pendeloques sont attachées à l'aide de fils modernes.

Gréco-romain.

BIBL. : *Journal d'entrée du Musée*, n° 40318, numéro donné en juin 1908; *Catalogue Mariette*, 1864, p. 227, n° 30; *Catalogue Mariette*, 1876, p. 253, n° 840; *Catalogue de Morgan*, 1895, p. 228, n° 988; *Catalogue Maspero*, 1902, p. 437, n° 988; *Catalogue Maspero*, traduction anglaise de Quibell, 1903, p. 528, n° 988.

52436. Boucle d'oreille. — Or. — Diam. o m. o33 mill., longueur des pendeloques o m. o26 mill.; poids 8 gr. 75 (pl. XXXVI).

Un bijou semblable au précédent avec lequel il est apparié.

Les trois pendeloques sont semblables à celle du milieu de la boucle que nous venons de voir. Elles sont en forme de bouton non épanoui; les pierres qui les garnissaient sont parties.

BIBL. : *Journal d'entrée du Musée*, n° 40319, numéro donné en juin 1908; même bibliographie que le n° 52435.

52437. Boucle d'oreille avec pendeloques. — Or et perles. — Diamètre maximum de la boucle o m. o33 mill., longueur des pendeloques o m. o55 mill.; poids 15 gr. 70. — Achetée le 16 novembre 1886 (pl. XXX).

Boucle composée d'un fil, terminé à une extrémité par un anneau enrichi d'une barrette formée de trois perles plates. Celle du milieu est unie, et celles de chaque côté ont, au centre, une perle; elles sont, ainsi que l'anneau, bordées de filigranes.

L'autre extrémité est terminée par un crochet qui vient s'agrafer dans l'anneau.

Sur le fil sont soudés quatre anneaux auxquels sont suspendues les pendeloques.

Celles-ci sont faites de chaînes ayant l'aspect de tresses. C'est le type d'emmaillement, connu encore de nos jours sous le nom de «chaîne colonne»[1]. Ces chaînes sont insérées des deux côtés dans des perles sphériques munies de deux petits collets aux parties qui reçoivent d'un côté, la chaîne, et de l'autre l'anneau qui les réunit aux autres parties du bijou.

Elles sont continuées par une petite sphère ajourée, dans laquelle passe un fil d'or qui traverse une perle et est arrêté de l'autre côté dans un petit anneau qui termine le tout.

Les perles sont irrégulières, les unes rondes, les autres baroques. Elles ont aujourd'hui l'aspect de perles mortes.

Gréco-romain.

BIBL. : *Journal d'entrée du Musée*, n° 27458.

[1] Voir *La bijouterie et la joaillerie égyptiennes*, t. II des *Mémoires publiés par les membres de l'Instit. franç. d'archéol. orient. du Caire*, p. 94.

52438. Boucle d'oreille avec pendeloques. — Or et perles. — Diamètre maximum de la boucle o m. o33 mill., longueur des pendeloques o m. o55 mill.; poids 15 gr. 70. — Achetée le 16 novembre 1886 (pl. XXX).

En tout semblable au numéro précédent.
Gréco-romain.

Bibl. : *Journal d'entrée du Musée*, n° 27458.

52439. Boucle d'oreille avec pendeloques. — Or et perles. — Diamètre maximum de la boucle o m. o31 mill., longueur des pendeloques o m. o85 mill.; poids 15 gr. 25. — Achetée en novembre 1886 (pl. XXX).

Boucle de même nature que les deux précédentes. Les pendeloques sont au nombre de trois. Les motifs dans lesquels s'insèrent les chaînes, au lieu d'être des perles sphériques, sont des cônes. Les perles qui terminent les pendeloques sont séparées des sphères ajourées par une petite perle cylindrique en verre de couleur vert clair.
Gréco-romain.

Bibl. : *Journal d'entrée du Musée*, n° 27459.

52440. Boucle d'oreille avec pendeloques. — Or et perles. — Diamètre maximum de la boucle o m. o31 mill., longueur des pendeloques o m. o80 mill.; poids 15 gr. 55. — Achetée en novembre 1886 (pl. XXX).

Bijou en tout semblable au précédent.
Gréco-romain.

Bibl. : *Journal d'entrée du Musée*, n° 27459.

52441. Boucle d'oreille. — Or. — Long. o m. o3o mill., larg. o m. o2o mill.; poids 2 gr. 45. — Trouvée à Tell el-Nawa (Mit Rahineh) (pl. XXXIII).

Une boucle composée d'un croissant ventru dont les pointes, écartées l'une de l'autre de o m. oo4 mill., sont toutes deux percées d'un trou allant de l'extérieur à l'intérieur; ces trous servaient de passage au fil de suspension.
Au milieu de la partie ventrue vient se souder une portion de cylindre décorée entièrement de perles faites au repoussé.
Le tout est terminé par une partie lenticulaire qui déborde largement de la portion de cylindre.

Le métal est mince et le bijou est rempli d'une composition qui le soutient.

Technique. Le croissant est fait dans une seule feuille qui a été martelée de façon à le
    mettre en forme en réservant la rencontre des bords à la partie interne de la pièce.

La portion de cylindre est faite d'une bande sur laquelle les perles ont été repoussées,
    et qui a été roulée ensuite.

La pièce lenticulaire qui termine le bijou est faite de deux parties soudées à la ligne
    médiane extérieure.

Gréco-romain.

Bibl. : *Journal d'entrée du Musée*, n° 39622.

52442. **Boucle d'oreille.** — Or. — Long. o m. o30 mill., larg. o m. o20 mill.;
    poids 2 gr. 65. — Trouvée à Tell el-Nawa (Mit Rahineh) (pl. XXXIII).

Bijou en tout semblable au précédent.

Gréco-romain.

Bibl. : *Journal d'entrée du Musée*, n° 39622.

52443. **Boucle d'oreille.** — Or. — Longueur maximum o m. o31 mill., larg.
    o m. o22 mill.; poids 1 gr. 85. — Trouvée à Tell el-Nawa (Mit
    Rahineh), 1907 (pl. XXXI).

Un ornement de la même nature que ceux qui sont catalogués sous les n°ˢ 52368-
    52369; même analogie avec le melon.

L'objet a trois côtes dont deux unies; celle du milieu est bordée, de chaque côté, d'un
    rang perlé en relief, et au centre d'une bande décorée au pointillé.

Le métal est mince. L'état actuel du bijou est mauvais.

La côte centrale est seule remplie de plâtre.

Gréco-romain.

Bibl. : *Journal d'entrée du Musée*, n° 39623.

52444. **Fragment d'ornement d'oreille.** — Or et plâtre. — Long. o m. o29 mill.,
    larg. o m. o19 mill.; poids 1 gr. 65. — Trouvé à Tell el-Nawa (Mit
    Rahineh), 1907.

Un fragment de l'ornement précédent. Il possède trois parties de côtes, deux unies et
    une décorée au perlé et au pointillé.

Gréco-romain.

Bibl. : *Journal d'entrée du Musée*, n° 39623.

52445. **Fragment d'ornement d'oreille.** — Or sur plâtre. —Long. o m. o 2 5 mill.,
larg. o m. o 1 5 mill.; poids 1 gr. o5. — Tell el-Nawa (Mit Rahineh),
1 9 0 7.

Fragment du bijou précédent. Deux portions de côtes, l'une unie, l'autre avec des
traces de perlé.

Gréco-romain.

Bibl. : *Journal d'entrée du Musée*, n° 39623.

52446. **Fragment d'ornement d'oreille.** — Or sur plâtre. — Long. o m. o 2 o mill.,
larg. o m. o 1 2 mill.; poids o gr. 7 o. — Tell el-Nawa (Mit Rahineh),
1 9 0 7.

Fragment du bijou précédent. Portion de côte unie, accolée à une petite bande perlée.

Gréco-romain.

Bibl. : *Journal d'entrée du Musée*, n° 39623.

52447. **Un ornement d'oreille.** — Or sur plâtre. — Long. o m. o 3 5 mill.,
larg. o m. o 2 5 mill. environ; poids 5 gr. 1 o. — Trouvé à Tell
el-Nawa (Mit Rahineh), 1 9 0 7.

Bijou de même nature que le précédent, mais en plus mauvais état. Il compte quatre
fragments de côtes; il y en a deux unies et deux décorées de bandes perlées alternant
avec des bandes unies.

Sur une des côtes les bandes sont longitudinales et sur l'autre elles sont transversales.
Métal mince. Du plâtre, coulé derrière, lui assure une certaine tenue.

Gréco-romain.

Bibl. : *Journal d'entrée du Musée*, n° 39623.

52448. **Fragment d'ornement d'oreille.** — Or sur plâtre. —Long. o m. o 3 o mill.,
larg. o m. o 1 8 mill.; poids 1 gr. 45. — Tell el-Nawa (Mit Rahineh),
1 9 0 7.

Fragment du bijou précédent, possédant des parties de quatre côtes, deux unies et
deux décorées au perlé.

Gréco-romain.

Bibl. : *Journal d'entrée du Musée*, n° 39623.

52449. Ornement d'oreille. — Or sur plâtre. — Long. o m. o38 mill., larg. o m. o25 mill.; poids 7 gr. 75. — Trouvé à Tell el-Nawa (Mit Rahineh), 1907 (pl. XXXI).

Bijou de même nature que les précédents. Il est en bon état. Il possède quatre côtes, deux unies et deux décorées de perles alignées; sur une côte les lignes de perles sont longitudinales et sur l'autre elles sont transversales.

Les perles ont été indiquées à l'outil de ciseleur, au tracé, sans enlever de la matière; l'épaisseur des plaques ne l'aurait pas permis.

Gréco-romain.

Bibl. : *Journal d'entrée du Musée*, n° 39623.

52450. Fragments de boucles d'oreilles et de bagues. — Argent. — Poids 32 gr. 3o.

Un lot de quinze fragments de boucles d'oreilles et de bagues dans un très mauvais état de conservation.

Bibl. : *Journal d'entrée du Musée*, n° 40320, numéro donné en juin 1908.

52451. Boucle d'oreille. — Or. — Longueur de la boucle o m. o14 mill., longueur de l'égide o m. o12 mill.; poids 1 gr. 10. — Trouvée à Saqqarah, novembre 1858 (pl. XXXII).

Une boucle composée d'un croissant ventru dont les pointes, qui ne se trouvent pas à la même hauteur, sont reliées par un fil d'or qui passait dans le lobe de l'oreille. Sur le côté, de façon à se présenter parallèlement au lobe, est soudée une égide, une tête de déesse, coiffée du disque solaire.

Gréco-romain.

Bibl. : *Journal d'entrée du Musée*, n° 2731.

52452. Boucle d'oreille. — Or. — Long. o m. o18 mill., épaisseur maximum o m. oo6 mill.; poids 1 gr. 80. — Trouvée à Zagazig, 6 janvier 1881 (pl. XXXIII).

Une boucle d'oreille composée d'un croissant ventru dont une pointe est prolongée de façon à rejoindre l'autre en décrivant une courbe; là elle pénètre dans un petit anneau plat que possède cette partie du croissant et elle s'y accroche.

Au niveau de l'anneau l'autre branche du croissant est décorée d'un fil enroulé qui forme une ligature de 3 millimètres de large.

Bibl. : *Journal d'entrée du Musée*, n° 27417.

52453. Boucle d'oreille. — Or. — Long. o m. o18 mill., épaisseur maximum
o m. oo6 mill.; poids 1 gr. 8o. — Trouvée à Zagazig, 6 janvier
1881.

Une boucle complètement semblable à la précédente.

Bibl. : *Journal d'entrée du Musée*, n° 27417.

52454. Boucle d'oreille. — Or. — Largeur maximum o m. o45 mill., écartement des pointes o m. o2o mill., largeur du ventre o m. o22 mill.;
poids 4 gr. 4o. — Fait partie d'un groupe d'objets, exposés ensemble,
qui ont été trouvés par É. Brugsch pacha, au printemps de 187o. Ils
étaient réunis dans un vase de terre cuite rouge en forme de pyramide.
— Tmei el-Amdid (Mendès).

Une boucle d'oreille en forme de croissant ventru.

Le bijou est très volumineux et pourtant très léger car le métal en est extrêmement
mince. Ce manque d'épaisseur est cause que l'or, qui a subi des pressions ou des
chocs, est entièrement bossué et déformé au ventre de l'objet; les pointes seules
sont restées en forme, aux extrémités sont soudées des plaquettes qui les ferment
et qui portaient chacune un anneau. Il n'y en a plus qu'un auquel est encore attachée une barrette d'or faite d'un petit tube terminé par deux anneaux. Cette barrette
n'a que 11 millimètres de long; l'écartement des pointes étant de 2o millimètres,
le côté opposé devait posséder un dispositif complémentaire.

Sur l'une des pointes, extérieurement, un petit anneau plat est écrasé.

Époque persane.

Bibl. : *Journal d'entrée du Musée*, n° 4o373, numéro donné en juin 19o8. La bibliographie qui suit
est celle de l'ensemble de la trouvaille où l'objet catalogué ici n'a pas de désignation précise :
Catalogue Maspero, 1884, p. 85, n° 3538; *Catalogue Grébaut*, 1892, p. 126, n° 3538;
Catalogue de Morgan, 1897, p. 229, n° 991; *Catalogue Maspero*, 19o2, p. 437, côté sud de
la cage I; *Catalogue Maspero*, traduction anglaise de Quibell, 19o5, p. 436, n° 976; *Catalogue
Maspero*, traduction anglaise de Quibell, 19o6, p. 389, E-N.

52455. Boucle d'oreille. — Or. — Larg. o m. o25 mill., épaiss. o m. o15 mill.;
poids 1 gr. 6o. — Trouvée à Tmei el-Amdid (Mendès), 187o (voir
n° 52454).

Une boucle d'oreille en forme de croissant ventru. Les pointes sont percées chacune
d'un trou allant de l'extérieur à l'intérieur.

Au milieu du croissant un appendice est soudé qui se compose d'un cylindre perlé et
d'une calotte lenticulaire.

Le métal est mince. L'objet est empli d'une substance qui lui sert de soutien. L'état est médiocre. L'appendice est presque désoudé du croissant.

Époque persane.

BIBL. : *Journal d'entrée du Musée*, n° 40373; même bibliographie que le n° 52454.

52456. **Boucle d'oreille.** — Or. — Larg. 0 m. 024 mill., épaiss. 0 m. 015 mill.; poids 1 gr. 60. — Trouvée à Tmei el-Amdid (Mendès), 1870 (voir n° 52454).

Bijou semblable au précédent.

BIBL. : *Journal d'entrée du Musée*, n° 40373; même bibliographie que le n° 52454.

52457. **Boucle d'oreille.** — Or. — Long. 0 m. 024 mill., larg. 0 m. 015 mill.; poids 1 gr. 60. — Trouvée à Tmei el-Amdid (Mendès), 1870 (voir n° 52454).

Bijou semblable aux deux précédents.

BIBL. : *Journal d'entrée du Musée*, n° 40373; même bibliographie que le n° 52454.

52458. **Boucle d'oreille.** — Or. — Larg. 0 m. 030 mill., épaiss. 0 m. 015 mill., poids 6 gr. 55. — Trouvée à Mit Rahineh, 1892.

Un croissant très ventru, de métal mince, muni à ses pointes de trous permettant de passer le fil de suspension. Le métal est foliacé par endroit, notamment vers ces trous.

Le bijou est rempli d'une composition noirâtre qui a servi de soutien et lui a permis de rester en forme malgré la ténuité du métal.

Gréco-romain.

BIBL. : *Journal d'entrée du Musée*, n° 30203.

52459. **Boucle d'oreille.** — Or. — Larg. 0 m. 025 mill., épaiss. 0 m. 012 mill.; poids 4 gr. 40. — Trouvée à Mit Rahineh, 1892.

Un croissant ventru semblable au précédent.

Gréco-romain.

BIBL. : *Journal d'entrée du Musée*, n° 30203.

52460. **Boucle d'oreille.** — Or. — Larg. o m. 027 mill., épaiss. o m. 015 mill.;
poids 4 gr. 95. — Trouvée à Mit Rahineh, 1892.

Croissant ventru semblable aux deux précédents.
Gréco-romain.

Bibl. : *Journal d'entrée du Musée*, n° 30203.

52461. **Boucle d'oreille.** — Or. — Long. o m. 027 mill., larg. o m. 015 mill.;
poids 2 gr. 30. — Trouvée à Mit Rahineh, 1892.

Un croissant possédant à la partie ventrue un appendice composé d'une barre à section
carrée, décorée au perlé repoussé, et terminée par une pièce de forme lenticulaire.
Gréco-romain.

Bibl. : *Journal d'entrée du Musée*, n° 30203.

52462. **Ornement d'oreille.** — Or. — Plus grande dimension o m. 038 mill.;
poids 1 gr. 35. — Trouvé à Mit Rahineh, 1892 (pl. XXXI).

Un ornement d'oreille de même nature que ceux qui figurent au *Catalogue* sous les
n°ˢ 52368, 52443, 52449, etc.
Celui-ci est très compliqué de décor. Il possède quatre côtes ou fuseaux; deux sont déco-
rées de perles repoussées qui sont séparées par des joncs sur lesquels des indica-
tions au traçoir simulent assez grossièrement des perles plates.
Les deux autres côtes sont décorées transversalement par des divisions très accentuées.
Cinq parties unies dont le milieu est légèrement anguleux ont entre elles un jonc
qui a reçu également le décor au traçoir simulant des perles.
L'or est très mince et devait être supporté par une composition aujourd'hui partie.
Gréco-romain.

Bibl. : *Journal d'entrée du Musée*, n° 30203.

52463. **Ornement d'oreille.** — Or. — Plus grande dimension o m. 029 mill.;
poids 4 gr. 45. — Trouvé à Mit Rahineh, 1892 (pl. XXXI).

Un ornement de même nature que le précédent. Il possède trois côtes : deux sont unies
et la troisième, la côte centrale, est décorée au tracé, longitudinalement, de deux
cordes et deux rangs de cercles portant un point à leur centre.
Des traits transversaux simulent des liens.
Une composition, ayant l'aspect de plâtre aggluliné, est restée en grande partie à l'intérieur du bijou.
Gréco-romain.

Bibl. : *Journal d'entrée du Musée*, n° 30203.

52464. **Ornement d'oreille.** — Or. — Long. o m. o35 mill.; poids o gr. 8o. — Trouvé à Mit Rahineh, 1 8g 2.

Ornement semblable au précédent, mais écrasé. La composition de soutien est partie. Gréco-romain.

Bibl. : *Journal d'entrée du Musée,* n° 3o2o3.

52465. **Ornement d'oreille.** — Or. — Larg. o m. o4o mill.; poids 1 gr. 4o. — Trouvé à Mit Rahineh, 1 8g 2.

Un ornement en tout semblable au n° 5 2 46 2, mais très écrasé. Gréco-romain.

Bibl. : *Journal d'entrée du Musée,* n° 3o2o3.

52466. **Ornement d'oreille.** — Or. — Larg. o m. o2 6 mill.; poids o gr. 8o. — Trouvé à Mit Rahineh, 1 8g 2.

Un ornement de même nature que les précédents. Il est divisé en trois côtes, toutes trois unies.
Le bijou est écrasé et en mauvais état.
Gréco-romain.

Bibl. : *Journal d'entrée du Musée,* n° 3o2o3.

52467. **Ornement d'oreille.** — Or. — Larg. o m. o34 mill.; poids 7 gr. 65. — Trouvé à Saïs, 2 juillet 1 8g7.

Un ornement de même nature que les précédents. Il est divisé en quatre côtes dont deux unies et deux décorées de rangs de perles tracés transversalement et formant, entre eux, de petites côtes unies.
La composition de soutien est encore à l'intérieur du bijou.
Gréco-romain.

Bibl. : *Journal d'entrée du Musée,* n° 3 1 g2 6.

52468. **Ornement d'oreille.** — Or. — Larg. o m. o34 mill.; poids 8 gr. 2 o. — Trouvé à Saïs, 2 juillet 1 8g7.

Un ornement semblable au précédent, mais en mauvais état. Il a été écrasé bien que la composition de soutien soit encore à l'intérieur du bijou, ce qui prouve que ce dernier a subi un effort considérable et aussi que la matière qu'il contient a, ou avait, une assez grande plasticité.
Gréco-romain.

Bibl. : *Journal d'entrée du Musée,* n° 3 1 g2 6.

52469. **Ornement d'oreille.** — Or. — Larg. o m. o2 5 mill.; poids 4 gr. 2 5.
— Trouvé à Saïs, 2 juillet 1897 (pl. XXXI).

Un ornement d'oreille de même nature que les précédents. Il est divisé en cinq côtes,
deux sont unies. La côte centrale est décorée de traits transversaux groupés sur trois
points, entre ces groupes sont des traits longitudinaux.

Les deux côtes qui limitent le bijou sont décorées de traits transversaux formant des
petits joncs alternés, unis et perlés.

La composition de soutien est encore à l'intérieur.

Gréco-romain.

Bibl. : *Journal d'entrée du Musée*, n° 31926.

52470. **Ornement d'oreille.** — Or. — Long. o m. o31 mill.; poids 4 gr. 90
(pl. XXXI).

Un ornement d'oreille de même nature que les précédents. Il est divisé en trois côtes;
sur chacune d'elles on voit trois rangs de fortes perles relevées au repoussé.

Le bijou est en mauvais état. Il a subi une forte pression qui l'a écrasé et en partie
déchiré vers le milieu, cependant la composition de soutien est restée en partie,
elle est très friable et il s'en échappe des débris au moindre mouvement.

Gréco-romain.

Bibl. : *Journal d'entrée du Musée*, n° 40324.

52471. **Boucle d'oreille.** — Or. — Long. o m. o2o mill., larg. o m. o21 mill.;
poids 3 gr. 75 (pl. XXXVI).

Une boucle d'oreille, faite de trois parties en forme de côtes de melon. La construction
de ce bijou est particulière : les côtes sont faites à part et accolées après avoir été
décorées; elles sont fermées à l'intérieur du bijou, du côté du lobe de l'oreille.

Le mode de suspension se compose d'une tige, carrée de section, dont les extrémités
portent chacune un anneau qui vient s'insérer entre deux autres anneaux lesquels se
trouvent à la réunion des pointes des côtes. Une goupille passée dans ces trois
charnons, fixe la tige; la goupille d'un côté était mobile.

Le bijou, vu de profil, donne l'impression d'un élégant petit panier.

Le point d'attache des charnières est masqué, du côté de la boucle soumise aux regards,
par une fleurette à huit pétales, composée d'une plaque, d'or mince, presque ronde,
sur laquelle les pétales sont dessinés par de petits fils ronds. Leur réunion au centre
de la fleurette est masquée par une perle plate, d'or mince.

La côte du milieu est décorée de quatre bandes transversales, en forme de demi-jonc;
elles sont bordées d'un rang de grains enrichi de triangles composés de trois grains.

Entre ces bandes, des perles ont été repoussées à même la côte.

Les deux autres côtes portent au milieu, dans le sens longitudinal, une bande plate bordée d'un rang de grains. De chaque côté de la bande, des perles ont été repoussées à même la côte; elles sont bordées par un rang de grains qui termine le bijou.

Gréco-romain.

Bibl. : *Journal d'entrée du Musée*, n° 40325.

52472. Boucle d'oreille. — Or. — Long. 0 m. 019 mill., larg. 0 m. 020 mill.; poids 2 gr. 95 (pl. XXXVI).

Une boucle d'oreille semblable à la précédente. Elle est en moins bon état. La fleurette qui masquait une des charnières a été arrachée et la charnière aussi.

Gréco-romain.

Bibl. : *Journal d'entrée du Musée*, n° 40326.

52473. Boucle d'oreille. — Or. — Longueur maximum 0 m. 042 mill.; poids 3 gr. 50 (pl. XXXI).

Une boucle d'oreille composée d'une plaque mince sur laquelle est fait un décor très délicat de fil et de grains.

L'objet est en très mauvais état. Il est déformé et c'est par analogie avec d'autres qui sont mieux conservés que nous pouvons nous rendre compte de son aspect primitif.

Il était en forme d'une côte de melon, fermée à l'intérieur du côté du lobe de l'oreille.

Le mode de suspension devait être comme celui des bijoux catalogués aux deux numéros précédents, c'est-à-dire, une tige traversant le lobe munie de chaque côté d'un anneau et venant se rattacher au bijou, dans des charnières situées à chaque extrémité.

Le décor consiste en huit bandes transversales déterminées par neuf fils ronds entre lesquels un fil plus fin vient dessiner des arabesques. Dans les boucles que font ces fils, une perle, un grain d'or, vient prendre place.

Les pointes sont divisées en deux parties par une bande bordée de filigrane et dans les deux champs ainsi limités on voit des petites rosaces faites d'un fil en spirale avec une petite graine au centre. Les parties du fond restées libres reçoivent des losanges faits de quatre graines.

Gréco-romain.

Bibl. : *Journal d'entrée du Musée*, n° 40327.

52474. **Boucle d'oreille.** — Or. — Longueur maximum o m. o31 mill.; poids
3 gr. 35.

Une boucle d'oreille de même nature que la précédente.
Elle est en plus mauvais état. Une des pointes manque; celle qui reste, bien que
déformée, permet de voir que les spirales de fils du n° 52473, sont remplacées par
un semis de losanges à quatre grains.
Gréco-romain.

Bibl. : *Journal d'entrée du Musée*, n° 40328.

52475. **Boucle d'oreille.** — Or. — Longueur maximum o m. o33 mill.; poids
3 gr. 35 (pl. XXXI).

Une boucle d'oreille de même nature que la précédente. État très mauvais. Même décor
en semis de losanges aux extrémités restantes.
Gréco-romain.

Bibl. : *Journal d'entrée du Musée*, n° 40329.

52476. **Boucle d'oreille.** — Or. — Longueur maximum o m. o3o mill.; poids
2 gr. 75.

Boucle d'oreille de même nature et de même construction que les précédentes. Une seule
pointe décorée reste.
L'état du bijou est très mauvais.
Gréco-romain.

Bibl. : *Journal d'entrée du Musée*, n° 40330.

52477. **Trois boucles d'oreilles.** — Deux or et une argent. — Largeur maximum
des boucles o m. o18 mill.; poids 3 gr. 95. — Trouvées à Hawadi
(Sa el-Hagar), février 1900.

Deux boucles d'oreilles d'or en forme de croissants, ayant entre elles une boucle d'oreille
en argent décomposé.
Le résultat de l'altération de l'argent forme une substance rocheuse qui provoque
l'adhérence de ces bijoux entre eux.
Les boucles sont en métal mince; elles sont remplies d'une composition qui leur donne
de la solidité.

Bibl. : *Journal d'entrée du Musée*, n° 34131.

52478. **Ornement d'oreille.** — Or et pierre. — Diamètre de la partie face
o m. o2o mill., diamètre de la partie revers o m. o17 mill., diamètre
des cylindres de réunion o m. o07 mill.; poids 3 gr. 4o. — Trouvé
à Ouardan, 1888 (pl. XXXV).

Un ornement d'oreille semblable comme forme à ceux qui sont catalogués sous les
n°s 52397-52398 (bijoux de Séti II).

Une cupule possède un petit cylindre strié soudé à l'intérieur. Ce cylindre pénètre dans
un autre qui est soudé à l'intérieur d'une autre calotte sphérique, laquelle forme
le revers du bijou et qui est unie. Ces cylindres réunissent les deux parties de l'objet
en passant au travers du lobe de l'oreille.

La cupule qui fait la face du bijou est décorée, au centre, d'une pierre bleue. C'est une
demi-perle cylindrique posée en travers; autour, des cercles concentriques encadrent
des rangs perlés. Il en est de même au bord extérieur qui se termine par un cordon
strié de façon à imiter un perlé.

Gréco-romain.

BIBL. : *Journal d'entrée du Musée*, n° 28613.

52479. **Bouton d'oreille.** — Or et pierre. — Diam. o m. o2o mill.; poids
2 gr. 2o. — Trouvé à Ouardan, 1888 (pl. XXXV).

Bijou semblable au précédent. Le bouton de revers est séparé et une partie des tubes
de réunion manquent.

Gréco-romain.

BIBL. : *Journal d'entrée du Musée*, n° 28613.

52480. **Boucle d'oreille avec pendant.** — Diamètre maximum de la boucle
o m. o16 mill., longueur du pendant o m. o26 mill.; poids 1 gr. 55.
— Trouvée à Gheyta, fouilles de M. Petrie, 1906.

Un anneau dont les extrémités sont liées en spirale, passe au travers d'un anneau
rond, décoré de grènetis, et muni d'une collerette de graines.

De cette collerette part un fil rond uni qui s'insère dans une spirale. Deux autres petites
collerettes de graines sont enfilées librement sur le fil. Il est probable que le bijou
possédait une pierre qui a été brisée : le fil nu était l'axe, et les collerettes masquaient
l'entrée des trous.

Cette boucle et la suivante (n° 52481) sont colorées à l'aide du vernis rouge que nous
avons déjà rencontré.

Gréco-romain.

BIBL. : *Journal d'entrée du Musée*, n° 38724; FL. PETRIE, *Hyksos and Israelite Cities*, p. 6o, pl. XLVI,
n° 137.

52481. **Boucle d'oreille avec pendant.** — Or. — Diamètre de la boucle o m. o14 mill.; poids 1 gr. 55. — Trouvée par Fl. Petrie, à Gheyta, 1906.

Bijou en tout semblable au précédent.

Gréco-romain.

Bibl. : *Journal d'entrée du Musée*, n° 38724; Fl. Petrie, *Hyksos and Israelite Cities*, p. 60, pl. LXVI, n° 137.

52482. **Boucle d'oreille avec pendant.** — Or. — Diamètre de la boucle o m. o17 mill., longueur du pendant o m. o17 mill.; poids 1 gr. o5. — Trouvée par Fl. Petrie, à Gheyta, 1906.

Un anneau ouvert très légèrement ventru, mince, terminé à chaque extrémité par un fil. Ces deux fils forment deux boucles qui se pénètrent et ils sont ensuite liés au corps du bijou par deux ou trois tours en spirale.

Dans cette boucle est enfilé un pendant brisé. Il ne reste plus que l'anneau qui réunit les deux parties du bijou et une fraction de tube brisé, strié transversalement, encore garni d'une composition noirâtre.

Ces bijoux sont colorés au vernis rougeâtre.

Bibl. : *Journal d'entrée du Musée*, n° 38725; Fl. Petrie, *Hyksos and Israelite Cities*, p. 60, pl. XLVI, n° 136.

52483. **Boucle d'oreille.** — Or. — Diam. o m. o18 mill.; poids o gr. 65. — Trouvée par Fl. Petrie, à Gheyta, 1906.

Une boucle semblable à la précédente, mais elle ne possède plus de pendant.

Bibl. : *Journal d'entrée du Musée*, n° 38725.

52484. **Boucle d'oreille.** — Or. — Largeur maximum o m. o18 mill.; poids o gr. 65. — Trouvée à Mit Rahineh, 17 juillet 1904 (pl. XXXIII).

Un croissant ventru, creux. Les pointes se joignent.

Il est décoré à l'aide de fils qui forment, à trois endroits, des liens entre lesquels ces mêmes fils dessinent des boucles.

Gréco-romain.

Bibl. : *Journal d'entrée du Musée*, n° 37121.

52485. **Boucle d'oreille.** — Or. — Long. o m. o24 mill., larg. o m. o15 mill.; poids 1 gr. 65. — Achetée en septembre 1891.

Un croissant ventru, creux, porte à la partie médiane un cylindre décoré de perles repoussées, terminé par une partie lenticulaire qui déborde franchement le cylindre.

Gréco-romain.

Bibl. : *Journal d'entrée du Musée*, n° 29431.

Catal. du Musée, n° 52001. 21

52486. Boucle d'oreille. — Or. — Long. o m. o 2 2 mill., larg. o m. o 1 5 mill.; poids 1 gr. 65. — Achetée en septembre 1891.

Boucle d'oreille semblable à la précédente.
Gréco-romain.

Bibl. : *Journal d'entrée du Musée*, n° 29431.

52487. Boucle d'oreille. — Or. — Long. o m. o 2 7 mill., larg. o m. o 1 5 mill.; poids 2 gr. 2 5.

Une boucle d'oreille semblable aux deux précédentes.
Gréco-romain.

Bibl. : *Journal d'entrée du Musée*, n° 40374.

52488. Boucle d'oreille. — Or. — Larg. o m. o 1 2 mill.; poids 1 gr. 65.

Un croissant décoré de fils rapportés, de la même manière que le n° 52484.
Gréco-romain.

Bibl. : *Journal d'entrée du Musée*, n° 40375.

52489. Boucle d'oreille. — Or. — Long. o m. o 3 3 mill., larg. o m. o 1 7 mill.; poids o gr. 45 (pl. XXXVI).

Un bijou à intérieur elliptique et ayant à l'extérieur la forme d'une lyre.
A une extrémité de son grand axe, il possède une perle plate qui est le point de départ d'un tube strié transversalement et dont l'extrémité, en mauvais état, n'a pas de complément.
L'anneau est fait de deux fils dont l'un a ses extrémités contournées en boucles, extérieurement, de chaque côté de la perle (ce qui lui donne l'aspect de lyre). Entre les deux fils une tresse prend place; deux autres tresses encadrent le tout à l'intérieur et à l'extérieur.
La perle n'existe que du côté face du bijou.
Le tube strié est aplati.
Gréco-romain.

Bibl. : *Journal d'entrée du Musée*, n° 40376.

52490. Boucle d'oreille. — Or. — Diamètre de la boucle o m. o 1 4 mill.; poids 3 gr. 3 5. — Trouvée aux Pyramides, janvier 1860 (pl. XXXVI).

Une boucle d'oreille composée d'une boule creuse à laquelle est soudé un crochet de fil rond. Le point de contact est masqué par un disque de métal plat et mince, et le raccord de ce disque avec la boule est décoré de quatre graines.

La boule est remplie d'une composition destinée à soutenir le métal. Deux déchirures, du côté du crochet, permettent de s'en assurer.

Bibl. : *Journal d'entrée du Musée*, n° 6445.

52491. Boucle d'oreille. — Or. — Grosseur de la boule o m. o14 mill.; poids 3 gr. 35. — Trouvée aux Pyramides, janvier 1860.

Une boucle d'oreille semblable à la précédente.

Bibl. : *Journal d'entrée du Musée*, n° 6445.

52492. Boucle d'oreille. — Or. — Largeur du croissant o m. o12 mill.; poids 1 gr. 3o (pl. XXXIII).

Un croissant ventru, dont une des pointes est prolongée par un fil qui rejoint l'autre pointe après avoir passé au travers de l'oreille.
Gréco-romain.

Bibl. : *Journal d'entrée du Musée*, n° 40377.

52493. Boucle d'oreille. — Or. — Larg. o m. o07 mill.; poids o gr. 6o.

Une boucle d'oreille semblable à la précédente. Elle porte au ventre une déchirure.
Gréco-romain.

Bibl. : *Journal d'entrée du Musée*, n° 40378.

52494. Boucle d'oreille. — Or. — Larg. o m. o06 mill.; poids o gr. 75.

Boucle d'oreille semblable aux deux précédentes.
Gréco-romain.

Bibl. : *Journal d'entrée du Musée*, n° 40379.

52495. Boucle d'oreille. — Or. — Larg. o m. o27 mill.; poids 7 gr. 2o (pl. XXXIII).

Un croissant, gros, ventru, de métal mince, rempli d'une composition qui lui assure de la tenue. Les pointes sont percées chacune d'un petit trou destiné au fil de suspension.
Gréco-romain.

Bibl. : *Journal d'entrée du Musée*, n° 40380.

52496. Boucle d'oreille. — Or. — Larg. o m. o2 3 mill.; poids 4 gr. o5.

Un croissant de même nature que le précédent, mais moins volumineux.
Les pointes sont aplaties et peuvent se rejoindre.
Gréco-romain.

BIBL. : *Journal d'entrée du Musée*, n° 4o381.

52497. Boucle d'oreille. — Or. — Larg. o m. o2 2 mill.; poids 2 gr. 85.

Un croissant de même nature que les précédents. Les pointes sont percées.
Gréco-romain.

BIBL. : *Journal d'entrée du Musée*, n° 4o382.

52498. Boucle d'oreille. — Or. — Larg. o m. o2 2 mill.; poids 2 gr. 85.

Un croissant de même nature que les précédents. Une pointe est brisée et laisse voir
la composition à l'intérieur.
Gréco-romain.

BIBL. : *Journal d'entrée du Musée*, n° 4o383.

52499. Boucle d'oreille. — Or. — Larg. o m. o2 1 mill.; poids 3 gr. 5o.

Un croissant de même nature que les précédents. Une pointe est brisée.
Gréco-romain.

BIBL. : *Journal d'entrée du Musée*, n° 4o384.

52500. Boucle d'oreille. — Or. — Larg. o m. o1 9 mill.; poids 1 gr. 95.

Un croissant de même nature que les précédents.
Gréco-romain.

BIBL. : *Journal d'entrée du Musée*, n° 4o385.

52501. Boucle d'oreille. — Or. — Larg. o m. o1 9 mill.; poids 1 gr. 95.

Un croissant de même nature que les précédents. Il a été un peu aplati; le métal est
un peu écarté, à l'intérieur du croissant, au point de réunion.
Gréco-romain.

BIBL. : *Journal d'entrée du Musée*, n° 4o386.

52502. Boucle d'oreille. — Or. — Larg. o m. o14 mill.; poids 2 grammes.

Un croissant de même nature que les précédents. Les pointes, non percées, sont pro-
longées et peuvent se réunir.

Gréco-romain.

Bibl. : *Journal d'entrée du Musée*, n° 40387.

52503. Boucle d'oreille. — Or. — Larg. o m. o13 mill.; poids o gr. 40.

Un croissant de même nature que les précédents. Il est en mauvais état, bossué,
entr'ouvert à l'intérieur du croissant, les pointes abîmées.

Gréco-romain.

Bibl. : *Journal d'entrée du Musée*, n° 40388.

52504. Boucle d'oreille. — Or et perles. — Longueur maximum o m. o72 mill.,
longueur de la pyramide avec les perles du sommet o m. o19 mill.;
poids 14 gr. 5o. — Achat (pl. XXXVII).

Une boucle d'oreille composée d'un tube dont les extrémités se terminent en fils qui
se lient pour fermer la boucle.

A la partie postérieure, une petite pyramide triangulaire renversée est fixée au tube,
par sa base. Son sommet est continué par trois perles disposées comme un enfilage.
Les angles de la base sont munis également d'une perle.

Les pans de la pyramide sont couverts de graines disposées en rangs réguliers et
soudées sur la plaque de fond.

Sur le corps de la boucle, seize perles fines, enfilées sur un fil d'or, sont liées au
tube par le même fil qui les traverse.

Gréco-romain.

Bibl. : *Journal d'entrée du Musée*, n° 30467.

52505. Boucle d'oreille. — Or et perles. — Longueur maximum o m. o7o mill.,
longueur de la pyramide avec les perles du sommet o m. o19 mill.;
poids 9 gr. 65. — Achat (pl. XXXVII).

Bijou semblable au précédent. Les perles sont au nombre de quatorze. La branche
opposée à celle qui porte les perles manque. Le tube a été écrasé et bossué.

Gréco-romain.

Bibl. : *Journal d'entrée du Musée*, n° 30467.

52506. Boucle d'oreille. — Or. — Longueur totale o m. o67 mill., longueur totale de la pyramide avec les perles o m. o28 mill.; poids 15 gr. 6o. — Achat (pl. XXXVII).

Une boucle d'oreille composée d'une lame d'or découpée de largeur décroissante, ayant o m. oo6 mill. au milieu et se terminant en fils de o m. oo1 mill. d'épaisseur. Les extrémités forment des crochets qui permettent de fermer le bijou.

Une pyramide, triangulaire, est renversée et prend contact par la base avec le corps de boucle. Son sommet est continué par quatre perles arrêtées par une pièce en forme de coupe.

Les quatre côtés (base comprise) sont couverts de graines symétriquement disposées.

Gréco-romain.

Bibl. : *Journal d'entrée du Musée*, n° 3o468.

52507. Boucle d'oreille. — Or. — Grandeur maximum o m. o4o mill.; poids 4 gr. 65 (pl. XXXVII).

Une boucle d'oreille de la même nature que la précédente, mais plus petite.

Le corps est composé d'une feuille roulée des deux côtés de façon à laisser un sillon au milieu, à l'intérieur du cercle. Ce corps est terminé par des fils qui fixent la fermeture en s'enroulant sur le corps.

La pyramide est décorée de graines posées avec régularité; son sommet est prolongé par deux perles.

Une branche est brisée près de l'endroit où les fils se lient.

Gréco-romain.

Bibl. : *Journal d'entrée du Musée*, n° 4o389.

52508. Boucle d'oreille. — Or. — Grandeur maximum o m. o4o mill.; poids 5 gr. 75. — Trouvée à Djemmemel, 1885 (pl. XXXVII).

Une boucle d'oreille composée d'un fil terminé d'un côté par une boucle et de l'autre par un crochet.

Elle est décorée de trois perles métalliques ajourées. Le corps de la boucle entre ces perles est décoré par un enroulement de fil en spirale qui couvre la moitié de la longueur de la boucle.

A chaque perle et dans chaque entre-deux sont soudés des anneaux qui servaient sans doute à suspendre des objets.

Gréco-romain.

Bibl. : *Journal d'entrée du Musée*, n° 27417.

52509. Boucle d'oreille. — Or. — Grandeur maximum o m. o4₂ mill.; poids 5 gr. 75. — Trouvée à Djemmemel, 1885 (pl. XXXVII).

Une boucle d'oreille semblable à la précédente.

Gréco-romain.

Bibl. : *Journal d'entrée du Musée*, n° 27417.

52510. Boucle d'oreille avec pendeloques. — Or et perles. — Longueur totale o m. 115 mill., larg. o m. o3₂ mill.; poids 16 gr. 90. — Achetée en 1888.

Un anneau ouvert dont un côté est aminci et l'autre muni d'une petite boucle, porte un pendant composé d'une plaque ajourée représentant deux dauphins dont les têtes forment la saillie extérieure maximum et dont les queues se réunissent dans l'ajour central. Un fil d'or laisse pendre une perle fine et une perle cylindrique de verre mordoré.

A cette plaque viennent se rattacher trois pendants composés chacun de trois plaquettes découpées en cœurs placés la pointe en haut. Elles sont reliées à la plaque et également entre elles par des anneaux, une partie en possédant deux, et l'autre un seulement qui prend place entre les deux. Des goupilles traversent ces anneaux et en font des charnières très libres. Ces goupilles se prolongent et retiennent une perle fine de chaque côté des charnières.

Chaque pendant se termine par un petit groupe de perles disposées : la plus importante au milieu et deux autres placées horizontalement de chaque côté au-dessus.

La perle du pendant du milieu est en pierre ou en verre opalin; elle est en forme de moitié d'œuf.

La plaque aux dauphins est doublée derrière d'une plaque unie. Les cœurs sont bordés sur la face d'un petit demi-jonc.

Les perles sont très irrégulières; quelques-unes manquent.

Gréco-romain.

Bibl. : *Journal d'entrée du Musée*, n° 28328.

52511. Boucle d'oreille avec pendeloques. — Or et perles. — Longueur maximum o m. 112 mill., largeur maximum o m. o3o mill.; poids 16 gr. 6o. — Achetée en 1888 (pl. XXXV).

Bijou semblable au précédent. Dans l'ajour principal la perle mordorée est remplacée par une seconde perle fine.

Gréco-romain.

Bibl. : *Journal d'entrée du Musée*, n° 28328.

52512. Boucle d'oreille. — Or et pierre. — Grandeur maximum o m. o36 mill.;
poids 6 gr. o5. — Achetée en 1893 (pl. XXXV).

Une boucle d'oreille composée d'une tête de bélier, d'une perle d'émeraude givreuse
maintenue entre deux collets décorés au grènetis et enfin d'une torsade et d'un fil
rond qui la prolonge et qui s'insère dans la barbe du bélier. Les pointes de cette
barbe sont réunies et forment un anneau.

La torsade est formée d'un demi-jonc entre les spirales duquel viennent se loger deux
fils tordus.

La tête de bélier est exécutée au repoussé et rapportée.

Gréco-romain.

Bibl. : *Journal d'entrée du Musée*, n° 3oo47.

52513. Boucle d'oreille. — Or et pierre. — Grandeur maximum o m. o3o mill.;
poids 4 gr. 5o. — Achetée au Fayoum en 1901.

Une boucle d'oreille ayant beaucoup d'analogie avec la précédente. Elle est moins
riche; le corps est enveloppé d'un fil simple, et la perle est en matière semblable,
sorte d'émeraude givreuse, mais elle n'est pas prise dans des culots. Trois petites
couronnes de trois rangs de perles chacune la séparent du corps. La tête de bélier
est agrafée sur le dessus; elle est remplie d'une composition blanchâtre destinée à
soutenir le métal qui est mince.

Gréco-romain.

Bibl. : *Journal d'entrée du Musée*, n° 35147.

52514. Boucle d'oreille avec pendeloques. — Or et perles. — Longueur
o m. o36 mill., larg. o m. o2o mill.; poids 3 gr. 2o.

Une boucle d'oreille composée : 1° d'une rosace dont une perle fine faisait le centre,
c'est un cercle décoré d'arceaux et de pointes en fer de lance; 2° au-dessous, d'une
barrette horizontale faite d'ornements flexueux.

A cette barrette, suspendus à trois anneaux, des fils portent chacun, une perle fine en
forme de poire, et un petit chaton où il semble qu'il y eut une demi-perle fine.

Derrière, un crochet en fil simple.

Gréco-romain.

Bibl. : *Journal d'entrée du Musée*, n° 4o39o.

52515. Boucle d'oreille avec pendeloques. — Or et perles. — Longueur o m. o36 mill., larg. o m. o2o mill.; poids 2 gr. 90.

Boucle d'oreille semblable à la précédente.
La perle du centre de la rosace est en place; en revanche deux perles des pendeloques manquent, et celle du milieu reste seule.
Gréco-romain.

Bibl. : *Journal d'entrée du Musée*, n° 4o39i.

52516. Boucle d'oreille. — Or. — Grandeur maximum o m. o29 mill.; poids 6 gr. 65. — Trouvée à Louqsor, 1894.

Une boucle d'oreille; le corps est une torsade de fils ronds. Une tête de griffon reliée au corps par un riche collet reçoit dans sa bouche l'extrémité opposée de la torsade qui est amincie.
Le collet est décoré de fils qui dessinent, soit des schémas de feuilles ou des arabesques.
La tête du griffon est ciselée et décorée d'indications au tracé.
Gréco-romain.

Bibl. : *Journal d'entrée du Musée*, n° 3o779.

52517. Boucle d'oreille. — Or. — Grandeur maximum o m. o36 mill.; poids 1o gr. 5o. — Trouvée à Saqqarah, mars 19o3 (pl. XXXV).

Une boucle d'oreille; le corps est une torsade de fils ronds. Un collet, décoré en filigrane, le réunit à une tête de lion cornu qui reçoit dans sa gueule l'extrémité, amincie, du corps de la boucle.
Gréco-romain.

Bibl. : *Journal d'entrée du Musée*, n° 35978.

52518. Boucle d'oreille. — Or. — Largeur maximum o m. o32 mill.; poids 5 gr. 45. — Achetée en 19o3 (pl. XXXIV).

Une boucle d'oreille composée de deux anneaux accolés, entre lesquels une petite pièce en cornet était peut-être destinée à recevoir le motif de suspension.
Toutefois, chacun des anneaux est muni d'un petit dispositif qui pourrait également avoir eu pour mission de suspendre le bijou. Sur chacun d'eux on voit deux anneaux placés en face l'un de l'autre à 3 millimètres de distance, et une goupille les réunit.
Cet appareil pouvait également être utilisé pour tenir une perle.

Les anneaux sont en fil rond. La seule préoccupation décorative qui se remarque sur cet objet est que le point de réunion des anneaux : les points d'attache des petits anneaux posés dessus, sont munis d'une graine.

Gréco-romain.

Bibl. : *Journal d'entrée du Musée*, n° 36032.

52519. Boucle d'oreille. — Or. — Grandeur maximum o m. o3o mill.; poids 3 gr. 25.

Une boucle d'oreille. Torsade en fil rond, terminée par une tête d'antilope reliée à la torsade par un collet filigrané.

Sous la bouche de l'animal, on voit un petit anneau destiné à recevoir l'extrémité amincie de la boucle.

Gréco-romain.

Bibl. : *Journal d'entrée du Musée*, n° 40392.

52520. Boucle d'oreille. — Or. — Grandeur maximum o m. o3o mill.; poids 3 gr. 10.

Une boucle d'oreille semblable à la précédente.

Gréco-romain.

Bibl. : *Journal d'entrée du Musée*, n° 40393.

52521. Boucle d'oreille en deux morceaux. — Or pâle. — Grandeur maximum du morceau principal o m. o37 mill.; poids 4 grammes, grandeur maximum du petit morceau o m. o22 mill.; poids o gr. 75. — Trouvée à Abydos, 3o mars 1881.

Une boucle d'oreille en forme de conque. Le corps est une torsade composée d'un demi-jonc alterné avec des fils plus petits.

Cette torsade vient s'insérer dans un riche collet filigrané, puis une large partie, unie et bombée lui succède, enfin le bijou se termine par une tête de bœuf (?) décorée de traits, de cercles et de losanges filigranés. Le devant et le dessus de la tête ont reçu un travail d'outil destiné à indiquer du poil.

Le bijou est volumineux. Le métal, or pâle, est mince et rempli d'une composition destinée à le soutenir.

Gréco-romain.

Bibl. : *Journal d'entrée du Musée*, n° 25066.

52522. **Boucle d'oreille.** — Or. — Grandeur maximum o m. o3o 'mill.; poids 4 gr. 35. — Collection Huber.

Une boucle d'oreille. Le corps est une torsade de fils ronds assez forts (un millimètre de diamètre). Le bijou est terminé par une tête d'antilope reliée au corps par un collet filigrané.

Sous la tête de l'animal est un anneau qui reçoit l'extrémité amincie de la torsade.

Les cornes sont striées. Le milieu du dessus de la tête porte des indications imitant le poil.

Gréco-romain.

Bibl. : *Journal d'entrée du Musée,* n° 5298.

52523. **Boucle d'oreille.** — Or. — Grandeur maximum o m. o32 mill.; poids 4 gr. 3o. — Collection Huber (pl. XXXV).

Une boucle complètement semblable à la précédente.

Gréco-romain.

Bibl. : *Journal d'entrée du Musée,* n° 5298.

52524. **Boucle d'oreille.** — Or et pierres. — Grandeur maximum o m. o28 mill.; poids 4 gr. 20. — Trouvée à Zagazig, 6 janvier 1881 (pl. XXXV).

Une boucle d'oreille dont le corps est uni et aminci en allant à l'extrémité. Il se compose d'un enfilage disposé ainsi qu'il suit : un anneau de trois rangs de graines, une pierre (sardoine?) en forme de baril, deux anneaux de trois rangs de graines, une perle cylindrique en pâte de verre émeraude aux angles arrondis, un anneau de grains et enfin une tête de dauphin tenant dans la bouche une graine.

Sous la tête, un anneau de fil rond contourné, reçoit l'extrémité opposée du corps de la boucle, terminée en crochet.

Gréco-romain.

Bibl. : *Journal d'entrée du Musée,* n° 25006.

52525. **Boucle d'oreille.** — Or. — Grandeur maximum o m. o28 mill.; poids 4 gr. 20. — Trouvée à Zagazig, 6 janvier 1881.

Une boucle d'oreille entièrement semblable à la précédente.

Gréco-romain.

Bibl. : *Journal d'entrée du Musée,* n° 25006.

52526. **Boucle d'oreille.** — Or. — Grandeur maximum o m. o26 mill.; poids 1 gr. 70. — Achetée en 1888.

Une boucle composée d'une torsade de fils unis, terminée par une tête d'antilope reliée au corps de la boucle par un collet filigrané.
Sous la tête, un anneau est destiné à recevoir l'extrémité opposée de la boucle.
Le bijou a été serré; il est un peu déformé.
Gréco-romain.

Bibl. : *Journal d'entrée du Musée*, n° 28616.

52527. **Boucle d'oreille.** — Or. — Grandeur maximum o m. o2o mill.; poids 1 gr. 70. — Achetée en 1888 (pl. XXXV).

Une boucle d'oreille complètement semblable à la précédente, mais moins déformée.
Gréco-romain.

Bibl. : *Journal d'entrée du Musée*, n° 28616.

52528. **Boucle d'oreille.** — Or. — Grandeur maximum o m. o29 mill.; poids 4 gr. 25. — Trouvée à Abydos, 3o mars 1881 (pl. XXXV).

Une boucle d'oreille composée d'une torsade en fils ronds terminée par une tête de bœuf. Cette tête est reliée au corps de la boucle par un collet découpé en forme de longues feuilles.
La tête et le collet sont décorés au filigrané et par des tresses.
Sur la tête est un anneau posé transversalement. Sous la bouche, un petit anneau reçoit l'extrémité opposée du corps de la boucle.
Gréco-romain.

Bibl. : *Journal d'entrée du Musée*, n° 25065.

52529. **Boucle d'oreille.** — Or. — Grandeur maximum o m. o3o mill.; poids 4 gr. o5. — Trouvée à Abydos, 3o mars 1881 (pl. XXXV).

Une boucle d'oreille complètement semblable à la précédente.
Gréco-romain.

Bibl. : *Journal d'entrée du Musée*, n° 25065.

52530. **Boucle d'oreille.** — Or. — Grandeur maximum o m. o19 mill.; poids 1 gr. 95. — Trouvée à Saqqarah, octobre 1862.

Une boucle d'oreille composée d'une torsade de fils ronds, terminée par une tête d'antilope reliée au corps de la boucle par un collet orné.

Sous la tête de l'antilope, un anneau est destiné à recevoir l'extrémité amincie de la torsade.

Gréco-romain.

Bibl. : *Journal d'entrée du Musée*, n° 20177.

52531. **Boucle d'oreille.** — Or. — Grandeur maximum o m. o19 mill.; poids 1 gr. 80. — Trouvée à Saqqarah, octobre 1862.

Une boucle complètement semblable à la précédente.

Gréco-romain.

Bibl. : *Journal d'entrée du Musée*, n° 20178.

52532. **Boucle d'oreille.** — Or. — Grandeur maximum o m. o23 mill., hauteur du motif o m. o13 mill., larg. o m. o15 mill.; poids 3 gr. 50 (pl. XXXIV).

Un bijou en forme de petit panier, presque complètement sphérique sur lequel on voit trois calottes en fond de coupe, appliquées et faire corps.

Sur le ventre, entre chaque calotte et les réunissant, une demi-perle assez saillante.

La suspension est faite d'un fil rond terminé de chaque côté par un anneau qui vient se loger entre deux autres fixés sur le bijou. Une goupille passe au travers des trois anneaux; celle du côté ouvrant possède une tête qui facilite la préhension.

Tout le corps du bijou est ajouré de petits trous. Un outil a été ensuite promené entre ces ouvertures et, en déplaçant le métal, a rendu ces trous légèrement irréguliers, de ronds qu'ils étaient au début.

Les calottes sont bordées d'un fil tordu.

Bibl. : *Journal d'entrée du Musée*, n° 40395.

52533. **Pendeloque de boucle d'oreille.** — Or pâle. — Long. o m. o20 mill., épaiss. o m. o08 mill.; poids o gr. 85. — Achetée en septembre 1891.

Une pendeloque en forme de bouteille fermée. Sur la panse, une anse carrée faite d'une résille ajourée. Une chaînette relie cette anse au bouchon qui coiffe le goulot.

Le bijou est bossué.

Copte.

Bibl. : *Journal d'entrée du Musée*, n° 29430.

52534. Pendeloque de boucle d'oreille. — Or pâle. — Poids o gr. 85. — Achetée en septembre 1891 (pl. XXXIV).

Une pendeloque semblable à la précédente.
Copte.

Bibl. : *Journal d'entrée du Musée*, n° 29430.

52535. Pendeloque de boucle d'oreille. — Or pâle. — Poids o gr. 95. — Achetée en septembre 1891.

Une pendeloque semblable aux deux précédentes.
Copte.

Bibl. : *Journal d'entrée du Musée*, n° 29430.

52536. Pendeloque de boucle d'oreille. — Or pâle. — Poids o gr. 85. — Achetée en septembre 1891.

Une pendeloque semblable aux trois précédentes; elle est beaucoup plus bossuée.
Copte.

Bibl. : *Journal d'entrée du Musée*, n° 29430.

52537. Boucle d'oreille. — Or. — Grandeur maximum o m. 026 mill., larg. o m. 016 mill.; poids 1 gr. 35 (pl. XXXIV).

Une boucle d'oreille en forme de fer à cheval, de section carrée. L'intérieur est uni. L'extérieur et les deux côtés sont décorés de demi-perles embouties, et soudées une à une. Les angles sont garnis de petites tresses.
Le fil de suspension est rond. A une de ses extrémités il possède un anneau qui prend place entre deux autres qui appartiennent au bijou; de l'autre il est terminé en crochet et s'agrafe à l'intérieur du fer à cheval.

Bibl. : *Journal d'entrée du Musée*, n° 40396.

52538. Boucle d'oreille. — Or et verre. — Long. o m. 036 mill., larg. o m. 019 mill.; poids 1 gr. 90 (pl. XXXIV).

Une boucle d'oreille en deux parties, exécutées en or embouti, très mince.
Le haut représente une coquille.
La seconde partie qui est réunie à la première par deux articulations est en forme de

cœur allongé. Au centre se trouve une petite plaque de verre mordoré; elle est
encadrée d'entrelacs et de grosses perles relevées mollement à l'embouti.
Le mode de suspension est un crochet simple en fil rond.
Gréco-romain.

Bibl. : *Journal d'entrée du Musée*, n° 40397.

52539. Boucle d'oreille. — Or. — Poids 1 gr. 75.

Une boucle semblable à la précédente.
Le motif de verre du milieu manque.

Bibl. : *Journal d'entrée du Musée*, n° 40398.

**52540. Boucle d'oreille avec pendant. — Or. — Long. totale 0 m. 046 mill.,
larg. 0 m. 020 mill.; poids 1 gr. 95 (pl. XXXIV).**

Une boucle d'oreille; elle possédait une pierre de forme elliptique, sans doute un
cabochon.
La forme générale est elliptique (le grand axe étant vertical), et fait un encadrement
à la pierre. Ce sont des volutes ayant entre elles de petits fers de lance. En haut, un
petit chaton vide est entouré d'une collerette dentelée; il relie le bijou à un anneau
fixe. Au-dessous, un fil terminé en boucle retient une perle d'or cylindrique portant
deux caniveaux. Il est évident que, là encore, une pierre ou une perle a été
suspendue.
Derrière le bijou, la culasse du cabochon est masquée par une petite plaque ajourée.

Bibl. : *Journal d'entrée du Musée*, n° 40399.

52541. Boucle d'oreille avec pendant. — Or. — Poids 1 gr. 20 (pl. XXXIV).

Une boucle d'oreille semblable à la précédente.

Bibl. : *Journal d'entrée du Musée*, n° 40400.

**52542. Boucle d'oreille. — Or et pierre. — Haut. 0 m. 031 mill., larg.
0 m. 020 mill.; poids 1 gr. 65.**

Une boucle d'oreille semblable aux deux précédentes, le pendant manque.

Bibl. : *Journal d'entrée du Musée*, n° 40401.

52543. Boucle d'oreille. — Or et grenat. — Poids 1 gr. 45.

Une boucle d'oreille semblable à la précédente. Elle possède la pierre du petit chaton, un grenat.

La plaque du revers masquant la culasse du cabochon manque.

BIBL. : *Journal d'entrée du Musée*, n° 40402.

52544. Boucle d'oreille. — Or et perle (?). — Poids 1 gr. 55.

Une boucle d'oreille semblable à la précédente. Son petit chaton est également garni; il semble que ce soit d'une perle fine décomposée.

BIBL. : *Journal d'entrée du Musée*, n° 40403.

52545. Boucle d'oreille. — Argent. — Larg. 0 m. 019 mill.; poids 2 gr. 45.

Une boucle d'oreille, en forme de croissant, composée de deux fils réunis par une partie plate. Les fils sont décorés extérieurement par des graines.

Le bijou est en très mauvais état. Le métal est décomposé. Un certain nombre de graines ont été brisées.

BIBL. : *Journal d'entrée du Musée*, n° 40404.

52546. Pendant d'oreille. — Or. — Haut. 0 m. 019 mill., larg. 0 m. 013 mill.; poids 1 gr. 30. — Achetée en septembre 1891 (pl. XXXIII).

Un pendant d'oreille en fils ronds.

La forme générale est celle d'une lyre étranglée au sommet. La rencontre des fils est masquée, sur la face du bijou, par des demi-perles. Un fil qui passe par l'axe est strié, de petits groupes de graines ornent les extrémités des volutes que les fils forment à leurs extrémités.

BIBL. : *Journal d'entrée du Musée*, n° 29842.

52547. Boucle d'oreille. — Or. — Haut. 0 m. 029 mill., larg. 0 m. 027 mill.; poids 3 gr. 75. — Achetée en septembre 1891 (pl. XXXIII).

Boucle d'oreille en forme de croissant dont les cornes se rejoindraient. Elle est en métal mince, légèrement méplat des deux côtés. Le milieu et les extrémités, sur la face, sont décorés de fleurettes faites de sept graines, une au milieu.

La fleurette du milieu est dominée par un uræus, qui ornait le départ de l'anneau de suspension, lequel a disparu.

Gréco-romain.

BIBL. : *Journal d'entrée du Musée*, n° 29839.

52548. **Boucle d'oreille avec pendeloque.** — Or, pierre et perles. — Longueur totale o m. o3o mill.; poids 1 gr. 20. — Achetée le 27 décembre 1887.

Une boucle d'oreille composée d'un fil fuselé qui, à une extrémité, traverse une petite perle fine et se relie au corps en formant une boucle. L'autre extrémité se termine en crochet et s'agrafe à cette boucle.

Une pendeloque mobile est réunie à la boucle par un anneau. Elle se compose d'un grenat et de deux perles fines. Le grenat a 5 millimètres de diamètre; il est serti dans une monture fermée. Les perles, petites, sont enfilées et arrêtées par une boucle du fil.

BIBL. : *Journal d'entrée du Musée*, n° 28145.

52549. **Boucle d'oreille avec pendeloque.** — Or, grenat, perle. — Hauteur totale o m. o31 mill.; poids 1 gr. 35. — Trouvée à Saqqarah, février 1860 (pl. XXXIV).

Une boucle composée d'un fil fuselé dont les extrémités se terminent, l'une par une boucle, l'autre par un crochet; elle est passée dans un anneau qui suspend une pendeloque.

Celle-ci possède, près de l'anneau, un grenat monté dans un chaton fermé, plus une perle traversée par un fil qui est tordu ensuite pour la retenir.

BIBL. : *Journal d'entrée du Musée*, n° 7046.

52550. **Boucle d'oreille avec pendeloque.** — Or, grenat, perle. — Poids 1 gr. 25. — Trouvée à Saqqarah, février 1860.

Une boucle d'oreille semblable à la précédente.

BIBL. : *Journal d'entrée du Musée*, n° 7046.

52551. **Boucle d'oreille.** — Or. — Haut. o m. o27 mill., larg. o m. o17 mill.; poids 3 gr. o5. — Collection Huber (pl. XXXIV).

Une boucle d'oreille faite d'un fil creux, fuselé, dont les extrémités se joignent, porte une pyramide renversée, triangulaire, faite de graines assemblées régulièrement. Gréco-romain.

BIBL. : *Journal d'entrée du Musée*, n° 5292.

52552. **Boucle d'oreille.** — Or. — Haut. o m. o26 mill., larg. o m. o19 mill.; poids 2 gr. 75. — Achetée en septembre 1891 (pl. XXXIV).

Une boucle d'oreille, le corps est un fil fuselé dont les extrémités se lient sur le corps de la boucle.

Catal. du Musée, n° 52001. 23

Il possède, au milieu, un renflement, de chaque côté duquel prennent place deux
perles d'or, traversées par un fil qui est tordu en spirale pour arrêter les perles.
Celles-ci sont séparées du corps de la boucle par une petite couronne formée de deux
rangs de graines.

Gréco-romain.

Bibl. : *Journal d'entrée du Musée*, n° 30017.

**52553. Boucle d'oreille. — Or. — Haut. o m. 018 mill., larg. o m. 015 mill.;
poids o gr. 45.**

Une boucle d'oreille en forme de croissant dont les extrémités se joindraient presque;
il est en plaque mince.

A chaque pointe du côté face, une demi-perle vient se placer; une troisième, au milieu,
masque la soudure de l'anneau de suspension qui est orné de deux gorges.

Bibl. : *Journal d'entrée du Musée*, n° 40405.

**52554. Boucle d'oreille. — Or. — Largeur maximum o m. 021 mill.; poids
o gr. 90 (pl. XXXVI).**

Une boucle composée d'un anneau creux, fuselé, dont les extrémités s'enroulent sur le
corps du bijou; au milieu de la partie ventrue est un petit anneau formé de graines.

Bibl. : *Journal d'entrée du Musée*, n° 40406.

52555. Boucle d'oreille. — Or. — Poids o gr. 95.

Boucle d'oreille semblable à la précédente.

Bibl. : *Journal d'entrée du Musée*, n° 40407.

**52556. Boucle d'oreille.—Or et amazonite.—Grandeur maximum o m. 025 mill.;
poids 1 gr. 35.**

Une boucle d'oreille faite d'un fil d'or sur lequel sont enfilées trois petites pièces d'or
en forme de poulies à gorge (deux et une) et d'une perle d'amazonite.

Le fil se termine au sortir de l'enfilage, d'un côté par une boucle et à l'autre extrémité
par un crochet. Il est renflé assez fortement vers le milieu, mais d'un seul côté, la
partie qui passe dans les pièces et la perle étant filiforme.

Bibl. : *Journal d'entrée du Musée*, n° 40408.

52557. Boucle d'oreille. — Électrum, perles, pâte de verre. — Grandeur maximum o m. 025 mill.; poids o gr. 65. — Achetée en septembre 1891 (pl. XXXVI).

Un fil d'électrum, terminé d'un côté en boucle et de l'autre en crochet, porte, enfilée, une perle en verre couleur émeraude entre deux perles fines.

Copte.

Bibl. : *Journal d'entrée du Musée*, n° 29433.

52558. Boucle d'oreille avec pendeloque. — Or et améthyste. — Grandeur maximum o m. 025 mill.; poids o gr. 90.

Un anneau creux se termine par des fils fins qui s'enroulent sur le corps de la boucle. A cet anneau est suspendue une pendeloque composée d'une perle d'améthyste en forme de poire.

Bibl. : *Journal d'entrée du Musée*, n° 40410.

52559. Boucle d'oreille. — Or et améthyste. — Poids 1 gr. 10 (pl. XXXIII).

Une boucle d'oreille semblable à la précédente.

Bibl. : *Journal d'entrée du Musée*, n° 40411.

52560. Boucle d'oreille avec pendeloques. — Or et perles. — Larg. o m. 014 mill.; poids 2 gr. 35. — Envoi du Ministère, 1895.

Une boucle d'oreille porte, soudée à un crochet de fil rond, courbé deux fois, une barrette plate de laquelle pendent trois pendeloques composées d'un fil tors terminé par une perle fine.
La rencontre du crochet et de la barrette est masquée par une quatrième perle.

Bibl. : *Journal d'entrée du Musée*, n° 31163.

52561. Pendant de boucle d'oreille. — Or. — Haut. o m. 022 mill., larg. o m. 024 mill.; poids 3 gr. 05 (pl. XXXIII).

Une pièce détachée qui est probablement une boucle d'oreille.
Elle se compose de deux grandes pièces embouties, bombées, elliptiques, posées sur le même plan, les grands axes parallèles. Le point de contact est masqué à l'aide d'une tresse terminée en haut et en bas par une demi-perle. Un ornement trilobé continue la tresse en bas et en haut; un autre ornement qui s'épanouit en deux branches porte au milieu un anneau cylindrique posé transversalement et orné de cinq gorges.

Le tout est posé sur une plaque plate qui fait le revers du bijou; cette plaque est percée de deux trous.

Un anneau reste sous une des parties bombées; il servait à suspendre une pendeloque. L'anneau de l'autre partie a été brisé.

Gréco-romain.

Bibl. : *Journal d'entrée du Musée*, n° 40412.

52562. Boucle d'oreille avec pendeloque. — Or et cornaline. — Grandeur avec la pendeloque o m. 022 mill.; poids o gr. 70.

Une boucle d'oreille composée d'un anneau de fil creux terminé à une extrémité par un crochet et de l'autre par un fil fin, tordu en boucle et arrêté en spirale sur le corps du bijou.

Suspendue par un anneau, au travers duquel passe la boucle, une perle de cornaline, cylindrique, avec les bords très arrondis, est traversée par un fil, tordu ensuite pour la retenir.

Gréco-romain.

Bibl. : *Journal d'entrée du Musée*, n° 40413.

52563. Boucle d'oreille. — Or. — Grandeur maximum o m. 015 mill.; poids o gr. 60.

Une boucle composée d'un fil terminé d'un côté en boucle et de l'autre en crochet.

Du côté de la boucle est soudé sur le fil un disque bombé entouré d'un fil tors. La boucle vient se fixer sur ce disque et une graine la termine.

Gréco-romain.

Bibl. : *Journal d'entrée du Musée*, n° 40414.

52564. Boucle d'oreille. — Or. — Dimension maximum o m. 014 mill.; poids o gr. 75.

Un anneau fuselé se termine, des deux côtés, en crochets qui s'agrafent. Il est décoré de trois groupes de graines. Les deux de chaque côté sont composés de quatre graines trois et une; les trois sont soudées sur le corps de la boucle. Le groupe du milieu est composé de cinq graines trois, une et une.

Bibl. : *Journal d'entrée du Musée*, n° 40415.

52565. Boucle d'oreille avec pendeloque. — Or et perles fines. — Grandeur maximum o m. 022 mill.; poids o gr. 60.

Un anneau déformé. Il se compose d'un fil fuselé dont une extrémité est tordue en boucle et tordue ensuite en spirale qui retient une petite perle fine.

L'autre extrémité passe dans la boucle et est liée ensuite. Le fil étant très fin se prête à cette manière de faire.

La pendeloque est faite d'un fil qui est tordu en anneau d'un côté et de l'autre fait un nœud assez fort pour retenir une petite perle fine qu'il traverse.

Gréco-romain.

Bibl. : *Journal d'entrée du Musée*, n° 40416.

52566. Pendeloque de boucle d'oreille. — Or. — Long. o m. o23 mill., épaiss. o m. 007 mill.; poids 1 gr. 15 (pl. XXXIV).

Une pendeloque en forme de bouteille. Le haut et le bas sont décorés de gorges horizontales; la panse, jusqu'à la partie étranglée est à six pans. Un anneau creusé en gorge, servait à la suspension.

L'objet est encore rempli d'une composition blanchâtre.

Gréco-romain.

Bibl. : *Journal d'entrée du Musée*, n° 40424.

52567. Boucle d'oreille avec pendeloques. — Or et perles fines. — Grandeur maximum o m. o21 mill.; poids o gr. 85.

Une boucle en fil, de section rectangulaire, dont les extrémités vont en s'amincissant, se termine d'un côté par une boucle formée par le fil replié, et, de l'autre par un crochet qui s'agrafe dans la boucle.

A ce corps sont soudées deux pendeloques composées d'un fil qui passe au travers de trois perles, une d'or, celle qui est près de la boucle et deux perles fines; à une des pendeloques la perle d'or est aplatie et une perle fine manque.

Bibl. : *Journal d'entrée du Musée*, n° 40417.

52568. Boucle d'oreille. — Électrum. — Grandeur maximum o m. o13 mill.; poids 1 gr. o5 (pl. XXXVI).

Un fil rond est légèrement tordu à ses extrémités. Il porte deux perles d'électrum, creuses et embouties en deux parties; l'une est fixe et l'autre mobile. Il est probable que cet objet était suspendu à l'aide d'un anneau disparu; son emploi ne se comprendrait pas autrement.

Gréco-romain.

Bibl. : *Journal d'entrée du Musée*, n° 40418.

52569. **Boucle d'oreille.**—Or et amazonite.—Grandeur maximum o m. o 2 4 mill.; poids 1 gr. 4o.

> Un débris de boucle d'oreille, partie inférieure. Il possède encore une perle hexagonale en amazonite.
> La perle est traversée par un fil soudé à la boucle et tordu ensuite pour la retenir.
>
> Bibl. : *Journal d'entrée du Musée*, n° 4o41g.

52570. **Pendeloque de boucle d'oreille.** — Or pâle et améthyste. — Long. o m. o2o mill., larg. o m. oog mill.; poids 1 gr. 15 (pl. XXXVI).

> Un fil fait un anneau double puis traverse une perle et est tordu au sortir pour la retenir.
> La perle d'améthyste est en forme d'olive mais avec une arête médiane.
>
> Bibl. : *Journal d'entrée du Musée*, n° 4o42o.

52571. **Pendeloque de boucle d'oreille.**—Or et amazonite.—Long. o m. o 2 o mill., larg. o m. oo8 mill.; poids o gr. 8o.

> Un fil porte un chaton vide et traverse ensuite une perle d'amazonite au sortir de laquelle il est tordu pour la retenir.
> La perle est en forme de poire. Sa section est semblable à celle de la pendeloque précédente.
>
> Bibl. : *Journal d'entrée du Musée*, n° 4o421.

52572. **Débris de pendeloque de boucle d'oreille.** — Poids 1 gr. 25 (pl. XXXIII).

> Une culasse ajourée, composée de petites cloisons formant quatre motifs. Dans chacun de ces motifs, entre les volutes formées par extrémités des cloisons, un fil rond uni partage l'ajour en deux parties égales.
> Sous ce dispositif, des anneaux tiennent de petites pendeloques de fil auxquelles des perles d'or restent encore attachées.
> Il est probable que les fils qui s'érigent dans les motifs du haut et que les fils formant pendeloques possédaient des perles fines aujourd'hui disparues.
>
> Bibl. : *Journal d'entrée du Musée*, n° 27417.

52573. **Débris de boucle d'oreille.** — Or. — Poids 3 gr. 15.

> Une pyramide triangulaire, faite de graines soudées sur des plaques, a été arrachée d'une boucle d'oreille semblable à celles qui sont cataloguées sous les n°⁵ 52504, 52505, 52507, etc. L'objet est en mauvais état.
>
> Bibl. : *Journal d'entrée du Musée*, n° 4o422.

52574. Débris de boucle d'oreille. — Or. — Poids o gr. 25.

Partie d'une boucle d'oreille en forme de croissant ventru et creux.
L'objet est déchiré par le milieu environ. Il est ouvert à l'intérieur, et la composition
qui le garnissait est partie.

Bibl. : *Journal d'entrée du Musée*, n° 40423.

52575. Bracelet de Ramsès II. — Or et lapis. — Diamètre mesuré entre les
deux charnières o m. 056 mill., diamètre passant par le milieu du
lapis o m. 066 mill., largeur maximum o m. 059 mill., largeur
minimum o m. 636 mill., longueur des oies o m. 062 mill., largeur
au milieu du corps o m. 028 mill.; poids 101 grammes. — Trouvé à
Tell Basta (Bubastis) (pl. XVIII).

Bracelet rigide, en deux parties réunies par deux charnières. D'un côté la goupille de
la charnière est sertie, de l'autre elle est libre et terminée à une extrémité par un
petit anneau : c'est le côté ouvrant.
Ce bijou est fait de deux plaques d'or. L'une des deux parties est beaucoup plus importante que l'autre. Elle est décorée de deux oies accolées dont les têtes et les queues
sont d'or, ainsi que la partie antérieure et la partie postérieure des corps; ceux-ci
sont confondus et ne semblent appartenir qu'à un seul animal.
La partie médiane des corps des oies est faite de lapis-lazuli; les yeux, d'après le peu
qui reste, semblent avoir été faits de céramique.
La décoration se compose, pour la partie la plus importante du bracelet, outre les oies,
de demi-joncs, de tresses, et de bandes perlées. Elle est complétée par des fils et
des grenailles. Les fils servent à faire des arabesques sur les têtes des oies et à indiquer le schéma des plumes de la queue. Les grenailles sont disposées en triangle ou
en rosaces.
Des deux côtés de cette plaque principale, près de la charnière, et placées dans le
même sens qu'elle, sont des bandes décorées : l'une porte des grenailles, l'autre
l'inscription ⟨ hiéroglyphes ⟩.
La partie la moins importante est décorée longitudinalement de demi-joncs unis et
d'autres striés : il y en a neuf unis et huit striés. Les bandes le long des charnières
sont décorées de trois tresses encadrant deux rangs de perles.
Les charnières sont striées. Le bracelet a été serré assez fortement dans le sens du
diamètre passant par les charnières; il en résulte une déformation importante.
Technique. Les demi-joncs (qui sont creux), les rangs perlés, les tresses, les grenailles,
sont soudés à plein sur les plaques formant le bijou. Les charnières sont garnies de
bandes d'or rapportées, formant des boîtes où les parties du bracelet viennent pénétrer; elles sont soudées à plein et sont très visibles à l'intérieur du bracelet, lequel
est uni.

Les têtes et les fractions des cygnes qui sont d'or, sont exécutées en plusieurs morceaux
et les deux parties du corps reçoivent et retiennent le lapis.

Pour la fabrication des grenailles, voir VERNIER, *La bijouterie et la joaillerie égyptiennes*,
tome II des *Mémoires de l'Institut français d'archéologie orientale du Caire*, p. 126.

BIBL. : *Journal d'entrée du Musée*, n° 39873, en commun avec le bijou suivant; *Le Musée égyptien*,
II, 3ᵉ fasc., 1907, p. 106, pl. LIV; MASPERO, *Revue de l'Art ancien et moderne*, XXIII,
p. 401 et seq., et *Archéologie égyptienne*, 1907, p. 324, fig. 328.

52576. **Bracelet de Ramsès II.** — Or et lapis. — Diamètre passant par les
charnières 0 m. 065 mill., diamètre passant au milieu du lapis
0 m. 062 mill., plus grande largeur 0 m. 060 mill., plus petite
largeur 0 m. 037 mill., longueur des oies 0 m. 062 mill., largeur au
milieu 0 m. 028 mill.; poids 102 gr. 50. — Trouvé à Tell Basta
(Bubastis) (pl. XVIII).

Bracelet semblable au précédent comme construction et comme décoration. Il a subi
des efforts qui ont faussé une des charnières; une des portions de tube dans lesquelles
passe la goupille est ouverte.

Les grenailles qui décorent le fond et qui sont disposées en triangles sont plus petites
que celles formant les mêmes figures aux mêmes endroits dans le bijou qui précède.

L'inscription est la suivante :

BIBL. : *Journal d'entrée du Musée*, n° 39873, en commun avec le bracelet précédent; *Le Musée
égyptien*, II, 3ᵉ fasc., 1907, p. 106, pl. LIV.

52577. **Bracelet de Séti II.** — Argent. — Plus grand axe 0 m. 063 mill., plus
petit axe 0 m. 058 mill., largeur de la partie principale 0 m. 065 mill.,
largeur de la seconde partie 0 m. 044 mill.; poids 26 gr. 15. —
Trouvé à Biban el-Molouk, fouilles Th. Davis, 1908 (pl. XX).

Bracelet rigide en deux parties; il est fait de plaques d'argent minces bordées en ourlet.

La forme générale est celle d'un bandeau qui va en s'élargissant dans la partie qui
reçoit la décoration principale.

La réunion des deux parties est assurée par des charnières traversées par des goupilles
mobiles munies d'une boucle qui permet de les saisir; la partie principale ne possède
qu'un charnon et c'est l'autre partie qui porte les deux autres entre lesquels le premier
prend place.

Sur la face principale on voit la scène suivante : la reine Ta-usert, debout, présente
à Séti un vase et une fleur; le roi, assis sur le fauteuil à pieds de lion orné du signe
Sam, tient une coupe qu'il avance de la main gauche, et dans la main droite le
signe des millions d'années.

Dans le fond, de chaque côté, des bouquets montés de papyrus; au milieu en haut, du côté de la reine (à gauche de l'examinateur), le cartouche et l'inscription ci-joints, à droite les cartouches de Séti II.

L'ensemble de la composition est encadré par une ligne de perles bordée d'un double filet.

La seconde partie est décorée de cinq bandes ornées, placées dans le sens longitudinal. Celle du milieu est garnie de cercles de perles ayant une perle au centre, et les autres bandes représentent des séries de feuilles disposées régulièrement; toutes ces bandes sont limitées par des traits en relief.

TECHNIQUE. L'ensemble de ce travail est d'une exécution des plus médiocre. La scène principale est indiquée au traçoir sur des reliefs mal répartis, et les bandes de la fraction du bracelet la moins importante sont faites au repoussé sans reprises à l'endroit : les indications sont donc très molles.

XIX⁰ dynastie.

BIBL. : *Journal d'entrée du Musée,* n° 39688, en commun avec le bijou suivant; TH. DAVIS, *The tomb of Siphtah,* p. 39, n° 15.

52578. Bracelet de Séti II. — Argent. — Plus grand axe o m. 064 mill., plus petit axe o m. 056 mill., largeur de la partie principale o m. 062 mill., largeur de la seconde partie o m. 042 mill. 1/2; poids 24 gr. 95. — Trouvé à Biban el-Molouk, fouilles Th. Davis, 1908 (pl. XX).

Bracelet en tout semblable au précédent. La décoration est également semblable et les inscriptions aussi, sauf une petite variante dans le cartouche du côté de la reine : 

TECHNIQUE. Même travail que le n° 52577.

BIBL. : *Journal d'entrée du Musée,* n° 39688, en commun avec le bijou précédent; TH. DAVIS, *The tomb of Siphtah,* p. 39, n° 15.

52579. Bracelet. — Or. — Grand axe extérieur o m. 081 mill., petit axe extérieur o m. 077 mill., largeur du bracelet au chaton o m. 017 mill., largeur à la charnière o m. 015 mill.; poids 70 grammes. — Acheté en 1909 (pl. XIX).

Un très riche bracelet, rigide, en deux parties réunies par une articulation et un fermoir en charnière.

L'articulation est faite d'une partie sphérique fixée d'un côté et fendue. Dans cette fente prend place une plaque soudée à l'autre partie. Une goupille traversant le tout réunit les deux parties.

Le fermoir est composé de trois charnons qui sont faits de fils tors. Ils sont traversés par une goupille dont la tête est faite également de fils tors et à laquelle pend une petite plaquette en breloque décorée de graines dans sa partie inférieure.

La goupille est composée d'un fil replié, entre les deux parties duquel prend place une petite cloison qui traverse le dernier charnon. Il s'ensuit que la goupille est inséparable du bracelet (voir n° 52099, fig. 29).

Le corps du bijou est fait de métal en plaques d'épaisseur moyenne. Sa section est légèrement elliptique, et le grand axe est dans le sens de l'épaisseur du bracelet. Il est décoré de trois bandes très riches construites en fils et en graines; les fils imitent le dessin que forme un tuyautage de collerette, et ce dispositif est bordé de deux rangs de fils tors qui, placés ainsi, donnent l'impression d'une tresse. La bande médiane, en plus des deux fils tors, est bordée de petits groupes de trois graines.

Aux points de réunion avec l'articulation et avec le chaton, dans l'axe même de la bande médiane, sont quatre médaillons ovales représentant des têtes en assez mauvais état, car elles sont en or mince, exécutées au repoussé. Ces médaillons sont encadrés par les fils et les graines qui bordent les bandes dont ils sont le prolongement.

Le chaton qui masque le fermoir a la forme d'un ovale chez qui les extrémités du grand axe seraient anguleuses. Il est fait d'une plaque d'or mince et il est limité par deux fils tors et des groupes triangulaires et sept graines. Au centre, un œil dans un petit chaton rond, semble être en pâte de verre; il possède un centre noir bordé d'une bande blanche entourée elle-même d'une bande noire. Le chaton est décoré lui aussi par un fil tors et des groupes de graines.

Gréco-romain.

Bibl. : *Journal d'entrée du Musée*, n° 40744.

52580. Bracelet. — Or. — Diamètre intérieur o m. 049 mill., diamètre extérieur o m. 061 mill., larg. o m. 013 mill.; poids 19 gr. 30. — Trouvé à Biban el-Molouk, fouilles Th. Davis, 1908 (pl. XIX).

Un anneau fermé, creux, de section triangulaire, la base formant l'intérieur de l'anneau, et le sommet l'arête médiane extérieure. L'intérieur est fait d'une bande rapportée. De chaque côté, l'ouverture de l'anneau est décorée d'un filet perlé creux.

Le bijou est rempli d'une composition destinée à lui donner de la solidité. Cette composition, actuellement pulvérulente, s'échappe de l'anneau au moindre mouvement.

XIXe dynastie.

Bibl. : *Journal d'entrée du Musée*, n° 39690, en commun avec le bijou suivant; Th. Davis, *The tomb of Siphtah*, p. 40, n° 17.

52581. Bracelet. — Or. — Très déformé. Plus grande dimension extérieure o m. 067 mill.; poids 14 gr. 80. — Trouvé à Biban el-Molouk, fouilles Th. Davis, 1908.

Un anneau semblable au précédent. Il a subi des déformations considérables; une partie est aplatie et le fil perlé est arraché sur une longueur de deux centimètres. La composition intérieure est presque complètement partie; quelques particules sonnent à l'intérieur quand on agite le bijou.

XIX° dynastie.

Bibl. : *Journal d'entrée du Musée*, n° 39690, en commun avec le bracelet précédent; Th. Davis, *The tomb of Siphtah*, p. 40, n° 17.

52582. Bracelet. — Or. — Longueur maximum 0 m. 067 mill., largeur maximum 0 m. 050 mill.; poids 41 gr. 60. — Trouvé à Biban el-Molouk, fouilles Th. Davis, 1908 (pl. XIX).

Un bracelet fermé, plein, déformé. Sa section est un losange. Les extrémités du corps sont amincies et se terminent en fils, lesquels, après avoir été tournés ensemble, en spirale, de façon à représenter une sorte de chaton rond, se séparent et viennent s'enrouler chacun sur la partie opposée du corps du bijou.

XIX° dynastie.

Bibl. : *Journal d'entrée du Musée*, n° 39689, en commun avec le bijou suivant; Th. Davis, *The tomb of Siphtah*, p. 40, n° 16.

52583. Bracelet. — Or. — Longueur maximum 0 m. 063 mill., largeur maximum 0 m. 053 mill.; poids 39 gr. 45. — Trouvé à Biban el-Molouk, fouilles Th. Davis, 1908 (pl. XIX).

Un bracelet entièrement semblable au précédent, également déformé. XIX° dynastie.

Bibl. : *Journal d'entrée du Musée*, n° 39689, en commun avec le bijou précédent; Th. Davis, *The tomb of Siphtah*, p. 40, n° 16.

52584. Bracelet. — Or. — Longueur maximum 0 m. 043 mill., largeur maximum 0 m. 036 mill.; poids 22 gr. 10. — Trouvé à Biban el-Molouk, fouilles Th. Davis, 1908 (pl. XXIX).

Un fil d'or rond, plein, est tordu en forme de bracelet. Actuellement il est déformé. Les mesures respectent les déformations.

Les extrémités se croisent d'environ 20 millimètres.

XIX° dynastie.

Bibl. : *Journal d'entrée du Musée*, n° 39691, en commun avec le bijou suivant; Th. Davis, *The tomb of Siphtah*, p. 40, n° 18.

52585. Bracelet. — Or. — Longueur maximum 0 m. 047 mill., largeur maximum 0 m. 042 mill.; poids 23 gr. 10. — Trouvé à Biban el-Molouk, fouilles Th. Davis, 1908 (pl. XXIX).

Un bracelet semblable au précédent, moins déformé. Ses extrémités se croisent à peine.

XIX° dynastie.

Bibl. : *Journal d'entrée du Musée*, n° 39691, en commun avec le bijou précédent; Th. Davis, *The tomb of Siphtah*, p. 40, n° 18.

52586. Fragment de bracelet. — Or. — Long. o m. o9₂ mill., largeur au milieu o m. o1₄ mill.; poids 4 gr. 5o (pl. XXVI).

Une fraction de bracelet composée d'une plaque d'or décorée, au milieu, d'un large godron, lequel est bordé de chaque côté par une tresse. Ce décor est fait au repoussé sans retouches à l'endroit. Le bijou est bossué vers le milieu.

Aux deux extrémités sont de petits charnons, un d'un côté et deux de l'autre. Les points de contact des charnons avec le corps du bracelet sont en partie masqués par un petit fil perlé qui passe au-dessus en garnissant la largeur de l'extrémité. Les bords de ce bracelet sont repliés en ourlet.

Gréco-romain.

Bɪʙʟ. : *Journal d'entrée du Musée*, n° 41380.

52587. Bracelet. — Argent. — Largeur maximum o m. o76 mill., largeur minimum o m. o66 mill., épaisseur du corps o m. o1o mill.; poids 143 gr. 3o. — Trouvé à Mit Rahineh (Kom el-Nawa), 1909 (pl. XXI).

Un bracelet rigide, ouvert, très volumineux. Le corps est rond. Il est terminé à ses extrémités par des têtes de béliers dont les cornes sont rejetées sur le cou. Ces têtes sont reliées au corps par un dispositif qui les emboîte et d'où elles semblent sortir. Une bande pointillée forme collerette de laquelle partent quelques triangles tracés.

Gréco-romain.

Bɪʙʟ. : *Journal d'entrée du Musée*, n° 41037.

52588. Bracelet. — Argent. — Diamètre extérieur o m. o58 mill., larg. o m. oo5 mill.; poids 2₂ gr. 45. — Trouvé en Basse-Égypte.

Bracelet rigide, massif, ouvert. Sa forme est circulaire. Le corps est plat à l'intérieur; l'extérieur est en demi-jonc. La distance entre les extrémités est de o m. o1₁ mill.

Gréco-romain.

Bɪʙʟ. : *Journal d'entrée du Musée*, n° 38728, en commun avec le bijou suivant (n° 52589).

52589. Bracelet. — Argent. — Grand axe o m. o6o mill., petit axe o m. o5₂ mill., larg. o m. oo5 mill.; poids 2₂ gr. 45. — Trouvé en Basse-Égypte.

Un bracelet semblable au précédent. Il a été un peu déformé et est devenu elliptique. La distance entre ses extrémités est de o m. oo7 mill.

Gréco-romain.

Bɪʙʟ. : *Journal d'entrée du Musée*, n° 38728, en commun avec le bijou précédent (n° 52588).

52590. Boucle d'oreille. — Or. — Dimension mesurée du sommet de la boucle à une perle médiane o m. o34 mill.; poids 3 gr. 7o (pl. XXIV).

Boucle d'oreille. Le corps est composé d'un tube creux dont les extrémités, amincies, sont filiformes. L'une est repliée en boucle et liée sur le corps; l'autre était sans doute en agrafe et devait pénétrer dans la boucle. Actuellement cette partie vient rejoindre la boucle mais elle n'a plus de forme particulière.

A cette boucle est jointe une ornementation très riche qui se déploie en éventail en occupant la moitié inférieure du bijou.

D'abord, marquant le commencement du décor, de chaque côté, un groupe de trois perles de métal, puis, suivant le contour de la boucle, des rangs disposés ainsi : un rang de petites graines, un fil rond, un rang de perles plus fortes dont la partie saillante est décorée d'un groupe de petites graines en pyramide, trois et une.

Le rang suivant est une tresse. Enfin la composition se termine par un rang de huit triangles de grènetis terminés à leur angle saillant par une perle d'or assez forte (o m. oo3 mill. de diamètre).

Il manque un triangle complet et la perle d'un autre triangle.

Gréco-romain.

Bibl. : *Journal d'entrée du Musée*, n° 4o634, en commun avec la boucle d'oreille suivante qui fait la paire.

52591. Boucle d'oreille. — Or. — Dimension du sommet de la boucle à une perle médiane o m. o3ı mill.; poids 3 gr. 7o (pl. XXIV).

Une boucle d'oreille semblable à la précédente avec laquelle elle est appariée.

Il ne manque qu'une perle à une extrémité.

Gréco-romain.

Bibl. : *Journal d'entrée du Musée*, n° 4o634, en commun avec la boucle précédente.

52592. Boucle d'oreille. — Or. — Dimension du haut de la boucle à la perle médiane o m. o3o mill.; poids 2 gr. 85 (pl. XXIV).

Une boucle d'oreille dont le dispositif est semblable à celui des deux bijoux précédents, mais un peu moins riche. L'amorce du décor est une seule perle au lieu de trois.

Sur le corps même, des groupes de quatre très petites graines sont répartis, puis la décoration se développe ainsi : un rang de petites graines, un rang de tresses, puis sept triangles de grènetis terminés par une perle.

Il manque deux perles.

Gréco-romain.

Bibl. : *Journal d'entrée du Musée*, n° 4o635, en commun avec le bijou suivant.

52593. Boucle d'oreille. — Or. — Dimension mesurée du haut de la boucle à une perle médiane o m. o29 mill.; poids 2 gr. 4o (pl. XXIV).

Une boucle d'oreille semblable à la précédente avec laquelle elle est appariée.
Il manque trois triangles ainsi que leur perle.
Gréco-romain.

Bibl. : *Journal d'entrée du Musée*, n° 4o635, en commun avec le bijou précédent.

52594. Ornement d'oreille. — Or. — Diam. o m. o24 mill., grandeur de l'anneau o m. oo7 mill.; poids 5 gr. 7o. — Toukh el-Karmous, mai 19o6 (pl. XXI).

Un ornement d'oreille. Il est fait d'une petite cupule dont la convexité est la partie visible; elle est fermée du côté concave, par une plaque plane. Le motif de suspension est un anneau fait d'une bande de métal moulurée qui est soudée sur le bijou.
Le décor est fait au grènetis. Une demi-perle importante en forme le centre; elle est accompagnée de six triangles de graines qui l'entourent en étoile, puis cette étoile est entourée d'un premier cercle qui possède, lui aussi, à l'intérieur et à l'extérieur, des triangles de graines. Enfin, le bord du bijou est un rang de graines qui sont supportées par la plaque postérieure qui déborde légèrement.
Gréco-romain.

Bibl. : *Journal d'entrée du Musée*, n° 3839o.

52595. Ornement d'oreille. — Or. — Diam. o m. o24 mill., grandeur de l'anneau o m. oo7 mill.; poids 5 gr. 95. — Toukh el-Karmous, mai 19o6 (pl. XXI).

Un bijou d'une construction analogue à celle du précédent. La variante est dans le décor.
Au centre de l'objet est un masque de Bès exécuté au repoussé. Il est complètement écrasé. Ce masque est entouré de petits triangles de graines et au-dessus du masque, le dispositif forme une couronne. Un cercle, décoré intérieurement et extérieurement de triangles de graines, entoure le centre et, enfin, un cercle de graines termine la composition.
Gréco-romain.

Bibl. : *Journal d'entrée du Musée*, n° 38391.

52596. Ornement d'oreille. — Or. — Diamètre moyen o m. o18 mill., largeur de l'anneau o m. oo6 mill.; poids 2 gr. 65. — Toukh el-Karmous, mai 19o6.

Un ornement d'oreille de même aspect que les deux précédents, mais plus petit.
Le décor est un peu différent quoique composé également de fils et de graines.

Au centre, une rosace faite de six pétales de fil et d'une graine centrale, est inscrite
dans une étoile en graines à six pointes.

Le bord est composé d'un fil mince bordé à l'intérieur d'un rang de graines et à l'extérieur de petits groupes de graines en triangle, deux et une. L'anneau est une bande
plate décorée au milieu d'un fil et, sur les bords, d'un rang de graines. A l'endroit,
le point de rencontre de l'anneau et du bijou est masqué par une rosace de même
nature que celle du centre. La plaque qui double le revers est incurvée.

Gréco-romain.

BIBL. : *Journal d'entrée du Musée*, n° 38392.

52597. Ornement d'oreille. — Or. — Diamètre moyen o m. o18 mill., largeur
de l'anneau o m. oo6 mill.; poids 2 gr. 70. — Toukh el-Karmous,
mai 1906.

Ornement de même nature que le précédent. Au lieu d'une rosace au centre il n'y a que
l'étoile de graines avec une perle centrale un peu plus forte.

De même, la rencontre de l'anneau et du bijou est masquée par un ornement plus
simple qu'une rosace. Il est en mauvais état et sa forme est difficile à définir; peut-
être est-ce une perle triangulaire.

Gréco-romain.

BIBL. : *Journal d'entrée du Musée*, n° 38393.

52598. Ornement d'oreille. — Or. — Plus grande largeur o m. o21 mill.,
largeur de l'anneau o m. oo4 mill. 1/2, distance entre les perles
o m. oo6 mill.; poids 8 gr. 5o. — Toukh el-Karmous, mai 1906.

Un ornement d'oreille en forme de croissant, terminé à ses extrémités par deux perles,
posées du côté apparent. Il est massif et sa section forme un losange.

L'anneau de suspension est une bande moulurée, avec un gros godron à la ligne
médiane. Une perle masque le point de réunion de l'anneau au bijou.

Gréco-romain.

BIBL. : *Journal d'entrée du Musée*, n° 38397.

52599. Ornement d'oreille. — Or. — Plus grande largeur o m. o22 mill.,
largeur de l'anneau o m. oo4 mill. 1/2, distance entre les perles
o m. o14 mill.; poids 3 gr. 6o. — Toukh el-Karmous, mai 1906.

Un bijou de même construction que le précédent, mais plus petit. Sous l'anneau est un
petit crochet de fil qui retenait sans doute une pendeloque.

Gréco-romain.

BIBL. : *Journal d'entrée du Musée*, n° 38398.

52600. Ornement d'oreille. — Or. — Plus grande largeur o m. 017 mill., largeur de l'anneau o m. 002 mill. 1/2, distance entre les perles o m. 011 mill.; poids 2 gr. 40. — Toukh el-Karmous, mai 1906.

Ornement semblable au précédent, mais plus simple et plus petit. La rencontre de l'anneau et du bijou n'est pas masquée par une perle.

Gréco-romain.

Bibl. : *Journal d'entrée du Musée*, n° 38399.

52601. Bague. — Or. — Largeur maximum o m. 019 mill., longueur du chaton o m. 014 mill., largeur du chaton o m. 009 mill.; poids 3 gr. 55. — Trouvée à Mit Rahineh (Kom el-Kalâah), février 1909.

Une bague dont le corps est fait d'un fil rond qui vient se souder à un chaton.

Le chaton est horizontal, plat dessus, et dessous largement échancré pour laisser la place au doigt. La forme du chaton est un rectangle aux angles très arrondis.

Sur le plat sont gravés, dans le sens de la longueur, trois papyrus sortant d'une corbeille.

Bibl. : *Journal d'entrée du Musée*, n° 41040.

52602. Boucle d'oreille. — Électrum. — Diam. o m. 022 mill.; poids 3 gr. 15. — Trouvée à Saqqarah, octobre 1908.

Une boucle d'oreille de construction semblable à celles qui sont cataloguées sous les n°ˢ 52378 et suivants. Elle est à quatre rangs, et en très mauvais état. Le métal en est assez pâle pour pouvoir être confondu avec de l'argent.

XVIIIᵉ dynastie.

Bibl. : *Journal d'entrée du Musée*, n° 40699.

52603. Boucle d'oreille. — Électrum. — Diam. o m. 022 mill.; poids 3 gr. 35. — Trouvée à Saqqarah, octobre 1908.

Bijou semblable au précédent.

XVIIIᵉ dynastie.

Bibl. : *Journal d'entrée du Musée*, n° 40699.

52604. Boucle d'oreille. — Électrum. — Diam. o m. 022 mill.; poids 3 gr. 45. — Trouvée à Saqqarah, octobre 1908.

Bijou semblable aux deux précédents.

XVIIIᵉ dynastie.

Bibl. : *Journal d'entrée du Musée*, n° 40699.

52605. Boucle d'oreille. — Électrum. — Diam. o m. o1g mill.; poids 2 gr. 55. — Trouvée à Saqqarah, octobre 1908.

Bijou semblable aux trois précédents, un peu plus petit.
XVIIIe dynastie.

BIBL. : *Journal d'entrée du Musée*, n° 40699.

52606. Boucle d'oreille. — Électrum. — Diam. o m. o2o mill., poids 1 gr. 95. — Trouvée à Saqqarah, octobre 1908.

Bijou dont le dispositif est semblable à celui des précédents avec cette différence que les saillies anguleuses appartenaient à une seule plaque, alors qu'ici ce sont des tubes accolés.
XVIIIe dynastie.

BIBL. : *Journal d'entrée du Musée*, n° 40699.

52607. Boucle d'oreille. — Électrum. — Diam. o m. o2o mill.; poids 1 gr. 95. — Trouvée à Saqqarah, octobre 1908.

Bijou semblable au précédent.
XVIIIe dynastie.

BIBL. : *Journal d'entrée du Musée*, n° 40699.

52608. Boucle d'oreille. — Électrum. — Diam. o m. o2o mill.; poids 2 gr. o5. — Trouvée à Saqqarah, octobre 1908.

Bijou semblable au précédent.
XVIIIe dynastie.

BIBL. : *Journal d'entrée du Musée*, n° 40699.

52609. Fragment de boucle d'oreille. — Électrum. — Poids 1 gr. 15. — Trouvé à Saqqarah, octobre 1908.

Fragment d'un bijou semblable au précédent.
XVIIIe dynastie.

BIBL. : *Journal d'entrée du Musée*, n° 40699.
Catal. du Musée, n° 52001.

52610. Bague. — Argent et céramique ou pierre de talc. — Dimension mesurée
du milieu du chaton o m. o2 3 mill.; poids 2 gr. o5.

Une bague composée d'un fil passant au travers d'un scarabée de céramique qui était
revêtu d'une mince feuille d'argent.

L'ensemble est dans un état déplorable. L'argent est très décomposé; la céramique également. Il ne reste plus qu'un petit fragment de la feuille de revêtement du scarabée.

La substance du scarabée peut être en pierre de talc ou en céramique jaunâtre, très
décomposée et largement filée.

Sur le plat on voit des entrelacs.

Moyen empire (?).

Bibl. : *Journal d'entrée du Musée*, n° 41381.

52611. Boucle d'oreille. — Argent. — Longueur maximum o m. o1 9 mill.;
poids o gr. 85. — Trouvée à Saqqarah, octobre 1908.

Une boucle d'oreille en forme de croissant dont une branche, prolongée,
se rabat sur l'autre après avoir traversé l'oreille.

Ce bijou est en métal mince. Il est exécuté au repoussé, dans une plaque
découpée (fig. 72) et la seule action de l'emboutir, pour lui donner
l'aspect ventru, lui a fait prendre la forme qu'il doit avoir (fig. 73, 74
et 75). C'est bien ainsi que tous les croissants de grandeur moyenne sont
exécutés; mais ici le procédé est pris sur le vif car le travail n'a pas
été poursuivi et le bijou, largement ouvert à l'intérieur, a aussi bien
l'aspect d'un ustensile destiné à puiser, d'une cuiller spéciale. C'est
en somme l'exécution de l'objet réduite à son premier temps.

Fig. 72.

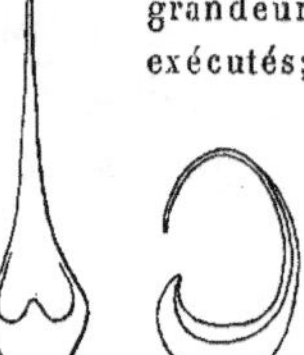

Fig. 73.   Fig. 74.   Fig. 75.

Le métal est très sulfuré et le bijou est en mauvais état.

Gréco-romain.

Bibl. : *Journal d'entrée du Musée*, n° 40700.

52612. Boucle d'oreille. — Argent. — Longueur maximum o m. o1 7 mill.;
poids 1 gr. 15. — Trouvée à Saqqarah, octobre 1908.

Une boucle d'oreille semblable à la précédente avec laquelle elle est appariée.

Gréco-romain.

Bibl. : *Journal d'entrée du Musée*, n° 40700, en commun avec le bijou précédent.

52613. Bracelet. — Argent. — Grandeur maximum o m. 072 mill., épaiss. o m. 006 mill.; poids 34 gr. 35.—Trouvé à Tell Basta (Bubastis), 1907.

Un bracelet argent composé d'un fil rond mis à la forme elliptique convenable et resté ouvert. Il est en mauvais état et porte des traces de coups; néanmoins il est complet. Ses branches se rejoignent à un millimètre près. Elles sont décorées de traits quadrillés sur une longueur de 17 millimètres environ, de chaque côté.

Gréco-romain.

Bibl. : *Journal d'entrée du Musée*, n° 39881. Ce numéro est global et comprend tout le lot des bracelets de cette nature.

52614. Bracelet. — Argent. — Grandeur maximum o m. 077 mill., épaiss. o m. 006 mill. 1/2 ; poids 65 gr. 85. — Trouvé à Tell Basta (Bubastis), 1907.

Un bracelet de la même nature que le précédent. Le fil est sain. Les extrémités sont très rapprochées (moins d'un millimètre). Elles sont décorées de traits quadrillés sur une longueur de 16 millimètres.

Bibl. : *Journal d'entrée du Musée*, n° 39881.

52615. Bracelet. — Argent. — Grandeur maximum o m. 075 mill., épaiss. o m. 006 mill.; poids 57 gr. 20.

Bracelet semblable au précédent.
Il est rongé superficiellement sur un espace peu important, o m. 020 mill. environ.
Gréco-romain.

Bibl. : *Journal d'entrée du Musée*, n° 39881.

52616. Bracelet. — Argent. — Grandeur maximum o m. 073 mill., épaiss. o m. 006 mill. 1/2 ; poids 58 gr. 40. — Trouvé à Tell Basta (Bubastis), 1907.

Bijou semblable au précédent. Ses branches se joignent.
Gréco-romain.

Bibl. : *Journal d'entrée du Musée*, n° 39881.

52617. Bracelet. — Argent. — Grandeur maximum o m. 071 mill., épaiss. o m. 005 mill. 1/2 ; poids 47 gr. 30. — Trouvé à Tell Basta (Bubastis), 1907.

Un bijou semblable au précédent. Le métal est un peu altéré vers le milieu du corps.
Gréco-romain.

Bibl. : *Journal d'entrée du Musée*, n° 39881.

52618. **Bracelet.** — Argent. — Grandeur maximum o m. 072 mill., épaiss. o m. 006 mill.; poids 43 gr. 55. — Trouvé à Tell Basta (Bubastis), 1907.

Bijou semblable aux précédents. Écart entre les extrémités, o m. 005 mill.

Gréco-romain.

Bibl. : *Journal d'entrée du Musée*, n° 39881.

52619. **Bracelet.** — Argent. — Dimension maximum o m. 066 mill., épaiss. o m. 005 mill., écartement des extrémités o m. 022 mill.; poids 31 gr. 95. — Trouvé à Tell Basta (Bubastis), 1907.

Bracelet de fil gros, plein. Il est largement ouvert et sa forme se rapproche de celle d'un cœur. Les extrémités sont décorées de traits quadrillés comme sur les bijoux précédents, dont il diffère par la dimension, la forme et l'écartement des extrémités.

Gréco-romain.

Bibl. : *Journal d'entrée du Musée*, n° 39881.

52620. **Bracelet.** — Argent. — Grandeur maximum o m. 065 mill., épaiss. o m. 005 mill., écartement des extrémités o m. 023 mill.; poids 36 gr. 45. — Trouvé à Tell Basta (Bubastis), 1907.

Bracelet semblable au précédent.

Gréco-romain.

Bibl. : *Journal d'entrée du Musée*, n° 39881.

52621. **Bracelet.** — Argent. — Grandeur maximum o m. 064 mill., épaiss. o m. 005 mill., écartement des extrémités o m. 019 mill. 1/2; poids 34 gr. 80. — Trouvé à Tell Basta (Bubastis), 1907.

Bracelet semblable aux précédents.

Gréco-romain.

Bibl. : *Journal d'entrée du Musée*, n° 39881.

52622. **Bracelet.** — Argent. — Grandeur maximum o m. 097 mill., épaiss. o m. 007 mill.; poids 75 gr. 80.—Trouvé à Tell Basta (Bubastis), 1907.

Grand bracelet de même nature que les précédents, en fil rond et plein. Il est brisé et une extrémité manque, o m. 060 mill. environ.

Celle qui est intacte est décorée de traits quadrillés et de traits en chevrons.

Gréco-romain.

Bibl. : *Journal d'entrée du Musée*, n° 39881.

52623. Bracelet. — Argent. — Grandeur maximum o m. 097 mill., épaiss. o m. 007 mill. 1/2 ; poids 95 gr. 15. — Trouvé à Tell Basta (Bubastis), 1907.

Bracelet semblable au précédent. Comme lui il est brisé et un morceau manque, o m. 050 mill. environ.

Gréco-romain.

BIBL. : *Journal d'entrée du Musée*, n° 39881.

52624. Bracelet fragmenté. — Argent. — Grandeur maximum o m. 080 mill., épaiss. o m. 006 mill.; poids 57 gr. 20. — Trouvé à Tell Basta (Bubastis), 1907.

Un bracelet fragmenté. Il est de forme elliptique, de même nature que les bijoux précédents, en fil rond et plein, décoré à ses extrémités de traits quadrillés. La partie la plus importante constitue environ les trois quarts du bracelet. Les trois fragments réunis ont environ o m. 066 mill. : 25 + 17 + 24.

Gréco-romain.

BIBL. : *Journal d'entrée du Musée*, n° 39881.

52625. Bracelet en deux fragments. — Argent. — Grandeur maximum (mesurée les deux morceaux en place) o m. 070 mill., épaiss. o m. 005 mill. 1/2; poids 34 gr. 25. — Trouvé à Tell Basta (Bubastis), 1907.

Bracelet en deux fragments. Sa forme se rapproche de celle d'un cœur. Le corps à plat n'a pas sa section complètement circulaire.
Même aspect que les bijoux précédents.

Gréco-romain.

BIBL. : *Journal d'entrée du Musée*, n° 39881.

52626. Bracelet en deux fragments. — Argent. — Grandeur maximum (les morceaux mis en place) o m. 062 mill., épaiss. o m. 006 mill.; poids 36 gr. 40. — Trouvé à Tell Basta (Bubastis), 1907.

Bracelet en deux fragments, semblable au précédent.
Gréco-romain.

BIBL. : *Journal d'entrée du Musée*, n° 39881.

52627. Bracelet en deux fragments. — Argent. — Grandeur maximum (les morceaux mis en place) o m. o66 mill., épaiss. o m. oo5 mill.; poids 26 gr. 55. — Trouvé à Tell Basta (Bubastis), 1907.

Un bracelet en deux fragments, semblable aux précédents.

Gréco-romain.

Bibl. : *Journal d'entrée du Musée*, n° 39881.

52628. Bracelet en trois fragments. — Argent. — Grandeur maximum (les morceaux mis en place) o m. o68 mill., épaiss. o m. oo5 mill.; poids 31 gr. 75. — Trouvé à Tell Basta (Bubastis), 1907.

Un bracelet de même nature que les précédents.

Gréco-romain.

Bibl. : *Journal d'entrée du Musée*, n° 39881.

52629. Bracelet en quatre morceaux. — Argent. — Grandeur maximum (les morceaux mis en place) environ o m. o67 mill., épaisseur o m. oo5 mill.; poids 3o gr. 75. — Trouvé à Tell Basta (Bubastis), 1907.

Un bracelet de même nature que les précédents. Sa forme est elliptique.

Gréco-romain.

Bibl. : *Journal d'entrée du Musée*, n° 39881.

52630. Grand bracelet en cinq fragments. — Argent. — Grandeur maximum (les morceaux mis en place) environ o m. 101 mill., épaisseur o m. oo7 mill.; poids 89 gr. 65. — Trouvé à Tell Basta (Bubastis), 1907.

Un bracelet de forme elliptique, en fil plein et rond, de même genre que les précédents.

Gréco-romain.

Bibl. : *Journal d'entrée du Musée*, n° 39881.

52631. Fragment de bracelet. — Argent. — Long. o m. o5o mill., épaiss. o m. oo7 mill.; poids 14 gr. 5o. — Trouvé à Tell Basta (Bubastis), 1907.

Extrémité d'un bracelet de fil rond et plein. Il est décoré de traits quadrillés.

Gréco-romain.

Bibl. : *Journal d'entrée du Musée*, n° 39881.

52632. Fragment de bracelet. — Argent. — Long. o m. o69 mill., épaiss. o m. oo7 mill.; poids 22 gr. 6o. — Trouvé à Tell Basta (Bubastis), 1907.

Extrémité d'un bracelet semblable à celui qui précède.

Gréco-romain.

Bibl. : *Journal d'entrée du Musée*, n° 39881.

52633. Ornement d'oreille. — Or. — Longueur mesurée au-dessus de la cavité o m. o55 mill., larg. o m. o4o mill.; poids 19 gr. 25. — Trouvé à Mit Rahineh (Kom el-Kalâah), février 1909.

Un ornement d'or très mince.

Il est de la même nature que ceux qui sont catalogués aux n°⁵ 52368, 52443, etc.

La forme est celle d'un demi-melon partagé en quatre grosses côtes décorées, deux de perles très en relief, encadrées dans un quadrillé dessiné par des rangs de graines, et les deux autres de tranches horizontales munies d'une arête saillante et séparées par des godrons striés.

Le bijou est encore garni de la substance de soutien qui lui assure une certaine tenue. Cette substance est maintenant très friable; elle intervient pour près de 15 grammes dans le poids du bijou.

Gréco-romain.

Bibl. : *Journal d'entrée du Musée*, n° 41038.

52634. Ornement d'oreille. — Or. — Longueur mesurée au-dessus de la cavité environ o m. o5o mill., larg. o m. o44 mill.; poids 4 gr. 45. — Trouvé à Mit Rahineh (Kom el-Kalâah), février 1909.

Un ornement d'or très mince, semblable au précédent. Son importance est la même. Il est démuni de la composition qui sert au précédent comme soutien et par suite il est déformé. Le poids de ce bijou est donc utile pour déterminer quelle est l'intervention de la composition dans le poids du bijou n° 52633.

Gréco-romain.

Bibl. : *Journal d'entrée du Musée*, n° 41038.

52635. Bracelet. — Argent. — Grandeur maximum o m. o8o mill., épaiss. o m. oo6 mill.; poids 65 grammes. — Trouvé à Tell Basta (Bubastis), 1907.

Bijou semblable aux bracelets catalogués de 52613 à 52632. Il est fait d'un fil plein, rond, et sa forme est elliptique. Ses extrémités, qui se touchent, sont décorées de traits quadrillés.

Gréco-romain.

Bibl. : *Journal d'entrée du Musée*, n° 39881.

52636. Bracelet. — Argent. — Long. o m. 245 mill., larg. o m. 028 mill.; poids 26 gr. 20. — Acheté le 2 novembre 1908.

Bracelet fermé, composé d'une bande d'argent mince.

La décoration consiste en huit médaillons ronds représentant des personnages et des attributs. Ces médaillons sont entourés de graines, de triangles ou de volutes; dans les entre-deux prennent place des caractères grecs superposés.

Tous les ornements sont exécutés au traçoir. Quelques-uns des traits sont faits avec un traçoir grainé qui produit des traits pointillés.

Les bords du bracelet sont découpés en suivant les contours des médaillons et des entre-deux.

Copte.

Bibl. : *Journal d'entrée du Musée*, n° 40936; Jean Maspero, *Bracelets-amulettes d'époque byzantine*, dans les *Annales du Service des Antiquités*, IX, fasc. iii.

52637. Bracelet. — Argent. — Long. o m. 245 mill., larg. o m. 028 mill.; poids 27 gr. 35. — Acheté le 2 novembre 1908.

Bracelet en tout semblable au précédent, forme et décor.

Copte.

Bibl. : *Journal d'entrée du Musée*, n° 40636; Jean Maspero, *Bracelets-amulettes d'époque byzantine*, dans les *Annales du Service des Antiquités*, IX, fasc. iii.

52638. Bracelet. — Or et turquoise. — Long. o m. 020 mill.; poids 14 gr. 25. — Trouvé à Barnugi, près Damanhour, fouilles de M. Edgar, 16 mai 1907.

Un bracelet composé de trois fils d'or, soudés ensemble aux extrémités, qui se courbent en anneaux.

Les fils sont ronds. Leur épaisseur est de un millimètre fort, et chacun est orné de deux perles de turquoise dont le diamètre moyen est de 5 millimètres. Ces perles sont maintenues au milieu du bracelet par deux spirales de fils qui sont tordus, serrés de chaque côté de la perle sur le corps. Elles maintiennent les trois fils à un écartement minimum de 5 millimètres l'un de l'autre.

La fermeture du bracelet devait s'obtenir à l'aide d'un fil passé dans les anneaux terminus.

Moyen empire.

Bibl. : *Journal d'entrée du Musée*, n° 38879.

52639. Bracelet. — Or et turquoise. — Long. o m. 020 mill.; poids 14 gr. 10. — Trouvé à Barnugi, près Damanhour, fouilles de M. Edgar, 16 mai 1907.

Un bracelet en tout semblable au précédent.

Moyen empire.

Bibl. : *Journal d'entrée du Musée*, n° 38879.

52.001 face

52.001 revers

52.002 face

52.002 revers

Phototypie Berthaud, Paris

52.004 face

52.004 revers

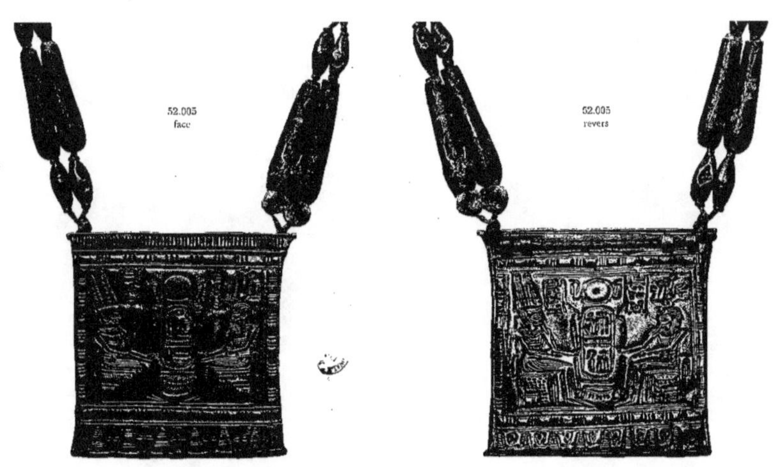

52.005
face
52.005
revers

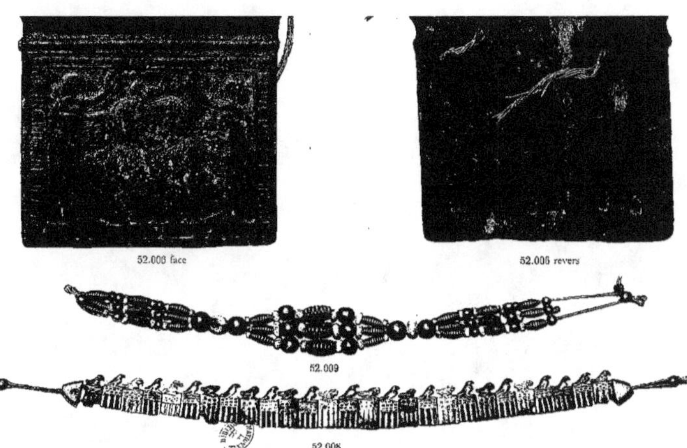

52.006 face 52.006 revers

52.009

52.008

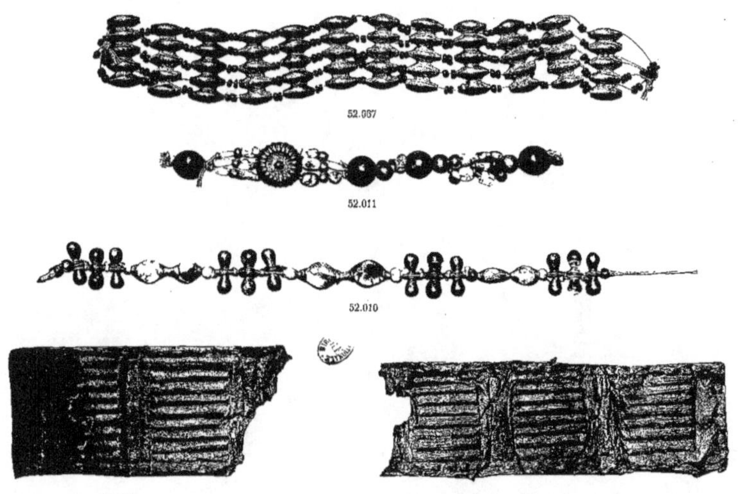

52.007

52.011

52.010

52.017 bis

52.017

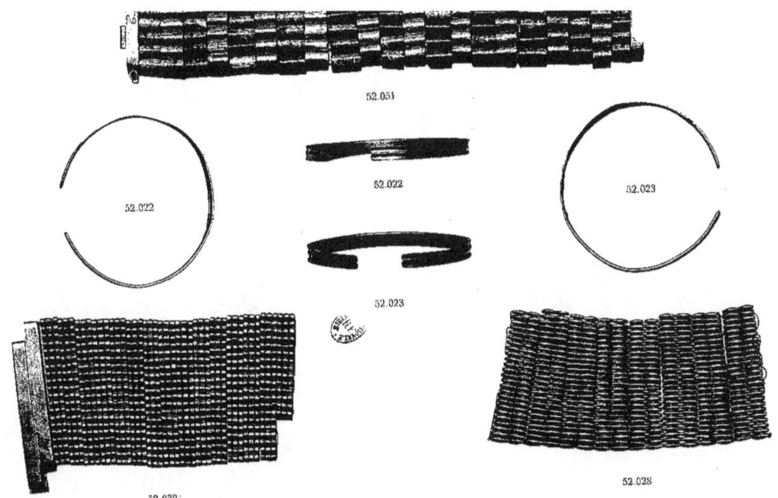

52.031
52.022
52.022
52.023
52.023
52.032
52.028

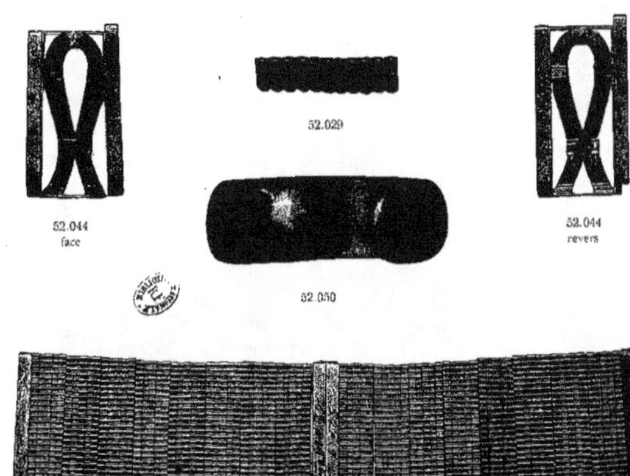

52.044
face
52.029
52.044
revers
52.050
52.041-42
face
52.041-42
revers
52.019-19 bis

52.068

52.069

52.071

52.070

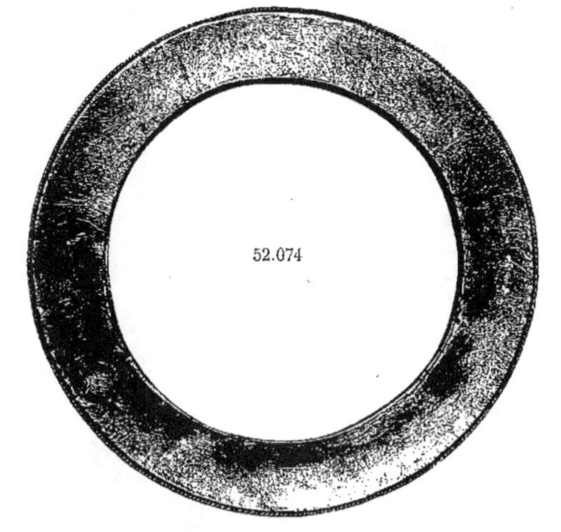

52.074

52.074

52.073

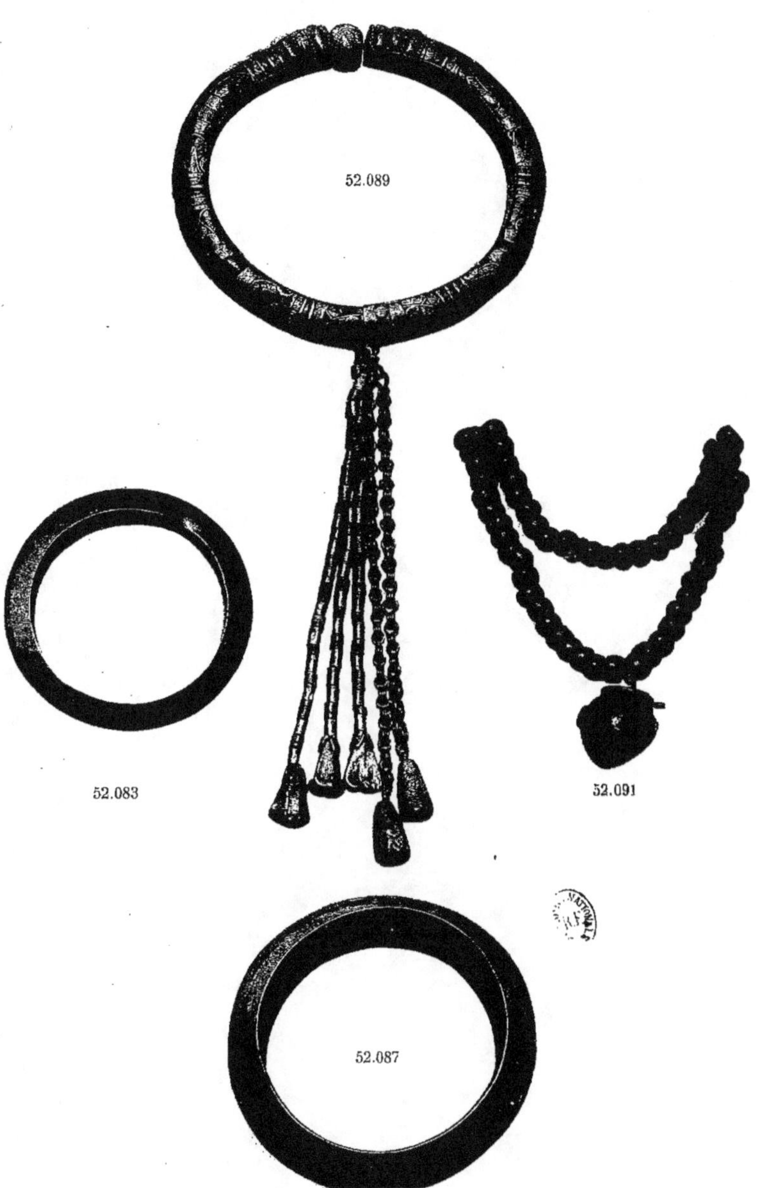

52.089

52.083

52.091

52.087

52.093
52.101
52.095
52.094

52.097
52.103
52.099
52.153

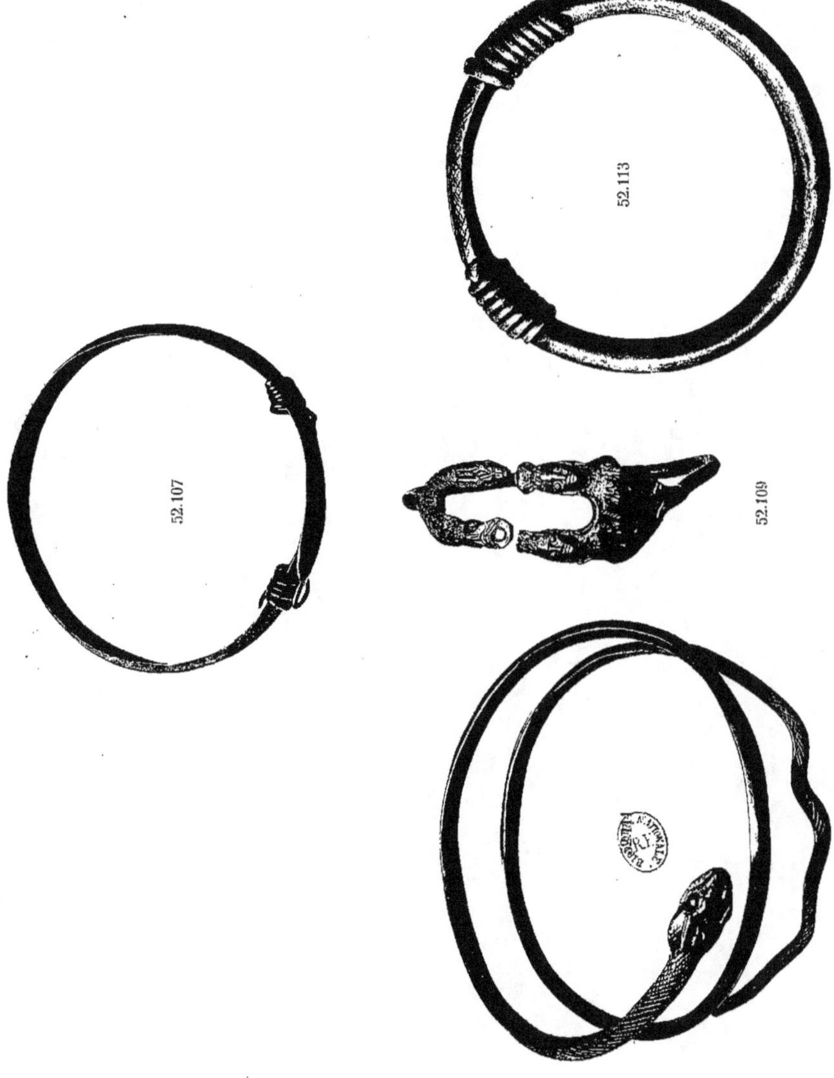

52.113
52.107
52.109

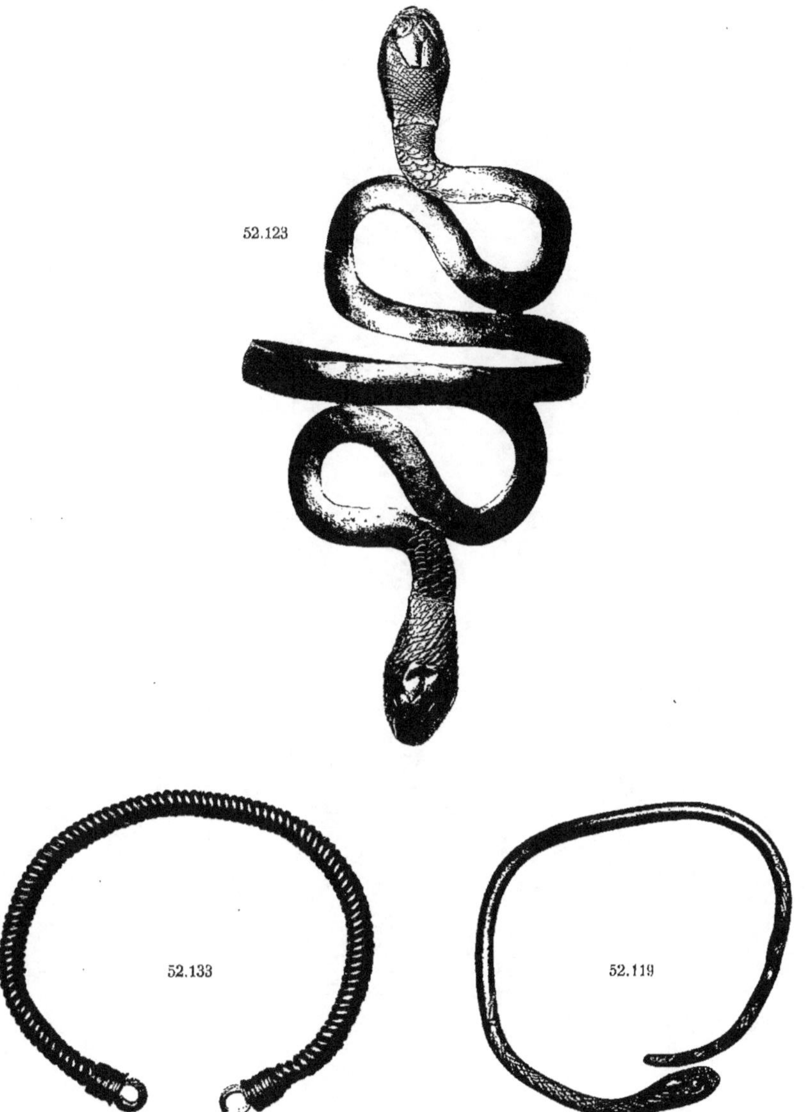

52.123
52.133
52.119

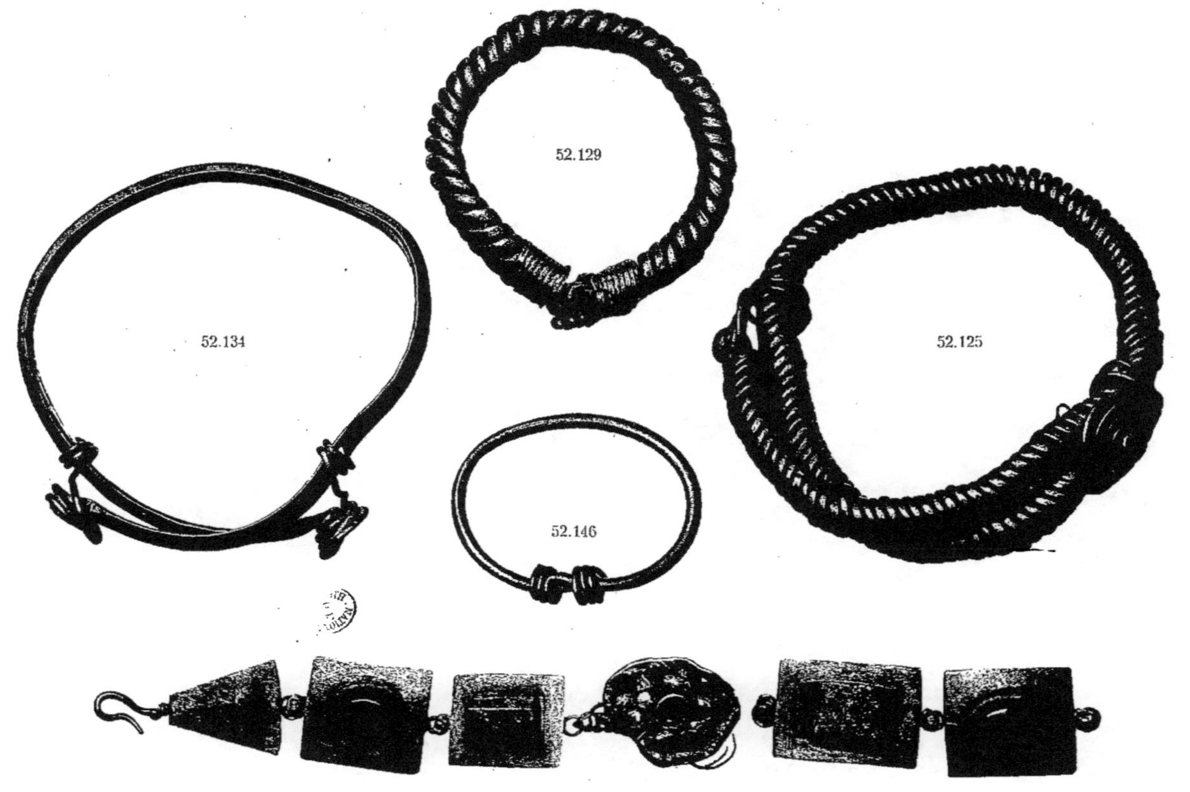

52.129
52.134
52.125
52.146
52.151

52.140
52.148
52.136
52.152

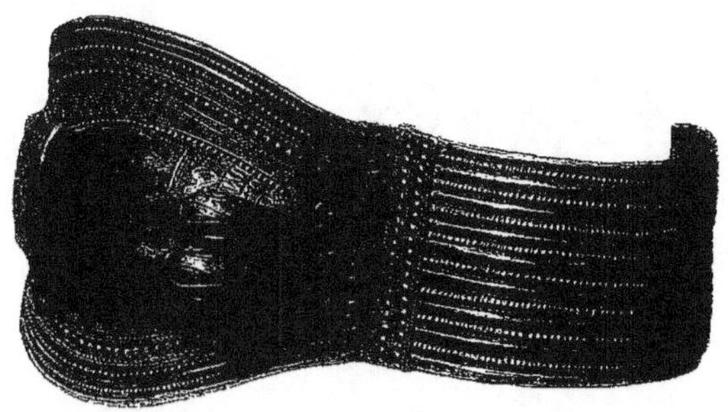

52.575

52.576

52.575

52.575

52.575

Phototypie Berthaud, Paris.

52.580

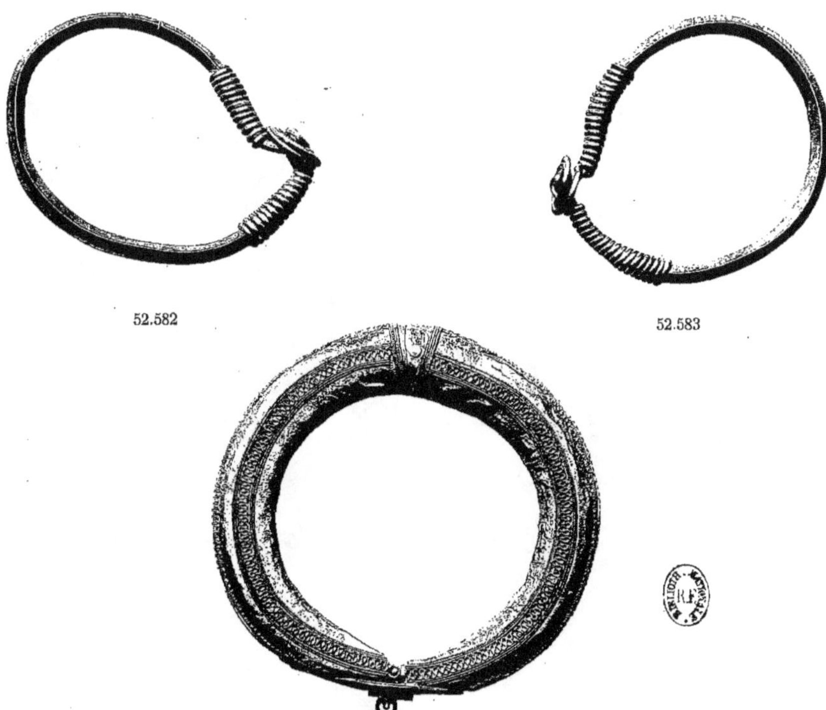

52.582

52.583

52.579

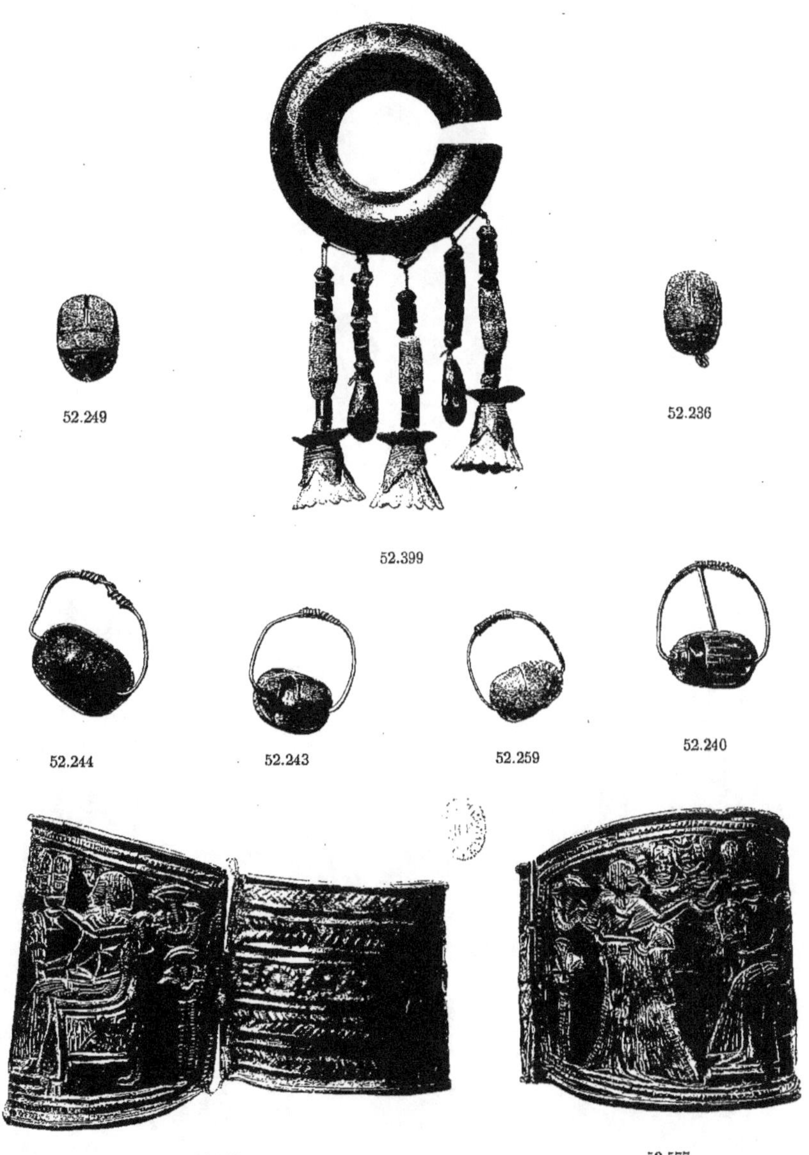

52.249

52.399

52.236

52.244

52.243

52.259

52.240

52.577

52.577

52.195
52.202
52.197
52.216
52.157
52.176
52.163
52.587
52.207
52.593
52.166
52.594

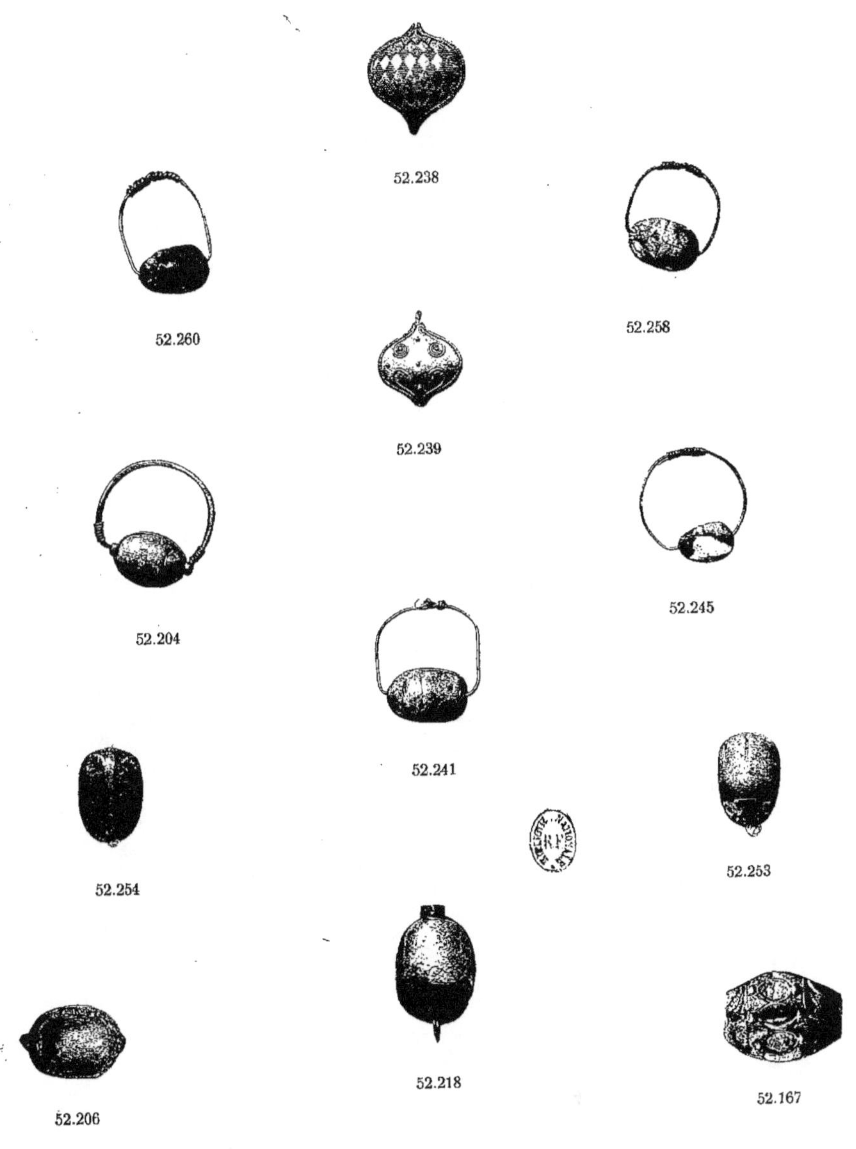

52.238
52.260
52.258
52.239
52.204
52.245
52.241
52.254
52.253
52.218
52.206
52.167

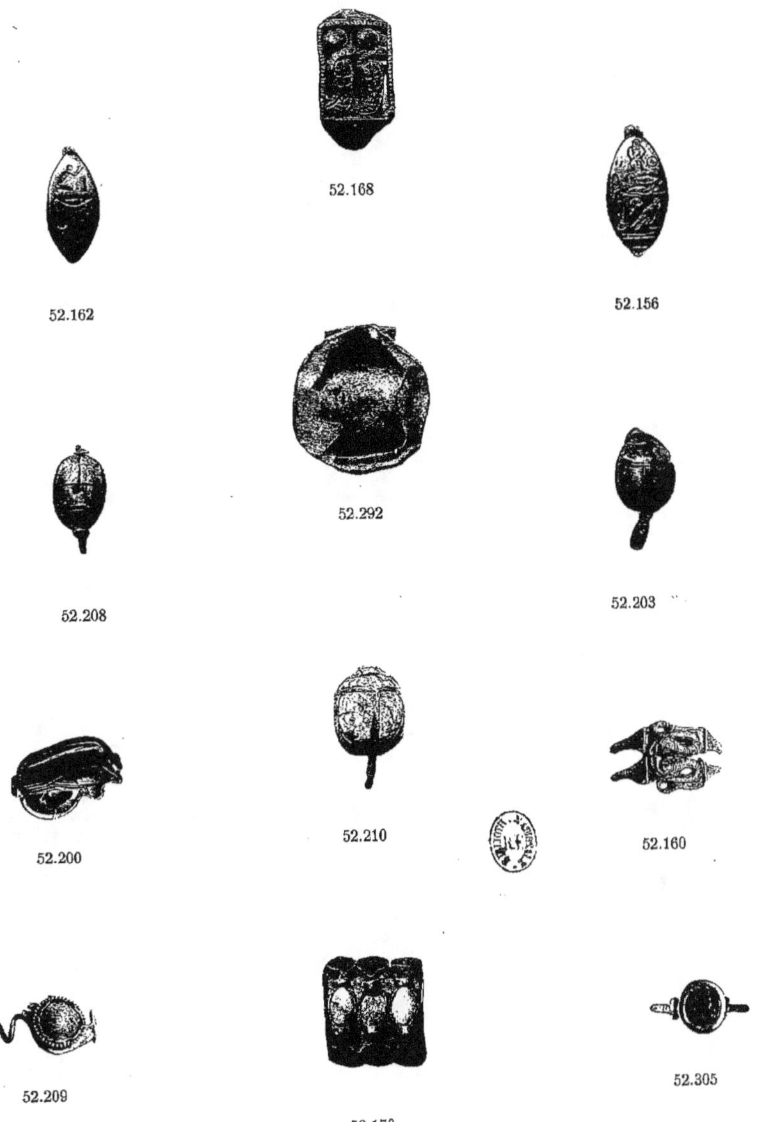

52.168

52.162

52.156

52.292

52.208

52.203

52.200

52.210

52.160

52.209

52.170

52.305

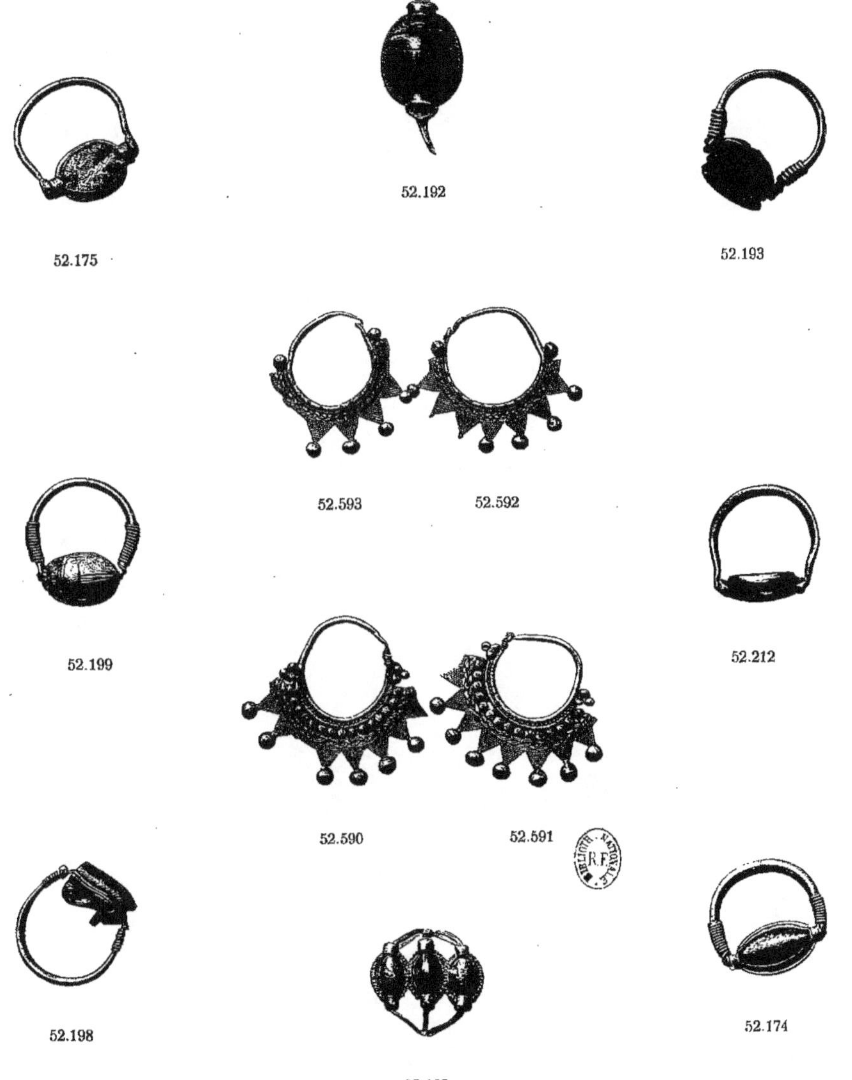

52.192

52.175

52.193

52.593　　52.592

52.199

52.212

52.590　　52.591

52.198

52.165

52.174

BIBLIOTHÈQUE NATIONALE R.F.

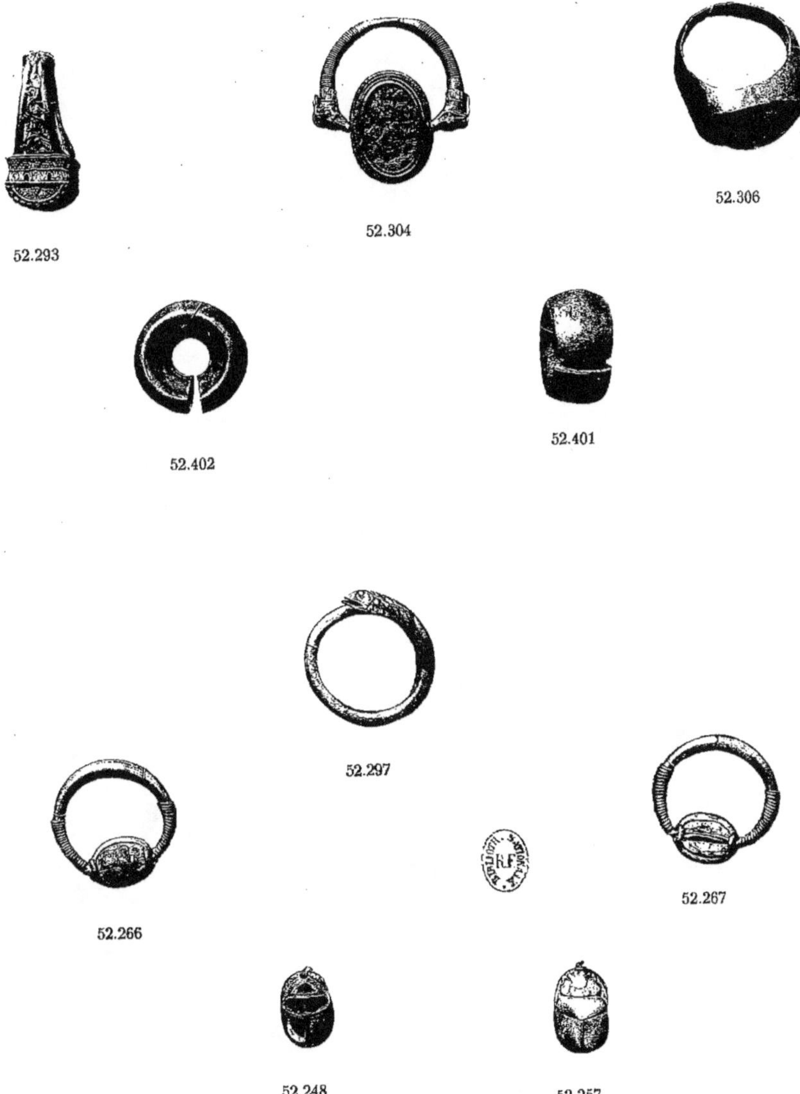
52.293
52.304
52.306
52.402
52.401
52.297
52.266
52.267
52.248
52.257

52.262

52.331

52.261

52.264

52.263

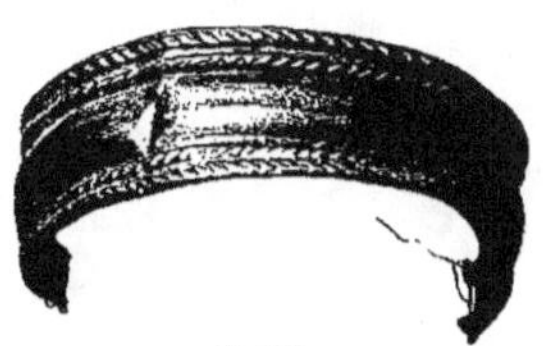

52.586

52.313

52.295

52.296

52.298

52.307

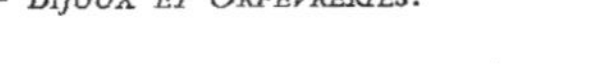

52.323

face

52.323

profil

52.323

revers

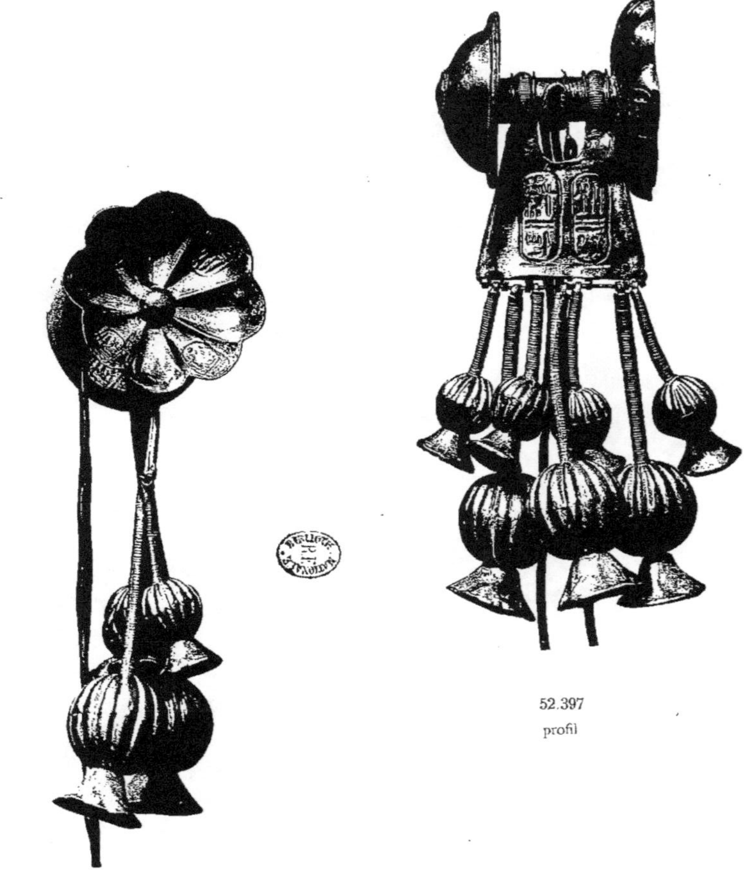

52.397
face

52.397
profil

52.397
revers

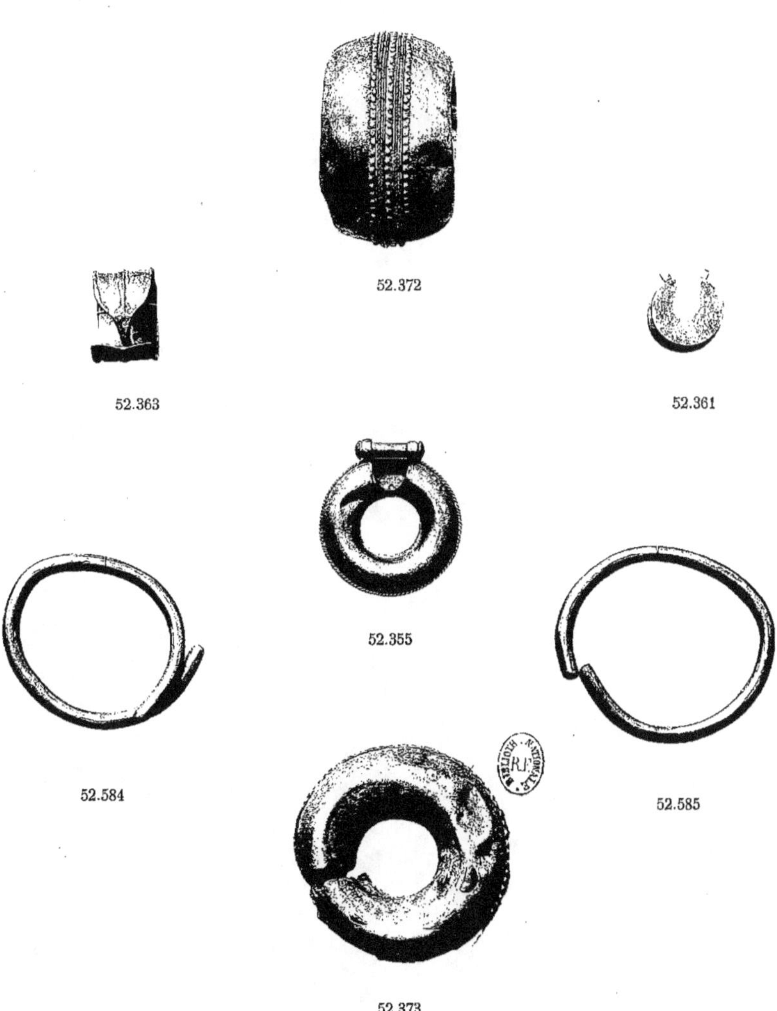

52.372

52.363

52.361

52.355

52.584

52.585

52.373

52.439

52.440

52.437

52.438

52.469

52.463

52.443

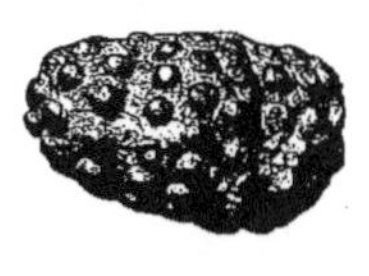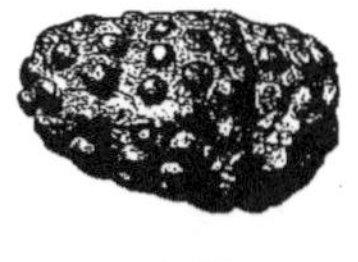

52.470

52.473

52.475

52.462

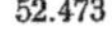

52.368

52.449

BIBLIOTH. NATIONALE

52.451

52.386

52.387

52.403

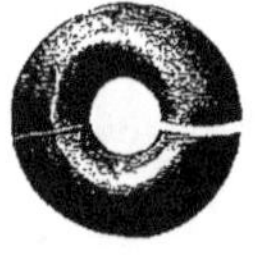

52.421

52.422

52.393

52.396

52.389

52.388

52.434

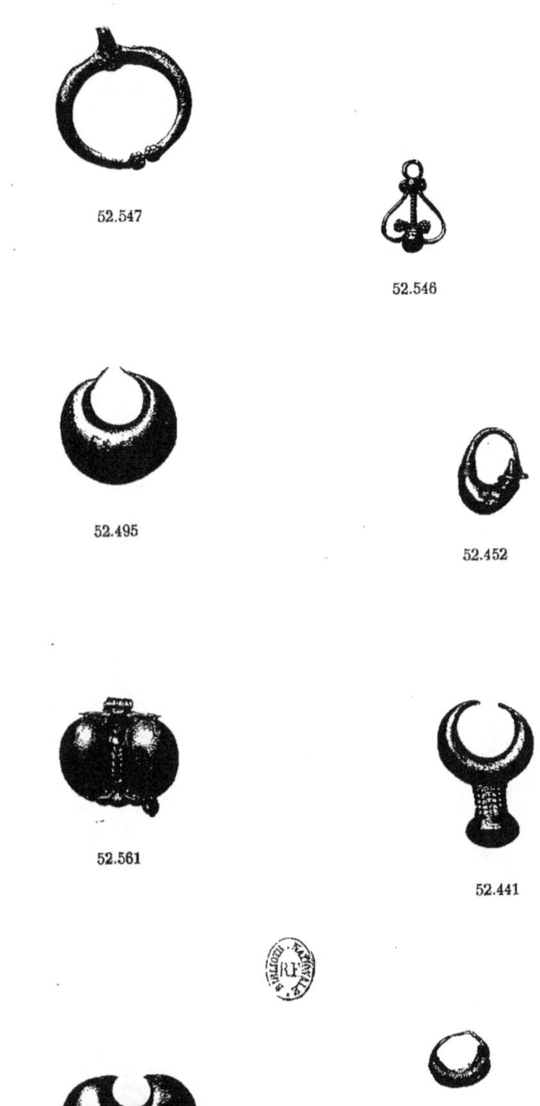

52.547

52.546

52.572

52.559

52.495

52.452

52.442

52.561

52.441

52.492

52.370

52.484

52.538
52.552
52.551
52.532
52.540
52.541
52.537
52.549
52.534
52.518
52.566

52.517
52.512
52.528
52.511
52.523
52.478
52.479
52.529
52.527
52.524

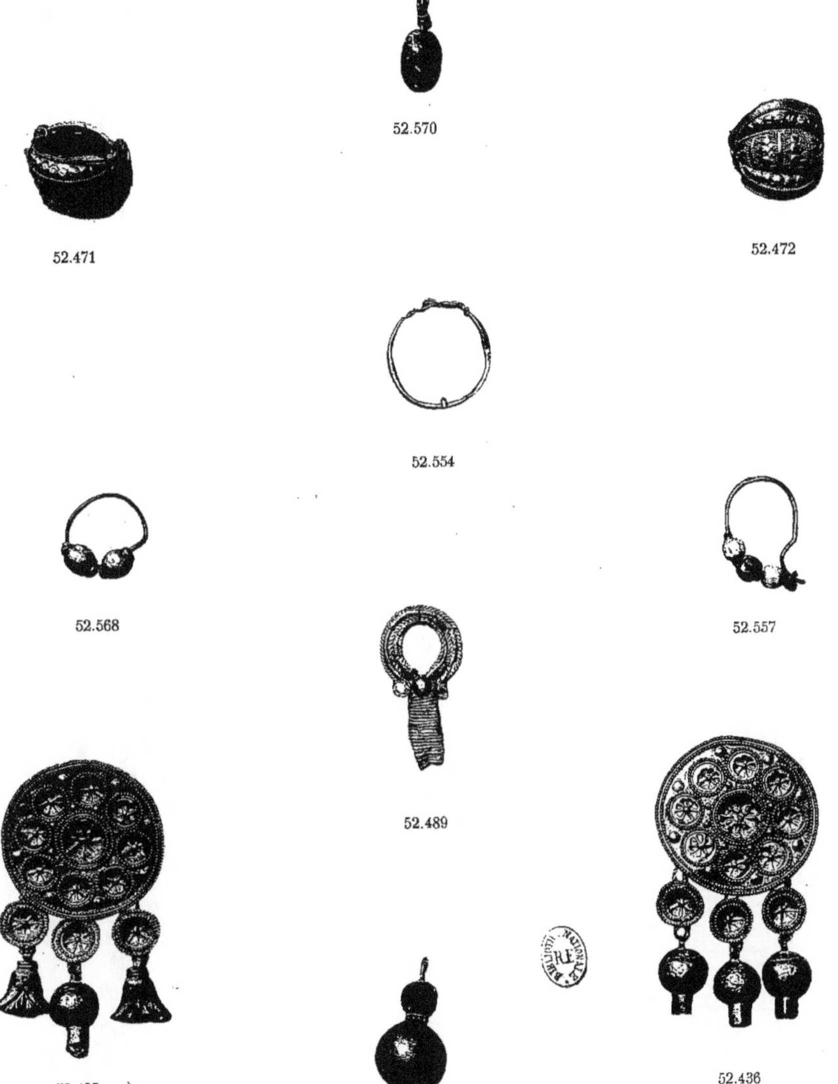

52.570

52.471

52.472

52.554

52.568

52.557

52.489

52.435

52.490

52.436

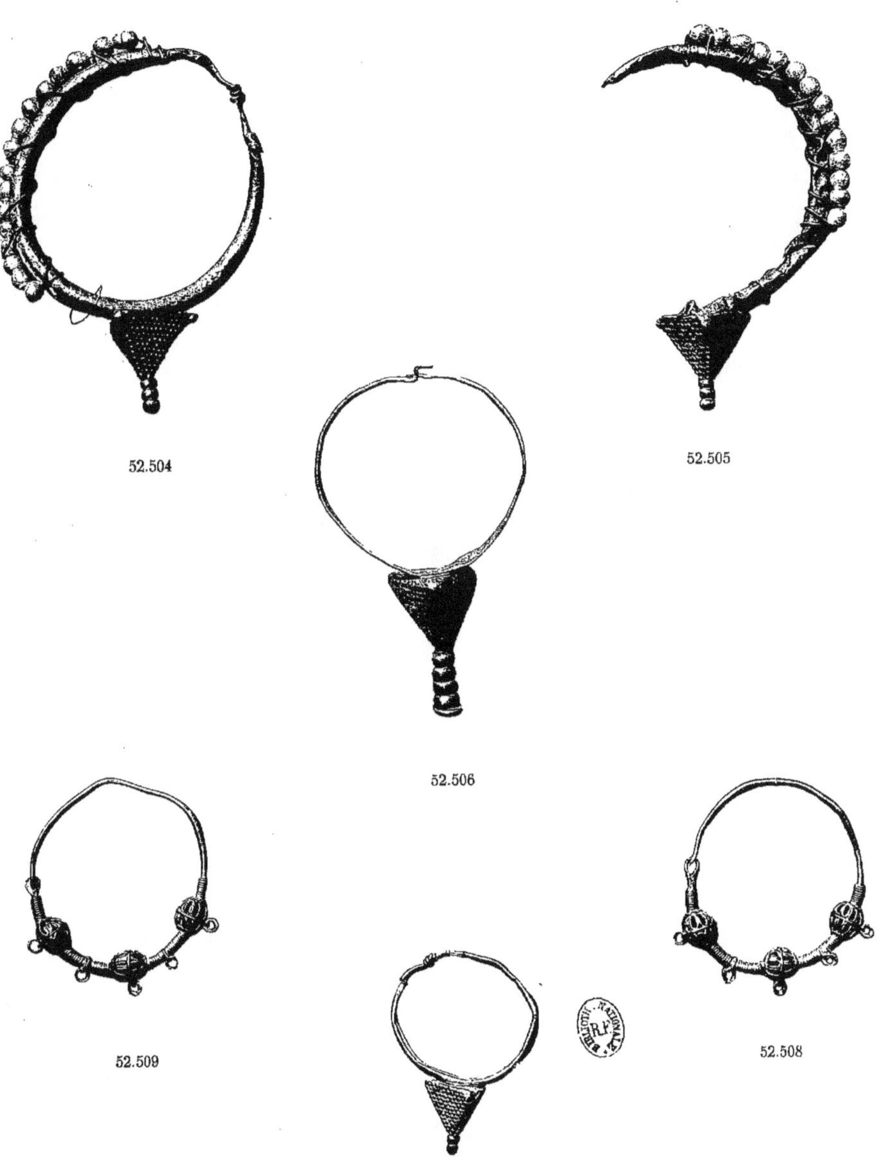

52.504

52.505

52.506

52.509

52.507

52.508

BIBLIOTHÈQUE NATIONALE RF

SERVICE DES ANTIQUITÉS DE L'ÉGYPTE

CATALOGUE GÉNÉRAL

DES

ANTIQUITÉS ÉGYPTIENNES

DU MUSÉE DU CAIRE

Nos 52152-52639

BIJOUX ET ORFÈVRERIES

PAR M. ÉMILE VERNIER

SECOND FASCICULE

LE CAIRE

IMPRIMERIE DE L'INSTITUT FRANÇAIS

D'ARCHÉOLOGIE ORIENTALE

1909

PUBLICATIONS
DU SERVICE DES ANTIQUITÉS DE L'ÉGYPTE.

Guide du Visiteur au Musée du Caire, par G. Maspero, in-8°, Caire, 1902 (Épuisé); la nouvelle édition est en préparation. — Le même traduit en anglais et illustré, 4° édit., in-8°, Caire, 1908. — Prix : P. T. 20 (4 sh.). — Le même traduit en arabe, in-8°, Caire, 1904. — Prix : P. T. 13.

Catalogue des monuments et inscriptions de l'Égypte antique. — Ouvrage publié sous les auspices de S. A. Abbas II Hilmi, Khédive d'Égypte :

Tome I. — *De la frontière de Nubie à Kom-Ombos*, par J. de Morgan, U. Bouriant, G. Legrain, G. Jéquier, A. Barsanti. — In-4°, Vienne, 1894. — Prix : P. T. 200 (52 francs).

Tome II. — *Kom-Ombos*, 1re partie, mêmes auteurs. — In-4°, Vienne, 1895. — Prix : P. T. 200 (52 francs).

Tome III. — *Kom-Ombos*, 2e partie, mêmes auteurs. — 1re livraison. — In-4°, Vienne, 1902. — Prix : P.T. 100 (26 francs). — 2e livraison. — In-4°, Vienne, 1905. — Prix : 771 mill. (20 francs). — La troisième livraison est sous presse.

Carte de la nécropole memphite : Dahchour, Sakkarah, Abousir, par J. de Morgan. — In-4°, 12 planches coloriées. — Caire, 1897. — Prix : 771 mill. (20 francs).

Fouilles à Dahchour (mars-juin 1894), par J. de Morgan, avec la collaboration de MM. Berthelot, G. Legrain, G. Jéquier, V. Loret et D' Fouquet. — In-4°, Vienne, 1895. — Prix : P. T. 195 (50 fr. 50).

Fouilles à Dahchour (1894-1895), par les mêmes. — In-4°, Vienne, 1903. — Prix : P. T. 200 (52 francs).

Notice sur le temple de Louqsor, par G. Daressy. — In-8°, Caire, 1893. — Prix : P. T. 8 (2 francs).

Notice sur le temple de Médinet-Habou, par G. Daressy. — In-8°, Caire, 1897. — Prix : P.T. 12 (3 francs).

Fragments d'un manuscrit de Ménandre, découverts et publiés par G. Lefebvre, in-4°, Caire, 1907 (Épuisé).

Recueil des Inscriptions grecques-chrétiennes d'Égypte, par G. Lefebvre. — In-4°, Caire, 1907. — Prix : P. T. 200 (52 francs).

Livre des Perles enfouies et du Mystère précieux, par Ahmed bey Kamal. — 2 vol. in-4°, Caire, 1907. — Prix : les deux, P.T. 155 (40 francs). Pris séparément : texte arabe, P.T. 80 (20 fr. 75); traduction française, P.T. 85 (22 francs).

Annales du Service des Antiquités, tomes I à IX. — In-8°, Caire, 1900-1908. — Le dixième volume est sous presse.

(Les *Annales* formeront chaque année un volume de 18 à 22 feuilles, avec planches. Chaque volume sera vendu au prix de P. T. 97 1/2 [25 fr. 25].)

Le Musée Égyptien. — Tome I. — In-4° avec 46 planches, Caire, 1890-1900. — Prix : 32 fr. 50.

Tome II, 1er fasc. — In-4° avec 17 planches, Caire, 1904. — Prix : 22 francs. — Second fascicule. — In-4° avec 25 planches, Caire, 1906. — Prix : 26 francs. — Troisième fascicule. — In-4° avec 15 planches, Caire, 1907. — Prix : 18 francs.

Tome III, 1er fasc. — In-4° avec 23 planches, Caire, 1909. — Prix : 25 francs.

Plan des nécropoles thébaines, par E. Baraize. — 1re livraison, feuilles 9, 20, 21, 31 et 32. — In-f°, Caire, 1904. — Prix : P. T. 28 (7 francs). — 2e livraison, feuilles 42, 53, 61. — In-f°, Caire, 1907. — Prix : P.T. 20 (5 francs). — La 4e livraison est sous presse.

Excavations at Saqqara (1905-1906), par J. E. Quibell. — In-4° avec planches, Caire, 1907. — Prix : P. T. 174 (45 francs). — (1906-1907). — In-4° avec planches en couleurs, Caire, 1908. — Prix : P. T. 350 (90 fr. 75).

Les Temples immergés de la Nubie :

In-4° avec planches. — Tome I, 1re livraison, *Rapports*, par G. Maspero et A. Barsanti, Caire, 1909. — Prix : P. T. 154 (40 francs). — 2e livraison, Caire, 1909. — Prix : P. T. 148 (38 francs).

Répertoire généalogique et onomastique du Musée du Caire (XVIIe-XVIIIe dynasties), par G. Legrain, in-8°, Genève, 1908. — Prix : P. T. 77 1/4 (20 francs).

Catalogue général du Musée du Caire (in-4° avec planches et figures dans le texte) :

Ostraca, par G. Daressy, Caire, 1901. — Prix : P. T. 220 (57 francs).

Die Metallgefässe, par Fr. de Bissing, Vienne, 1901. — Prix : P.T. 80 (20 fr. 75).

Die Fayencegefässe, par Fr. de Bissing, Vienne, 1902. — Prix : P.T. 97 1/2 (25 fr. 25).

Die Steingefässe, par Fr. de Bissing, Vienne, 1904. — Prix : P.T. 100 (26 francs). — *Einleitung und Indices*, Vienne, 1907. — Prix : P. T. 38,5 (10 francs).

Fouilles de la vallée des rois, par G. Daressy. — 1re partie : *Tombes de Maherpra, Aménophis II*, Caire, 1901. — Prix : P. T. 200 (52 francs). — 2e partie : *Tombes d'Aménophis II et de Thoutmôsis III*, Caire, 1902. — Prix : 771 mill. (20 francs).

PUBLICATIONS

DU SERVICE DES ANTIQUITÉS DE L'ÉGYPTE (*Suite*).

Catalogue général du Musée du Caire (in-4° avec planches et figures dans le texte) [suite] :

Coptic Monuments, par W. E. Crum, Caire, 1901. — Prix : P.T. 270 (70 francs).

Grab- und Denksteine des mittleren Reichs, par Lange-Schäfer. — 1re partie : *Text zu N°s 20001-20399*, Berlin, 1902. — Prix : P.T. 220 (57 francs). — 2e partie : *Text zu N°s 20400-20780*, Berlin, 1908. — Prix : P. T. 300 (78 francs). — 4e partie : *Tafeln*, Berlin, 1903. — Prix : P.T. 300 (78 francs).

Textes et dessins magiques, par G. Daressy, Caire, 1902. — Prix : P.T. 70 (18 fr. 15).

Sarcophages antérieurs au nouvel empire, par P. Lacau. — Tome I, 1er fascicule, Caire, 1903. — Prix : P.T. 212 (55 francs). — 2e fascicule, Caire, 1904. — Prix : P.T. 140 (36 fr. 25). — Tome II, 1er fascicule, Caire, 1905. — Prix : 771 mill. (20 francs). — 2e fascicule, Caire, 1907. — Prix : P.T. 100 (26 francs).

Stèles du nouvel empire, par P. Lacau. — Tome I, 1er fascicule, Caire, 1909. — Prix : P.T. 300 (77 fr. 77).

Greek Papyri, par Grenfell et Hunt, Oxford, 1903. — Prix : P.T. 70 (18 fr. 15).

Koptische Kunst, par Strzygowski, Vienne, 1904. — Prix : P. T. 300 (78 francs).

Greek Moulds, par C. C. Edgar, Caire, 1902. — Prix : P. T. 95 (24 fr. 60).

Greek Sculpture, par C. C. Edgar, Caire, 1903. — Prix : P. T. 155 (40 fr. 20).

Greek Bronzes, par C. C. Edgar, Caire, 1904. — Prix : P. T. 100 (26 francs).

Graeco-Egyptian Glass, par C. C. Edgar, Caire, 1905. — Prix : P. T. 80 (20 fr. 75).

Graeco-Egyptian Coffins, par C. C. Edgar, Caire, 1905. — Prix : P.T. 231,4 (60 francs).

Sculptors' studies and unfinished Works, par C. C. Edgar, Caire, 1906. — Prix : P. T. 174 (45 francs).

Die demotischen Denkmæler, par W. Spiegelberg. — 1re partie : *Die demotischen Inschriften*, Leipzig, 1904. — Prix : P. T. 120 (31 fr. 10). — 2^e partie : *Die demotischen Papyrus*, Strasbourg, 1908. — Prix : P.T. 154 (40 francs). — Tome II (planches), Strasbourg, 1906. — Prix : P.T. 308 (80 francs).

The tomb of Thutmôsis IV, par Carter-Newberry, Londres, 1904. — Prix : P. T. 200 (52 francs).

Greek Inscriptions, par J. G. Milne, Londres, 1905. — Prix : P. T. 192 (50 francs).

Stèles hiéroglyphiques d'époque ptolémaïque et romaine, par Ahmed bey Kamal. — Tome I, texte, Caire, 1905. — Prix : P. T. 251 (65 francs). — Tome II, planches, Caire, 1904. — Prix : P. T. 212 (55 francs).

Tables d'offrandes, par Ahmed bey Kamal. — Tome I, texte, Caire, 1909. — Prix : P.T. 200 (52 francs). — Tome II, planches, Caire, 1906. — Prix : P.T. 154 (40 francs).

Archaïc objects, par J. E. Quibell. — Tome I, texte, Caire, 1905. — Prix : P. T. 200 (52 francs). — Tome II (planches), Caire, 1904. — Prix : P. T. 139 (36 francs).

Tomb of Yuaa and Thuiu, par J. E. Quibell, Caire, 1908. — Prix : P. T. 212 (55 francs).

La Faune momifiée de l'antique Égypte, par Gaillard et Daressy, Caire, 1905. — Prix : P.T. 154 (40 francs).

Statues de Divinités, par G. Daressy. — Tome I, texte, Caire, 1906. — Prix : P. T. 250 (65 francs). — Tome II, planches, Caire, 1905. — Prix : P.T. 212 (55 francs).

Statues et statuettes de rois et de particuliers (2e partie), par G. Legrain. — Tome I, Caire, 1906. — Prix : P. T. 270 (70 francs).

Scarab-shaped Seals, par P. E. Newberry, Londres, 1907. — Prix : P.T. 200 (52 francs).

Amulets, par G. A. Reisner, Caire, 1907. — Prix : P. T. 154 (40 francs).

Miroirs, par G. Bénédite, Caire, 1907. — Prix : P. T. 120 (31 fr. 10).

Bijoux et Orfèvreries, par É. Vernier. — Tome I, 1er fascicule, Caire, 1907. — Prix : P.T. 93 (24 francs). — 2e fascicule, Caire, 1909. — Prix : P. T. 154 (40 francs).

Sarcophages des époques persane et ptolémaïque, par G. Maspero. — Tome I, 1er fascicule, Caire, 1908. — Prix : P. T. 136 (35 francs).

Weights and Balances, par Arthur E. P. Weigall, Caire, 1908. — Prix : P.T. 70 (18 fr. 15).

La seconde trouvaille de Deir el-Bahari, par É. Chassinat, 1re partie. — Tome I, 1er fascicule, Caire, 1909. — Prix : P.T. 97 (25 francs).

EN VENTE :

Au MUSÉE DU CAIRE et chez les principaux libraires du Caire;

Chez Ernest LEROUX, éditeur, 28, rue Bonaparte, Paris;

Chez Bernard QUARITCH, 11, Grafton Street, New Bond Street, W, Londres;

Chez Karl. W. HIERSEMANN, 3, Königsstrasse, Leipzig.

PUBLICATIONS
DU SERVICE DES ANTIQUITÉS DE L'ÉGYPTE.

Guide du Visiteur au Musée du Caire, par G. Maspero. — In-8°, Caire, 1902. — Prix : P. T. 16 (4 francs). — Le même traduit en anglais, par Quibell et Pirie. — 3ᵉ édit., avec figures dans le texte, in-8°, Caire, 1906. — Prix : P. T. 20 (4 sh.). — Le même traduit en arabe, par Ahmed bey Kamal. — In-8°, Caire, 1904. — Prix : P. T. 13.

Catalogue des monuments et inscriptions de l'Égypte antique. — Ouvrage publié sous les auspices de S. A. Abbas II Hilmi, Khédive d'Égypte :

Première série :

Tome I. — *De la frontière de Nubie à Kom-Ombos*, par J. de Morgan, U. Bouriant, G. Legrain, G. Jéquier, A. Barsanti. — In-4°, Vienne, 1894. — Prix : P. T. 200 (52 francs).

Tome II. — *Kom-Ombos*, 1ʳᵉ partie, mêmes auteurs. — In-4°, Vienne, 1895. — Prix : P. T. 200 (52 francs).

Tome III. — *Kom-Ombos*, 2ᵉ partie, mêmes auteurs. — 1ʳᵉ livraison. — In-4°, Vienne, 1902. — Prix : P. T. 100 (26 francs). — 2ᵉ livraison. — In-4°, Vienne, 1905. — Prix : 771 mill. (20 francs). — La troisième livraison est sous presse.

Carte de la nécropole memphite : Dahchour, Sakkarah, Abousir, par J. de Morgan. — In-4°, 12 planches coloriées. — Caire, 1897. — Prix : 771 mill. (20 francs).

Fouilles à Dahchour (mars-juin 1894), par J. de Morgan, avec la collaboration de MM. Berthelot, G. Legrain, G. Jéquier, V. Loret et Dʳ Fouquet. — In-4°, Vienne, 1895. — Prix : P. T. 195 (50 fr. 50).

Fouilles à Dahchour (1894-1895), par les mêmes. — In-4°, Vienne, 1903. — Prix : P. T. 200 (52 francs).

Notice sur le temple de Louqsor, par G. Daressy. — In-8°, Caire, 1893. — Prix : P. T. 8 (2 francs).

Notice sur le temple de Médinet-Habou, par G. Daressy. — In-8°, Caire, 1897. — Prix : P. T. 12 (3 francs).

Fragments d'un manuscrit de Ménandre, découverts et publiés par G. Lefebvre. — In-4°, Caire, 1907. — Prix : P. T. 97 (25 francs).

Livre des Perles enfouies et du Mystère précieux, par Ahmed bey Kamal. — 2 vol. in-4°, Caire, 1907. — Prix : les deux, P. T. 155 (40 francs). Pris séparément : texte arabe, P. T. 80 (20 fr. 75); traduction française, P. T. 85 (22 francs).

Annales du Service des Antiquités, tomes I à VII. — In-8°, Caire, 1900-1906. Le huitième volume est sous presse.

(Les Annales formeront chaque année un volume de 18 à 22 feuilles, avec planches. Chaque volume sera vendu au prix de P. T. 97 1/2 [25 fr. 25].)

Le Musée égyptien. — Tome I. — In-4° avec 46 planches, Caire, 1890-1900. — Prix : 32 fr. 50.

Tome II, 1ᵉʳ fasc. — In-4° avec 17 planches, Caire, 1904. — Prix : 22 francs. — Second fascicule. — In-4° avec 25 planches, Caire, 1906. — Prix : 26 francs.

Plan des nécropoles thébaines, par É. Baraize. — 1ʳᵉ livraison, feuilles 9, 20, 21, 31 et 32. — In-f°, Caire, 1904. — Prix : P. T. 28 (7 francs). — 2ᵉ livraison, feuilles 42, 53, 61. — In-f°, Caire, 1907. — Prix : P. T. 20 (5 francs). — La 3ᵉ livraison est sous presse.

Catalogue général du Musée du Caire :

Ostraca, par G. Daressy. — In-4° avec 67 planches, Caire, 1901. — Prix : P. T. 220 (57 francs).

Die Metallgefæsse, par Fr. de Bissing. — In-4° avec figures dans le texte, Vienne, 1901. — Prix : P. T. 80. (20 fr. 75).

Die Fayencegefæsse, par Fr. de Bissing. — In-4° avec figures dans le texte, Vienne, 1902. — Prix : P. T. 97 1/2 (25 fr. 25).

Die Steingefæsse, par Fr. de Bissing. — In-4° avec planches et figures dans le texte, Vienne, 1904. — Prix : P. T. 100 (26 francs).

Fouilles de la vallée des rois, par G. Daressy. — 1ʳᵉ partie : *Tombes de Maherpra, Aménophis II.* — In-4° avec 57 planches, Caire, 1901. — Prix : P. T. 200 (52 francs). — 2ᵉ partie : *Tombes d'Aménophis II et de Thoutmôsis III.* — In-4°, Caire, 1902. — Prix : 771 mill. (20 francs).

PUBLICATIONS
DU SERVICE DES ANTIQUITÉS DE L'ÉGYPTE (Suite).

Catalogue général du Musée du Caire (suite) :

Coptic Monuments, par W. E. Crum. — In-4° avec 57 planches, Caire, 1901. — Prix : P.T. 270 (70 fr.).

Grab- und Denksteine des mittleren Reiches, par Lange-Schæfer. — 1re partie : *Text zu N°s 20001-20399*. — In-4°, Berlin, 1902. — Prix : P. T. 220 (57 francs). — 4e partie : *Tafeln*. — In-4°, Berlin, 1903. — Prix : P. T. 300 (78 francs).

Textes et dessins magiques, par G. Daressy. — In-4° avec planches, Caire, 1902. — Prix : P.T. 70 (18 fr. 15).

Sarcophages antérieurs au nouvel empire, par P. Lacau. — Tome I, 1er fascicule. — In-4° avec planches, Caire, 1903. — Prix : P. T. 212 (55 francs). — 2e fascicule. — In-4° avec planches, Caire, 1904. — Prix : P.T. 140 (36 fr. 25). — Tome II, 1er fascicule. — In-4° avec planches, Caire, 1905. — Prix : 771 mill. (20 francs). — 2e fascicule. — In-4°, Caire, 1907. — Prix : P.T. 100 (26 francs).

Greek Papyri, par Grenfell et Hunt. — In-4°, Oxford, 1903. — Prix : P.T. 70 (18 fr. 15).

Koptische Kunst, par Strzygowsky. — In-4° avec planches et figures dans le texte, Vienne, 1903. — Prix : P. T. 300 (78 francs).

Greek Moulds, par C. C. Edgar. — In-4° avec planches, Caire, 1902. — Prix : P. T. 95 (24 fr. 60).

Greek Sculpture, par C. C. Edgar. — In-4° avec planches, Caire, 1903. — Prix : P.T. 155 (40 fr. 20).

Greek Bronzes, par C. C. Edgar. — In-4° avec planches, Caire, 1904. — Prix : P. T. 100 (26 francs).

Graeco-Egyptian Glass, par C. C. Edgar. — In-4° avec planches, Caire, 1905. — Prix : P.T. 80 (20 fr. 75).

Graeco-Egyptian Coffins, par C. C. Edgar. — In-4° avec planches, Caire, 1905. — Prix : P.T. 231,4 (60 francs).

Sculptors' studies and unfinished Works, par C. C. Edgar. — In-4° avec planches, Caire, 1906. — Prix : P. T. 174 (45 francs).

Die demotischen Denkmæler, par W. Spiegelberg. — 1re partie : *Die demotischen Inschriften*. — In-4° avec planches et figures dans le texte, Leipzig, 1904. — Prix : P. T. 120 (31 fr. 10). — 2e partie. (Sous presse.)

The tomb of Thutmôsis IV, par Carter-Newberry. — In-4° avec planches, Londres, 1904. — Prix : P.T. 200 (52 francs).

Greek Inscriptions, par J. G. Milne. — In-4° avec planches, Londres, 1905. — Prix : P.T. 192 (50 francs).

Stèles hiéroglyphiques d'époque ptolémaïque et romaine, par Ahmed bey Kamal. — Tome I, texte. — In-4°, Caire, 1905. — Prix : P.T. 251 (65 francs). — Tome II, planches. — In-4°, Caire, 1904. — Prix : P.T. 212 (55 francs).

Tables d'offrandes, par Ahmed bey Kamal. — Tome I, texte. (Sous presse.) — Tome II, planches. — In-4°, Caire, 1906. — Prix : P.T. 154 (40 francs).

Archaïc objects, par Quibell. — Tome I, texte. — In-4°, Caire, 1905. — Prix : P.T. 200 (52 francs). — Tome II, planches. — In-4°, Caire, 1904. — Prix : P.T. 139 (36 francs).

La Faune momifiée de l'antique Égypte, par Gaillard et Daressy. — In-4° avec planches, Caire, 1905. — Prix : P.T. 154 (40 francs).

Statues de Divinités, par G. Daressy. — Tome I, texte. — In-4°, Caire, 1906. — Prix : P.T. 250 (65 francs). — Tome II, planches. — In-4°, Caire, 1905. — Prix : P.T. 212 (55 francs).

Statues et statuettes de rois et de particuliers (2e partie), par G. Legrain. — Tome I. — In-4° avec figures et planches, Caire, 1906. — Prix : P. T. 270 (70 francs).

Scarab-shaped Seals, par P. E. Newberry. — In-4° avec planches, Londres, 1907. — Prix : P.T. 200 (52 francs).

Amulets, par G. A. Reisner. — In-4° avec planches, Caire, 1907. — Prix : P.T. 144 (40 francs).

Miroirs, par G. Bénédite. — In-4° avec planches, Caire, 1907. — Prix : P. T. 120 (31 fr. 10).

Bijoux et Orfèvreries, par É. Vernier. — In-4° avec planches, Caire, 1907. — Prix : P.T. 93 (24 francs).

La seconde trouvaille de Deir el-Bahari, par É. Chassinat. — 1re partie. — In-4° avec planches. (Sous presse.)

EN VENTE :

Au MUSÉE DU CAIRE et chez les principaux libraires du Caire;
Chez Ernest LEROUX, éditeur, 28, rue Bonaparte, Paris;
Chez Bernard QUARITCH, 15, Piccadilly, Londres;
Chez Karl W. HIERSEMANN, 3, Königsstrasse, Leipzig.

www.ingramcontent.com/pod-product-compliance
Lightning Source LLC
Chambersburg PA
CBHW051239050726

47594CB00001B/230